바이순 평원에서
평화를 노래하다

APCEIU

 2007년 봄·여름 통권 18호

등록일 2000년 3월 30일
등록번호 서울 사 02007
발행일 2007년 7월 30일
발행인 강대근
편집장 김종훈

발행처 유네스코 아시아·태평양 국제이해교육원
주소 100-810 서울시 중구 명동2가 50-14 유네스코회관
전화 02-774-3982
팩스 02-774-3957
홈페이지 http://www.unescoapceiu.org

편집·제작·공급 이안
대표 김시연
주소 서울시 종로구 신문로2가 1-335
전화 02-738-5451
팩스 02-738-5857

ISSN 1598-2599-18
값 10,000원

이 책의 내용과 사진을 허가 없이 전재하는 것을 금합니다.
이 책에 실린 글들은 유네스코 아시아·태평양 국제이해교육원의 입장과 다를 수 있습니다.

2007
봄·여름 통권 18호
contents

권두칼럼
006 이제는 한국이 나설 차례다_김영길

특집 | 아태지역의 설화와 평화
016 아태지역의 설화로 살펴보는 평화와 국제이해교육_한경구
033 인도　배은망덕한 전갈을 구해준 노스님_이옥순
045 말레이시아　깐칠, 밀림의 왕이 되다_정영림
061 몽골　어리석은 왕을 깨우친 지혜로운 소년 체첵_이안나
082 베트남　달나라에 간 꾸오이 아저씨_안경환
095 스리랑카　아들을 위해 무릎을 꿇은 사자_송위지
110 중국　평화를 위협하는 존재를 물리친 영웅들_김명신
122 우즈베키스탄　바이순 평원에서 평화를 노래하다_장준희
143 필리핀　평화를 기원하는 알리구욘의 전설_엔리케 니뇨 P. 레비스테
152 통가　바다거북 상고네의 등딱지_오쿠시티노 마히나/멜레 하아모아 마히나 알라티니
161 네팔　누가 인형의 남편인가_바산타 마하르얀
171 인도네시아　라라 종그랑의 슬픈 사랑_술리스티요와티 리스
183 이란　뜻밖에 찾아온 손님들_자흐라 바자르간
200 부탄　사슴 가족을 살려준 사냥꾼_타쿠르 S. 파우디엘/자가르 도르지

내가 생각하는 EIU
214 비슷하지만 다른 다문화교육과 국제이해교육_김현덕

사진으로 보는 EIU 세상
225 타이 북부 소수민족의 삶과 문화를 찾아서_윤경희(글)/이성만(사진)

EIU가 만난 사람
234 평화를 노래하는 스탑크랙다운_윤주영

국제이해교육 교실을 찾아서
250 어! 선생님이 바뀌었어요_김갑성
261 신임교사의 좌충우돌 국제이해교육 체험_김원호

이제는 한국이 나설 차례다

김영길 한동대학교 총장

한국은 지난 50여 년간 전 세계 어느 지역과 국가보다도 급격한 변화와 성장을 경험했다. 세계 역사상, 원조를 받던 최빈국 개발도상국이 불과 30여 년 만에 원조를 줄 수 있는 국가로 변화된 것은 아마 대한민국이 처음이 아닐까 한다. 한국전쟁의 폐허 뒤에 남겨진 극심한 식량기근이 1950년대 말까지도 계속되었던, 한국은 그야말로 세계 최빈국의 하나였다. 변변한 지하자원 없는 이 땅에서 무엇으로 희망을 말할 수 있겠냐는 세계인의 우려 속에서 한국은 한강의 기적을 이루어냈고, 바로 그 기적의 뒤에는 바로 한국의 인재교육이 있었다. 구미선진국보다 200여 년, 일본보다는 100여 년 늦은 1960년대 들어 시작된 산업화가 경이적인 성공을 거듭하며 세계 경제 11위의 경제 대국으로 발전하게 된 데는 바로 교육이라는 원동력이 있었다고 하겠다.

한국전쟁의 폐허와 가난 가운데 이룩된 교육발전역사에서, 유엔 등 국제사회의 지원과 도움을 크게 받았던 사실을 잊지 말아야 한다. 특히 유네스코(UNESCO)는 한국전쟁 중에 당시 유엔회원국도 아니던 한국에 한국재건단(UNKRA)과 함께 초등학교용 교과서 인쇄 공장을 건립하였다. 유네스코는 1954년 서울대학교에 최초의 한국 외국어 학원을 설립하였으며, 또한 농촌 지역의 문맹퇴치와 개발을 위해 서울대학교 농과대학에 신생활 교육원을 설립하였다. 미국 국제개발협력처(US AID) 차관으로 1965년에 한국 최초의 산업화 연구산실인 한국과학기술연구소(KIST)가 설립되었고, 한국과학원(KAIS)이 1971년 설립되어, 현재까지 약 17,500여 명의 석사와 6,500여 명의 박사 등 고급 인재가 배출되어 우리나라 산업경제 발전에 크게 공헌하고 있다. 우리나라가 최빈국에서부터 선진국의 문턱에 이르기까지 우리에게 보내진 국제사회와 선진국의 도움을 부정할 수는 없는 일이다. 이제는, 우리나라가 국제 사회에 신세를 갚을 때가 되었다.

　세계은행의 통계에 따르면 세계 인구의 20%에 해당하는 12억 명이 하루에 1달러 미만으로 생계를 이어가는 절대 빈곤층이며, 2달러로까지 포함하면 전세계 인구의 절반에 해당하는 30억 명에 달한다고 한다. 특히 세계의 빈곤과 분쟁의 3분의 2가 아시아와 아프리카에서 일어나고 있으며 UN이 다루는 3분의 2의 이슈가 아프리카 등의 빈곤과 개발에 관한 문제라고 한다. 빈곤에 관한 문제는 지구촌공동체의 적극적인 노력과 지원이 없이는 해결하기 어렵다. 이제 우리나라도 제8대 UN사무총장을 배출한 국가로, 세계 10위권 경제 강국에 걸맞은 국제사회로의 기여가 필요한 시점이다. OECD는 국민소득의 0.7%를 빈곤국에 지원하도록 권고하고 있으며, 많은 선진국들이 UN분담금을 통해 국제사회의 일원으로 책임을 다하고 있다. 그러나 UN 분담금은 미국, 일본이 20%대에 이르고 있는 데 비해 한국은 1.8%에 머무르고 있으며, ODA(공적개발 원조)의 경우 미국은 국민소득대비 0.12%, 일본은 0.13%인 데 반해 우리나라는 0.06% 수준에 머무르고 있다. 이런 초라한 성적표가 현재수준으로 방치되고, 우리의 자국 경제발전과 무역흑자만 추구하는 것은 우리나라의 체면 손상의 위신의 문제뿐 아니라 나아가 우리나라의 성장과 국익에도 직결될 수 있는 문제라 하겠다. 한국은 개발도상국의 발전을 위해 공적개발 원조를 확대하여 국제 사회의 책무를 다해야 하지만, 한국이 가진 풍부한 교육 경험, 시스템 등 인재 양성을 위한 교육 부문에 대한 지원이 더 효과적일 수 있다.

　세계의 여러 개발도상국들은 한국의 발전 경험과 교육 시스템을 배우고 싶어 한다. 미국이나 일본 같은 너무 먼 신기루를 쫓기보다는 불과 50여 년 전 그들과 크게 다를 바 없었던 이 작지만 강한 나라의 비밀을 배우고 싶어 하기 때문이다. 우리가 교육을 통해 이들 국가들을 지원한다면, 이는 수억 달러의 원조에 버금가는 엄청난 영향력을 발휘할 것이다. 돈이 돈을 낳는 시대라고 하지만 사람이 사람을 키워내는 영향력에야 비할 수 있을 것인가. 그간 국제사회에 대한 저개발 국가들에 지원된 재정 지원은 교육 시설, 인프라 구축 부분에 국한되어 있었다. 하지만, 정작 이들에게는 재정 지원만이 아닌 실제적 교육과 훈련, 21세기 국제화 지식 정보화 시대에 필요한, IT 기술, 시장경제와 경영, 국제법 등의 지식이 요구되고 있다. 또한 지구촌 시대에 걸맞은 새로운 국제화 지식 및 인성 교육이 요구되고 있다. 반기문 UN사무총장은 한 인터뷰에서 "국제무대에서 느끼는 것은 남에게 신뢰받는 게 중요하다는 점이다. 정직해야 한다, 또 자기 자신의 편함보다는 남을 먼저 돌볼 수 있는 마음가짐이 있어야 한다. 남을 먼저 생각해야 남도 나를 배려하기 때문이다"라고 언급한 바 있다.

지난 10여 년간 개발도상국 출신의 학생들을 대상으로 유학의 기회를 제공하고 교육 프로그램을 실시하면서 이들이 교육을 통해 얼마나 성장하고, 또한 사람을 교육하는 것이 개발도상국 전반에 얼마나 큰 영향력을 미치는지 확인할 수 있었다. 한동대학교는 1995년 개교 시부터 국제화 교육을 지향하고 있다. 국제사회에서 국력이라는 것은 다른 나라와의 관계와 신뢰이다. 한동대학교는 국제무대에서 활약할 정직하고 유능한 인재 교육, 특히 개발도상국 인재 양성에 초점을 두고 있다. 개교 이래로, 무감독 시험의 인성 교육을 실시하고 있다. 한동대학교는 전교생의 4%가 40여 국가에서 온 유학생들로, 특히 개발도상국 학생들에게 전액 장학금을 제공하여 교육시키고 있다. 우리나라가 교육을 통해 아시아 아프리카 저개발 국가들을 지원하는 일은 50여 년 전 우리가 진 빚을 갚는 일이 될 것이며, 머지않은 미래에 세계경제의 중심으로 부상할 후보들에게 한국의 혼을 심고 우리의 꿈이 확장되는 가장 가치 있는 미래를 향한 투자가 될 것이라는 확신을 가지고 있다.

한국 한동대학교 캠퍼스에서 공부하고 돌아간 많은 외국인 학생들, 특히 저개발국가의 학생들과는 졸업 후에도 계속 긴밀한 협력관계를 유지하고 있다. 대표적인 몇 사람을 소개하면, 2003년에 졸업한 미얀마 유학생 유탄키티 소령은 IT과정으로 석사과정을 마친 뒤 미얀마 농림부의 관리로 일하고 있으며, 함께 온 발리 소령은 국제경영을 공부한 뒤 미얀마 현지의 다국적 기업의 간부로 일하고 있다. MBA를 마친 몽골 학생들은 현지 다국적 기업과 국제은행, 정부 등에서 근무하고 있으며, 최근 국제법률대학원을 졸업한 몽골 학생 오드노는 몽골 정부의 법률자문위원으로 일하고 있다. 우즈베키스탄에서 유학왔던 안발흐는 경영학을 공부한 뒤 모스크바에서 다국적 기업 간부로 일하고 있으며, 엘레나 뽀뽀야는 타슈켄트의 국내 대기업 지사 간부로 일하고 있기도 하다. 최근 들어서는 외국에 진출한 국내 다국적 기업으로부터 외국인 졸업생들의 취업을 의뢰하는 사례가 급증하고 있어, 이들에 대한 교육 효과를 가늠해볼 수 있는 좋은 사례가 된다.

또 한 사람의 개발도상국 사람을 교육을 통해 변화시키는 것이 얼마나 큰 영향력을 가지고 있는지에 대한 재미있는 경험이 있다. 얼마 전 우리 대학 학생들의 저녁 모임에 태국 산악지역의 소수민족 한 사람이 방문했다. 일전에 우리 대학의 학생들이 떠났던 태국 산악지역 봉사활동에서 만나게 된 인연으로 한국을 방문하게 된 그는 태국의 한 시골 산속에서 농사를 지으며 살고 있던 고유 언어를 사용하는 한 소수민족 출신이라고 한다. 소수민족인 탓에 무시당하는 설움도 있으며, 중앙정부로부터 제대로 보호받지 못한다고 한다. 코끼리를 타고 들어가야 하는 깊은 산속에 살기도 하고 농사를 지어도 장에 내다 팔기가 어렵다보니 하나 둘 돈벌이가 되는 아편을 재배하기 시작했고, 오랜 세월 아편을 재배하면서 아편에 중독된 삶을 살아왔다고 했다.

그러던 어느 날 한 명의 미국 선교사가 마을에 들어오게 되었고, 이들로부터 기독교와 선진 문명을 접한 그는 변화를 위해 공부를 시작했다. 그러나 외국의 이상한 신을 믿어서 마을에 안 좋은 기운을 불러온다는 이유로 마을에서 추방당하기까지 했다고 한다. 하지만 미국인의 도움으로 자신의 종족 중에 최초로 대학을 졸업한 사람이 되었고 태국 대도시에서 좋은 직업을 구할 수도 있었지만 공부를 마친 뒤 자신의 종족을 위해 고향으로 돌아왔다고 한다. 거기서 그는 마약중독과 재배에 종속된 자신의 종족들을 위해 여러 사람의 도움으로 '마약중독자 재활 프로그램'을 시작하게 되었다고 한다.

40명 정도로 시작한 첫 프로그램이 끝날 즈음, 태국정부가 '아편과의 전쟁'을 선포하고, 아편을 재배하거나, 아편을 피우는 사람들은 처벌하도록 했다. 대신 아편 중독자들은 재활 프로그램 수료증을 받으면 정부의 보호를 받을 수 있게 해주었다고 한다. 아편이 생활의 일부였던 그의 종족들은 앞을 다투어 자기 마을에서도 재활 프로그램을 해달라고 도움을 요청하기 시작했고, 그는 산골마을을 다니며 사람들을 도왔다고 한다. 그리고 생계수단을 잃은 사람들을 위해 아편 대신 우롱차를 재배하면 수확한 차를 사서 가공, 판매해주어 그의 종족은 정당한 생계수단을 마련할 수 있게 되었다.

또 그는 소위 암소프로젝트라는 것을 시작했는데, 암소 한 마리를 한 집에 빌려주고, 세 번째 태어난 송아지가 젖을 떼고 나면, 첫째와 셋째 송아지는 그 집에 주고 어미와 둘째 송아지는 다시 다른 집에 빌려주는 것이라 했다. 송아지 두 마리는 소수민족 한 가정이 자립하는 데 아주 큰 도움이 된다고 한다. 게다가 그는 고향마을에 기숙학교 시설을 마련해 부모를 잃은 아이들이나, 부모는 있지만 집이 너무 산속에 있어서 교육을 받을 수 없는 아이, 집이 너무 가난해서 교육을 시킬 수 없는 아이들을 모아 먹이고, 입히고, 재우면서 학교를 보내기 시작했는데, 그 수가 이제는 55명에 달한다는 이야기를 해주었다. 여기서 공부를 마친 사람 중에는 큰 기업의 사장이 된 사람도, 미국 로스쿨에서 공부를 마치고 그 지역의 법원에 오기로 내정된 사람도 있다고 한다.

우리에게는 너무나 멀게만 느껴지는 먼 나라 소수민족의 이야기였지만, 한 사람의 변화가 가져올 수 있는 한 민족의 놀라운 변화에 대해 우리 모두 감동했다. 다른 사람들은 자신에게 주어진 소수민족이라는 한계 속에서 벗어날 생각을 하지 못했지만, 한 사람이 변화되어 그의 종족과 민족에게 새로운 살길을 열어준 것이다. 중요한 것은 그의 변화 뒤에는 많은 한국과 미국 청년들, 그리고 그의 삶의 방향에 전환점이 되어준 한 사람의 미국인 선교사라는 멘토가 있었다는 점이다. 그보다 더 놀라운 사실은 우리의 청년들이나 미국의 청년들 중 누구도, 이 민족과 아무런 관련이 없었다는 것이다. 단지 한 사람을 키워 그 사회와 민족이 변화되길 꿈꾸었던 것 외에 그들이 바란 것은 없었다. 하지만 그 한 사람에 대한 교육을 통한 변화는 우리의 상상을 넘어서는 엄청난 결과를 가져왔다.

이 같은 저개발국가에 대한 교육원조 프로그램과 계획에 못지않게 우리 학생들에 대한 국제화 교육이 중요하다고 하겠다. 물론 최근 들어서는 국제화라는 단어의 사용이 무색할 만큼 많은 대학들과 교육기관들이 국제화와 관련한 다양한 프로그램들을 운영하고 있다. 하지만 대부분의 경우는 1학기 또는 1년 단위의 교환학생 프로그램을 중심으로 한 경우가 대부분이며, 그나마도 선진국을 중심으로 이루어지고 있어 다소 문화탐방여행의 성격을 벗어나지 못하는 경우가 많다. 한동대학교의 국제화 교육 프로그램은 학생들이 직접 참여하는 매우 다양한 활동으로 구성되어 있으며 모든 훈련과정은 한동대학교의 정규교육 체계와 연계되어 다양한 시너지 효과를 만들어내도록 하고 있다. 우선 학생들에게 자신의 비전과 인생의 목적을 발견하는 연습을 하도록 한다. 인생의 목적과 비전이 결여된 학문적 탁월함은 방향을 잃고 날아가는 화살의 촉과 같이 무의미한 일이기 때문이다. 이 후, 매번 여름과 겨울 방학을 이용해 많은 해외 지역을 탐방하고, 자신이 배우고 공부하는 학문과 분야로 도울 수 있는 사람들을 발견하고 만나도록 한다. 이때 학생들이 방문할 지역은 특별히 국한되어 있지 않다.

우리가 시도한 국제화 프로그램은 지역탐구(Field Research)라 불리는 프로그램으로 그 개념과 접근방법에서 기존의 그것과는 완전히 다르다고 할 수 있다. 단순히 해외 문화를 접하기 위한 탐방 프로그램이 아니다. 매번 방학마다 전교생의 30%에 해당하는 학생들이 다양한 프로그램에 소속되어 지역탐구를 떠날 만큼 학생들의 참여도 또한 매우 높다. 학생들은 자신의 지도교수와 함께 방학에 떠날 지역탐방 프로젝트를 위해 한 학기 혹은 그 이상의 시간을 준비한다. 공간시스템공학부 소속의 김학철 교수와 그 팀 학생들은 매번 방학을 이용해 앙코르와트의 도시인 캄보디아의 시엠립을 방문해 현지 공무원들과 지역주민들을 돕는 프로그램을 진행해오고 있다. 워낙 관광지로 유명한 도시이다보니 시엠립에는 그간 미국과 일본을 포함한 많은 선진국의 자본과 인력의 발길이 끊이지 않았다고 한다. 하지만 그들은 수익을 발생시키는 데만 관심이 있었을 뿐 현지인들이 스스로 무언가를 만들어갈 수 있는 방법은 알려주지 않았다고 한다. 많은 관광객들의 방문으로 훼손되어가는 문화재의 관리 방법과 늘어나는 인구로 인한 도시계획에 필요한 전산장비와 그 운용방법 등 그들이 궁금한 것은 한두 가지가 아니었지만 그들에게 도움을 줄 사람들이 없었다고 한다. 현재 한동대 학생들은 시엠립 주정부의 공무원들을 위한 전산교육프로그램을 운영하고 있으며, CAD와 같은 프로그램 교육을 돕기 위해 재학생 중 몇 명은 한 학기 휴학을 하고 현지에 남아 지속적인 프로그램을 진행하고 있다고 한다. 이런 것들은 학교가 제안한 프로그램들이 아니라 바로 학생들 스스로가 기획하고 만들어낸 것들이다. 이 과정에 참여한 학생들은 앞으로 열심히 공부해야 하는 이유를 발견할 수 있었다는 말을 한다. 단순히 개인의 번영과 부를 위한 것만이 아닌 자신의 역량과 지식을 필요로 하는 곳이 아직도 너무나 많다는 것을 알게 된 것이다.

실제 방학 중 동남아 지역과 아프리카 지역의 Field Research 프로그램에 참여한 학생들의 상당수는 학교로 돌아온 이후 다음 봉사활동을 위한 준비를 시작했다고 한다. 그리고 그 준비를 위해 자신의 전공 분야에 더욱 매진하고 있다고 한다. 해당 지역과 국가에 필요한 지식을 학기 중에 준비해야 하기 때문이다. 이렇게 매번 방학을 이용해 전교생의 25~30%에 해당하는 학생들이 10여 년째 Field Research 프로그램에 참여하고 있다. 매번 봉사활동을 마치고 총정리 모임을 통해 해당 지역의 현황과 필요한 사항에 대한 종합 보고서를 발간하는데, 이제는 그 규모나 정보 면에서 상당한 수준에 이를 만큼 지역전문가들로 성장했다. 또 장기적으로는 해당 지역의 교육 혜택을 받고 있지 못한 현지 학생들을 추천받아 전액장학금을 지원해 한국 캠퍼스로 데려와 4년간의 학업의 기회를 제공한다. 이들은 공부를 마친 뒤 모국으로 돌아가 우리 한동대 학생들과 함께 장기적으로 해당 지역의 발전을 위한 프로그램의 길잡이가 됨은 물론이고 자국에 꼭 필요한 인재로 성장하게 된다. 이런 과정을 통해 우리 학생들은 세계를 품어가고 있었다. 많은 학생들이 이 과정을 마치고 나서 이제 100여 년 전 많은 세계인들의 도움을 받았던 우리 한국이 그 빚을 갚을 때가 왔다는 생각을 하게 되었다고 하니 한편으로는 기특하기도 하고 대견스럽기도 한 일이다.

학교를 졸업한 후 학생들이 살아갈 세상은 강의실에서 배운 교과서 내용만으로는 해결할 수 없는 많은 변수들이 존재한다. 하물며 지구촌 시대에서 국제적인 인재로 살아갈 우리 학생들에게 필요한 국제화 교육이 강의실 안에서만 갇힌 어학공부나 학점 취득을 위한 교환 프로그램에만 머물러서는 안 될 일이다. 때때로 다가오는 삶의 질고를 견뎌낼 수 있는 힘과, 어떤 어려움 속에서도 묵묵하게, 남의 인정 여부를 넘어서는 지속적인 노력을 가능하게 하는 진정한 국제화에 대한 훈련이 필요하다. 이런 훈련의 과정은 학생들에게 자신이 살아가고 공부해야 하는 명확한 목표를 심어주게 되며, 단순히 자신의 성공만을 위해 사는 사람과, 자신이 도울 수 있는 사람들과 삶에 대한 목적을 이해한 사람들은 책임과 의무를 다하는 성실함이 남다르게 되는 것은 어쩌면 당연한 일일 것이다. 이런 큰 목표와 꿈을 가질 수 있도록 학생들의 가슴에 불타는 열정을 키워주어야 한다. 자원 하나 없는 빈국이었던 대한민국이 오늘의 신화를 이룬 것이 바로 한국의 교육이었다면 21세기 한국의 경쟁력은 학생들의 눈과 마음을 열어줄 진정한 국제화 교육에 있다고 생각한다.

특집

아태지역의 설화와 평화

아태지역의 설화로 살펴보는
평화와 국제이해교육

인도
배은망덕한 전갈을 구해준 노스님

말레이시아
깐칠, 밀림의 왕이 되다

몽골
어리석은 왕을 깨우친 지혜로운 소년 체쳉

베트남
달나라에 간 꾸오이 아저씨

스리랑카
아들을 위해 무릎을 꿇은 사자

중국
평화를 위협하는 존재를 물리친 영웅들

우즈베키스탄
바이순 평원에서 평화를 노래하다

필리핀
평화를 기원하는 알리구욘의 전설

통가
바다거북 상고네의 등딱지

네팔
누가 인형의 남편인가

인도네시아
라라 종그랑의 슬픈 사랑

이란
뜻밖에 찾아온 손님들

부탄
사슴 가족을 살려준 사냥꾼

아태지역의 설화로 살펴보는
평화와 국제이해교육

한경구 국민대학교 국제학부 교수

평화와 관련된 아태지역의 설화를 모아서 특집을 만드는 것은 매우 의미가 큰 작업이다. 특집의 기획 단계에 참여한 것이 아니라 원고가 수합된 다음에 이 글을 쓰게 되었기 때문에 필자의 선정이나 설화를 다루는 방식 등에 대해 논의하는 것은 부적절할 것이다. 따라서 이러한 특집이 무엇보다도 의미가 큰 것은 평화에 대한 아태지역 사람들의 생각을 처음으로 정치가의 주장이나 공식적인 문서 등을 통해서가 아니라 민중의 희망과 공포, 기쁨과 슬픔이 잘 드러나 있는 설화를 통해 이해할 기회를 갖게 되었다는 것임을 강조하는 것으로 글을 시작하려 한다.

또 하나의 커다란 의미는 지금까지 우리가 너무나 몰랐던 아태지역의 설화들을 접하게 해준다는 점이다. 아태지역의 사람들은 그리스와 로마의 신화는 알고 있지만 가까운 이웃 나라의 신화에 대해서는 거의 모르고 있다.『그림 형제의 이야기』처럼 문자로 기록되어 동화로 정착한 유럽의 설화, 또는 비록 유럽의 이야기는 아니지만 유럽인에 의해 번역, 출판되었던 『아라비안나이트』 같은 것들은 아태지역에서도 잘 알려져 있다. 그러나 아태지역의 사람들은 가까운 이웃 나라 같은 지역의 설화에 대해서는 거의 모르고 있다. 비록 수가 많은 것은 아니지만 이번 기회에 아시아 태평양 여러 나라의 설화를 알고 또 이러한 설화를 통하여 아태지역 사람들의 삶과 생각을 이해할 수 있는 것은 매우 반가운 일이다.

　마지막으로 중요한 것은 설화를 통한 국제이해교육 방법에 대해 다시 한번 생각할 기회를 갖게 해준다는 것이다. 설화는 다른 나라 사람의 문화에 대한 이해를 위해 중요한 수단이 될 수 있으며 또한 설화의 주요 테마와 내용은 평화나 인권, 지속가능발전, 다른 문화, 다른 세계와의 접촉 등 여러 주제에 대해 생각해보는 좋은 기회를 제공한다. 여기에 실린 설화들은 직접 학습에 활용하기에 편리한 형태로 정리되어 있지는 않지만 조금 더 조사와 연구를 하고 보완한다면 매우 뛰어난 국제이해교육 학습자료로 활용될 수 있을 것이다.

실화보다 더 진실한 꾸며낸 이야기, 설화

설화는 꾸며낸 이야기이지만 어느 의미에서 실제 일어났던 사건을 이야기하는 실화보다 더 깊이가 있는 진실을 담고 있다. 왜냐하면 물리적 법칙이나 현실적 제약에 얽매이지 않고 마음대로 이야기를 펼칠 수 있기 때문이다. 마법과 주술을 펼칠 수도 있고 귀신과 유령을 불러낼 수도 있으며 시간과 공간을 마음대로 넘나들 수 있다. 얼마든지 과장과 생략도 가능하다. 바로 그렇기 때문에 사람들의 희망과 탐욕, 사랑과 미움, 지혜와 어리석음을 더 잘 드러내 보여줄 수 있다.

　『구비문학개설』(장덕순 외, 일조각, 2006)에 의하면 설화는 문자 그대로 이야기를 뜻하지만, 그렇다고 아무 이야기라고 전부 설화라고 하지는 않는다. '일정한 구조를 가진 꾸며낸 이야기'를 설화라고 한다. 설화는 사실을 가장하기도 하고 또 어떤 경우에는 실제 사실에 기반을 두고 있기도 하다. 여기에 소개되는 통가의 상고네 신화는 투이통가 제국 시대의 사모아 사람들이 자유를 획득하는 과정을 그린 것이라고 하며 인도의 마하바라트 또한 기원전 천 년경에 실제로 일어났던 전쟁을 소재로 한 것이라고 한다.

　그러나 설화는 대부분 "사실이 아닌 사실적 이야기"이다. 설화는 "사실 여부보다도 문학적 흥미와 교훈으로서 중요하기 때문에 존재" 하는 것이기 때문이다. 그러므로 평화와 관련된 아태지역의 설화들은 아태지역의 여러 나라와 문화에서 평화를 전통적으로 어떻게 생각해왔는가를 흥미 있게 또 교훈적으로 잘 드러내 보여준다. 즉, 사람들로 하여금 평화에 대하여 평화의 의미를 이해하고 평화의 중요성을 깨닫게 만드는 데 매우 중요하다.

이야기할 때마다 다시 창작되는 설화

비록 여기에서는 한국어로 번역되고 문자화된 형태로 소개되고 있으나 설화의 가장 큰 특성은 구전口傳된다는 점이다. 바로 이 때문에 설화는 문자나 그 이외의 미디어로 기록되는 이야기들과는 다르다. 설화는 전문가에 의해 완벽하게 기억되고 재현되는 경우도 있다. 그러나 대개는 전문가가 아닌 보통 사람들에 의해 보통 사람들에게 이야기된다.

설화는 핵심이 되는 구조를 기억하고 여기에 말하는 사람이 "나름대로의 수식을 덧보태어" 이루어지게 된다. 그러니까 설화는 구전에 적합하도록 구조가 단순하면서도 잘 짜여 있으며 표현은 기본적으로 그리 복잡하지 않기 마련이다. 즉, 기본적인 설화의 형태가 어느 정도 존재하기는 하지만, 설화는 말하는 사람이 자신의 취향이나 경험에 따라 표현을 풍부하게 하기도 하며, 또한 언제 어디서 이야기를 하는가, 어떠한 사람들에게 이야기를 들려주는가 등에 따라 내용과 표현이 매우 풍부해지기도 하고 또 그렇지 않을 수도 있다.

인도처럼 문자가 있으면서도 종교에 관한 지식은 신성하고 강한 구루(스승)를 필요로 하기 때문에 일부러 문자로 기록하지 않으며 암송에 의한 구전을 중시한 경우도 있다. 『베다』와 『우파니샤드』 등의 방대한 내용은 2천 년이 넘게 구전으로 전승되었다고 한다. 물론 이렇게 스승으로부터 일대일로 진리를 듣는 것에 특별한 지위를 부여하는 지식의 전달 방식은 지식을 브라만 등 일부 계층이 독점하는 결과를 낳을 수도 있다. 이러한 점에서 싯다르타가 대중을 상대로 설법을 한 것은 브라만의 지식 독점에 반기를 든 것으로 해석되기도 하지만, 불교의 선종이 불립문자不立文字, 교외별전教外別傳, 직지인심直指

人心 등을 강조한 것은 형태가 고정된 문자화된 가르침보다는 직접적인 만남에 의한 진리의 전달과 깨우침을 중시하고 있는 것이다.

구전되어오던 설화는 채록되어 책의 형태로 출판되기도 하며, 또한 채록된 설화를 기반으로 재능이 뛰어난 작가가 그 내용과 표현을 풍부하고 복잡하게 만들 수도 있다. 설화는 전래동화로 정착될 수도 있고 소설로 발전할 수도 있다. 이렇게 일단 문자로 정착되더라도, 이를 읽은 사람은 다시 다른 사람에게 이를 이야기해줄 수 있다. 읽은 그대로 한 자도 다르지 않게 전달하지는 않을 것이다. 역시 누가 이야기하는가, 누구에게 이야기하는가, 언제 어디서 왜 어떻게 이야기하는가 등에 의해 내용은 또 다시 바뀌게 된다.

이렇게 설화가 가변성이 크다는 점은 평화라는 주제와 관련하여 매우 흥미로운 문제를 제기한다. 즉, 설화의 무대는 비록 아득한 옛날일 수도 있고 아주 멀리 떨어진 나라의 이야기일 수도 있지만, 그 의미는 항상 현재나 가까운 미래를 향하고 있기 때문이다. 즉, 영웅들의 싸움이건 신이나 괴물들과의 싸움이건 동물들의 싸움이건, 이는 언제나 우리의 싸움과 관련이 있으며 주인공들의 탐욕과 질시와 어리석음과 후회는 바로 우리의 탐욕이고 질시이고 어리석음이고 후회이며 우리에게 일어날 수 있는 일이기 때문에 의미 있는 것이다.

전파된 것이라도 이제는 우리의 설화

설화는 독립적으로 발생하기도 하지만 산을 넘고 바다를 건너 멀리 전파되기도 한다. 콩쥐팥쥐와 신데렐라 이야기는 물론이고 유사한 이야기의 구조를 가진 설화는 세계 여러 곳에 분포되어 있다. 이솝우화는 유럽으로 전해진 인도의 우화의 영향을 받은 것이며, 마하바라트의 일부는 인도네시아의 자바지방에도 전파되었고 또 자타카 같은 불교설화들은 불교의 전파와 함께 한국과 동남아 여러 나라에도 소개되었다고 한다. 아마도 전문가가 분석한다면 여기에 소개되어 있는 아태지역 10개국의 설화들도 상당수는 다른 지역에서 전파된 것으로 나타날 수도 있다.

그렇다고 하여 다른 지역에서 전파된 것이라 하여 문제될 것은 없다. 다른 나라나 다른 문화에서 전파된 설화라 하더라도 우리가 그 이야기를 좋아하고 우리 식으로 바꾸어 자주 이야기한다면 그 이야기는 우리의 것이 되어버린 것과 다름이 없다. 이러한 설화는 우리의 희망과 공포, 우리의 기쁨과 슬픔, 우리의 사랑과 미움, 즉 우리의 모습을 특징적으로 보여줄 것이기 때문이다.

특히 설화가 구전되고 구연된다는 점은 아무리 외부에서 전파된 설화라 하더라도 점차 현지화될 수밖에 없다는 것을 의미한다. 사람들이 이해하기 어렵거나 좋아하기 어려운 이야기들은 잊혀질 것이며 낯설고 이질적인 이야기들은 사람들이 좋아할 수 있는 형태로 또는 사람들에게 "유용한" 형태로 변형될 것이다. 또한 이야기가 구전되는 과정에서 계속 선택과 첨가가 반복될 것이며 구연되는 과정에서는 더 많은 선택과 첨가가 일어날 것이다.

평화의 설화는 어떻게 평화의 문화를 말하는가?

여기에 실려 있는 이야기들을 살펴보면 문화에 따라 평화에 대한 생각을 표현하는 방법은 다르지만, 힘이 약하더라도 착하고 슬기롭고 정의로운 사람들이 여러 어려움을 겪지만 궁극적으로는 힘세고 탐욕스럽고 난폭하며 잔인한 자에게 승리를 거두고 평화롭고 행복하게 살게 된다는 의미에서 권선징악의 교훈을 주고 있다는 점에서는 매우 공통적이라고 할 수 있다. 어쩌면 현실은 비록 그렇지 않다 하더라도 이러한 이야기를 통해서 많은 사람들이 위안을 느꼈을지도 모른다.

그러나 그렇다고 하여 평화의 설화라고 소개된 이야기들이 옛날에도 평화의 교훈을 가르치는 것이었다고 쉽게 단정하는 것은 성급한 일일 수도 있으며 피상적인 해석일 수도 있다. 미국의 역사학자 로버트 단턴은 프랑스의 이야기꾼들은 설화를 단지 재미있다거나 겁난다거나 기능적이라고 생각하지 않았으며 이야기란 "생각하기에 좋은 것"이라고 받아들였다고 한다. 즉, 이야기가 아무리 권선징악으로 끝난다고 하더라도 이는 도덕적 교훈을 주기 위한 것이라기보다는 "세상이 어떻게 만들어져 있고 세상에 어떻게 대처해야 하는지를 보여준다"는 것이다. 즉, 세상은 바보와 악당으로 이루어져 있는데, 바보가 되기보다는 차라리 악당이 되는 것이 낫다는 것이 오히려 민담의 진정한 메시지라는 것이다.

그러므로 권세 높고 탐욕스러운 사람을 속이거나 보잘것없는 신분의 젊은이가 공주와 결혼하는 이야기는 듣는 사람들로 하여금 환상 속에서나마 만족감을 얻도록 하는 것이며, 이는 단지 모욕을 주는 것에 불과하므로 일시적으로 약자가 이득을 얻을 수는 있으나 사회의 체제 자체를 바꾸는 것은 아닌 것이 된다. 속임수는 자기보다 힘세고 탐욕스러운 윗사람에게 대처할 수 있는 '작은 사람'들의 "삶을 위한 전략"이었다고 할 수 있다. 여기에 소개된 말레이시아의 고라니 깐칠이 이야기는 대부분 속임수로 자기보다 힘세고 탐욕스러운 악어나 호랑이나 코끼리를 골탕 먹이는 것을 내용으로 하고 있다. '호랑이와 염소의 평화조약'은 속임수로 호랑이가 염소를 두려워하게 만든다는 내용으로서 이렇게 사회체제를 바꿀 수 있다면 하는 소망을 상상으로 표현한 것이라 할 것이다.

이러한 시각에서 본다면 평화의 이야기 중 상당수는 단순히 권선징악의 도덕적 교훈을 제공한다기보다는 세상이 어떻게 구성되어 있는가를 말해주는 것이며, 그러한 세상에 대처하는 전략을 제공하는 것으로 이해되어야 한다. 국제이해교육에서는 평화가 단순히 전쟁이나 갈등이 없는 상황이 아니라는 것을 강조하고 있는데, 여러 나라의 설화에는 바로 이러한 이야기들이 잘 표현되어 있다.

각국의 설화 살펴보기

필리핀의 알리구온 이야기는 아버지를 위해 그 원수를 죽이러 갔다가 오히려 원수의 아들과 친구가 되고 원수의 딸을 사랑하게 되어 결국은 두 집안이 화해하게 된다는 줄거리이다. 각기 자신의 아버지를 대신해서 싸움에 나선 두 젊은이가 죽도록 싸움을 벌이다가 도중에 서로를 존경하는 마음이 일어나고 왜 알지도 못하는 사람과 죽도록 싸워야 하는지 의문이 생기면서 결국은 싸움을 중단하고 친구가 된다는 이야기이다.

알리구욘의 이야기는 여러 메시지와 교훈을 주는데, 권력에 대한 추구가 적대감을 불러일으키며 또한 빈부의 차이가 사회적 안정을 해친다는 것은 물론, 문화 다양성의 문제와도 관련이 된다. 서로를 모르니까 공연히 서로 미워하고 싸우는 것일 수도 있으며 알고 나면 서로 친구가 될 수도 서로 사랑하는 사이가 될 수도 있다는 중요한 교훈을 주는 것이라 해석되고 있다. 알리구욘은 아버지 원수의 딸을 아내로 맞이하여 집으로 돌아와 아버지에게 다음과 같이 말한다. "아버님의 적을 친구로 만듦으로써 아버님의 적을 없애버렸나이다."

이 이야기는 적을 없애는 가장 좋은 방법은 적과 친구가 되는 것이며 적을 사랑하는 것이라는 매우 단순하면서도 의미 깊은 해결책을 제시하고 있다. 그러나 한편으로는 세상에는 남이 잘난 거나 행복한 것을 시기하는 사람도 많고 터무니없는 싸움도 많이 일어난다는 것을 보여주고 있다. 이야기 속에서 주인공들은 싸우다가 친구가 되었으나, 이는 다행히도 양쪽의 싸움 실력이 대등하여 3년이나 승부가 나지 않고 계속 싸울 수 있었기 때문이다.

네팔의 경우에도 여러 가지 재미있고 의미 깊은 이야기가 소개되어 있다. 네팔은 아시아의 가장 큰 나라들인 인도와 중국 사이에 위치하고 있으며 기후와 지형이 매우 다양하며 사회적으로도 80개가 넘는 카스트와 100개가 넘는 언어가 존재하고 있다. 이러한 사회에서는 조화를 이루며 살아간다는 것이 매우 중요하며 이는 오랜 세월에 걸친 동화의 결과라고 해석되고 있는데, 세계 평화를 위해서도 매우 중요한 지혜이다. 신통력을 얻기 위해 12년간 수도를 한 젊은이가 자신의 힘을 시험하려 눈에 우연히 보인 백조 한 쌍을 없애버린 이야기 같은 것은 진정한 힘이란 무엇이며 진정한 지혜란 무엇인가에 대해 깊이 생각하게 해준다.

자세히 소개되어 있는 '인형과의 결혼' 이야기는 단지 재미만 있는 것이 아니라 짧으면서도 깊이 있는 사회적 통찰력도 보여주고 있다. 왕자와 사제와 목수와 옷쟁이와 화가가 같이 살고 있는 집은 곧 사회의 축소판처럼 보인다. 각기 자기 일을 열심히 하여 사회가 유지되고 있는데, 여기에 우연히 목수가 무료함을 달래려다 나무로 인형을 깎아놓음으로써 문제가 시작된다. 인형을 본 화가가 색칠을 하고 여기에 옷쟁이가 옷을 만들어 입히며 사제는 열심히

기도를 한 결과 인형에 생명을 불어넣어 인형은 아름다운 처녀로 변한다. 다섯 사람이 모두 아름다운 인형과 결혼을 하겠다고 나서는 바람에 사회의 평화는 깨지고 바야흐로 갈등이 발생하려 한다. 절망한 처녀가 스스로 목숨을 끊겠다고 하자, 모두 바람직한 해결책을 찾기로 하고 왕에게 찾아가 현명한 판단을 요청한다. 왕은 인형을 만든 목수는 창조자이므로 어머니에 해당하고 색칠을 해준 화가는 화장을 시켜준 것이니 하인에 해당하며, 생명을 준 사제는 아버지에 해당하고 집을 지켜주는 왕자는 보호자에 해당하니 옷을 입혀 사람들 앞에 나설 수 있게 해준 옷쟁이가 남편에 해당한다고 판결하고 모두들 이에 승복한다.

이 이야기는 아름답고 바람직한 것의 창조가 오히려 평화를 위협할 수도 있으며 좋은 것을 만드는 것보다도 오히려 이를 잘 관리하고 사용하는 것이 더 어렵고도 더 중요하다는 점을 우화적으로 알려주고 있다. 그런데 현실 속에서라면 다섯 사람이 왕에게 판단을 내려달라고 찾아가지 않았을 수도 있다. 무공이 뛰어난 왕자가 힘으로 차지했을 수도 있고 또는 끝까지 자기 아내로 맞이할 수 없다면 차라리 아름다운 아가씨로 변한 인형이 스스로 목숨을 끊도록 방치했을 수도 있었을 것이다. 심지어 왕의 판단에 모두가 기꺼이 복종을 하지 않을 수도 있을 것이다.

부탄은 국민총행복이라는 개념을 만들어낸 나라이다. 평화와 조화를 매우 중시하고 있는데, 특히 평화가 단순히 전쟁이 없는 상태가 아니며 내면의 평정이며 삶의 조건이기 때문에 때로는 이를 위해서는 대가를 치러야 한다는 점도 잘 알고 있다. 산속에서 평화를 얻기 위해 수도를 하고 있던 여승이 우연히 다리를 다친 설인雪人을 고쳐주게 된다. 설인은 고마움을 표시하기 위해 자신이 잡은 짐승과 새를 여승의 오두막 앞에 가져다주지만, 이 때문에 여승은 평화를 얻을 수가 없다. 그래서 결국 여승은 다른 장소로 떠나게 된다는 이야기이다.

한편 사슴 가족과 사냥꾼의 이야기는 불교적인 교훈을 담고 있다. 평화롭게 살고 있던 사슴 가족이 있었다. 엄마 사슴은 아빠 사슴이 사냥꾼과 사냥개에게 죽임을 당하는 나쁜 꿈을 꾸고 불안해하는데, 과연 어느 날 사냥꾼이 나타나고 아기 사슴이 사냥개에게 쫓기게 된다. 아빠 사슴은 가족을 살리려 필사적으로 사냥개를 다른 곳으로 유인하는 데 성공하지만 결국 달리고 달리다가 힘이 다하여 사냥꾼에게 죽임을 당할 위기에 놓인다. 이때 나타난 현자가 사냥꾼에게 생명을 파괴하는 것은 좋은 일이 아니며, 살생을 하면 결국 자신도 살생을 당하게 된다는 것을 깨우쳐준다. 사냥꾼은 큰 깨달음을 얻고 기쁨에 넘쳐 사슴을 살려준다는 이야기이다. 결국 남을 해치고 생명을 파괴하는 방식으로는 스스로의 평화와 행복을 얻을 수 없다는 점을 강조하고 있다.

이란의 평화 관련 설화는 네 가지가 소개되었다. 유사한 등장인물과 내용이 계속 반복되어 새로 추가되는 이야기 방식으로서 상황에 따라 매우 흥미롭게 이야기를 전개할 수 있다. 하나는 폭풍우가 몰아치는 어느 밤에 할머니가 혼자 사는 좁은 집으로 피신한 동물들의 이야기이다. 서로 싸우지 않고 하룻밤 비와 바람을 피한 동물들이 협력하여 아침을 먹고 결국은 큰 집을 지어 함께 공생한다. 또 하나는 마음씨 나쁜 계모와 계모의 딸 때문에 고생하는 착한 소녀의 이야기인데, 괴물을 만나서도 남을 존중하고 남의 기분을 헤아리는 착한 마음을 발휘하여 결국은 아름다움과 행복을 얻는다는 이야기이다.

또 하나는 개미와 같이 살던 벼룩이 실수로 죽음에 이르는데, 지나가던 소녀가 그 이야기를 듣고 슬퍼한다. 소녀의 이야기를 들은 소녀의 아버지가 슬퍼하고, 이를 들은 강물이 슬퍼하고, 또 이를 들은 나무가 슬퍼하는 등 이야기가 계속되어 결국 웃을 줄밖에 모르는 얼뜨기 당나귀에 이르러 끝이 난다. 마지막 이야기도 이와 유사한데 이번에는 끊임없이 물건을 주고받는 이야기이다.

이러한 이야기는 인간의 삶이 자연 및 다른 인간들과의 관계를 통해서 계속되는 것이며 모든 존재들이 서로 존중하고 공감하는 것이 중요하다는 것을 말해준다고 한다. 결국 모든 존재는 서로 연결되어 있다는 것을 강조하는 것이다.

통가의 경우에는 갈등과 질서가 동일한 것의 양면이며 사회적 갈등과 사회적 평화는 떼려야 뗄 수 없는 것이라는 점을 강조하는 일종의 신화가 소개되어 있다. 여기에 소개되어 있는 상고네 신화는 투이통가 제국의 시대의 어느 시점에서 발생했던 사건의 우화적인 기록이라고 하는데, 사모아와 통가 사이에 발생했던 갈등을 표현하고 있다고 한다. 즉, 상고네라는 거북이의 이야기는 사회적 갈등과 사회적 평화를 신화적으로, 또한 시적으로 표현한 것이다. 역사적 사실을 신화와 시의 형태를 취하여 표현한 것이다.

통가와 사모아의 교환은 때때로 불평등했으며 때로는 평등했는데, 결국 여러 우여곡절을 거쳐 인간과 재물을 교환함으로써 정치적 연합을 형성하고 평화가 정착되었다고 한다. 상고네 이야기는 거북이의 죽음을 둘러싼 것이지만 통가와 사모아 간의 갈등 과정에서 살해당한 사람을 상징하는 것이라고 한다. 상고네 신화는 사모아 사람들이 어떻게 통가 왕의 압정으로부터 벗어나기 위해 투쟁했으며 그 과정에서 결혼 동맹을 통해 사람이 교환되기도 하고 재화가 교환되기도 했으며 카바 의식을 통해 정치적 갈등을 해결하면서 어떻게 평화가 정착되었는가를 노래하는 해방의 역사이기도 하다. 이러한 이야기는 사회적 갈등이 인간의 삶에서 필연적인 것이라는 점을 강조하는 동시에 이것을 어떻게 관리하고 극복하여 평화를 달성할 것인가 하는 문제를 환기시켜주고 있다.

인도네시아의 라라 종그랑 이야기는 매우 슬픈 전쟁과 사랑의 이야기이다. 인도네시아는 수천 개의 섬으로 이루어져 있고 수많은 언어와 종교와 문화적 전통을 가진 다양한 민족들이 모여 살고 있다. 종교적으로도 다양하여 이슬람교가 구자라 상인들에 의해 들어와서 15세기 말에서 16세기에 걸쳐 주요 종교가 되었고 16세기 후반에는 포르투갈, 스페인, 영국, 네덜란드 등 서양의 세력이 등장했는데, 실제로 인도네시아는 많은 분쟁과 갈등을 겪었으며 또한 현재도 분쟁과 갈등의 위험에서 벗어난 것은 아니다.

인도네시아의 설화 라라 종크랑 이야기는 펜깅과 프람바난이라는 두 개의 강력한 왕국의 존재를 배경으로 발생하는데, 두 나라는 매우 사이가 좋지 않았다. 현명한 왕이 다스리는 나라의 왕자가 초자연적 존재와 싸워 이를 지혜로 굴복시키고 부하로 삼는다. 왕자는 쳐들어온 적국의 왕을 맞이하여 초자연적 존재의 도움을 받아 그를 쓰러트리고 나아가 적국을 다스리게 된다. 왕자는 적국을 매우 잘 다스리는데, 그러다가 적국의 공주를 사랑하게 된다. 공주는 왕자가 훌륭한 사람이라는 것은 알고 있으나 자기 아버지를 죽인 사람을 사랑할 수는 없다. 그리하여 공주는 하룻밤에 우물을 파고 절을 천 개 지을 수 있다면 결혼하겠노라고 한다. 왕자는 초자연적 존재들이 도움을 받아 우물을 파고 999개의 절을 완성하지만 마지막 하나를 완성하려는 순간, 공주의 지시를 받은 사람들이 마치 새벽이 밝아온 것처럼 떠들면서 초자연적 존재들은 달아나고 천 번째 절은 완성되지 않는다. 공주는 왕자에게 사랑을 받아들일 수 없노라고 말하고 돌기둥으로 변하며 왕자는 슬퍼하며 이를 왕궁에 모신다.

매우 슬픈 사랑의 이야기이다. 왕자는 용감하고 지혜가 있었으며 나라를 잘 다스렸지만 공주의 사랑을 얻을 수 없었다. 공주는 왕자가 훌륭한 사람이라는 것을 알고 있었지만 그의 사랑을 받아들일 수 없었다. 침략 전쟁을 일으킨 왕은 많은 백성들에게 엄청난 고통과 피해를 주었고 자기 자신도 목숨을 잃었다. 나아가 자신이 가장 사랑하던 딸로 하여금 훌륭한 왕자의 뜨거운 구애를 받아들일 수 없는 슬프고 괴로운 처지에 몰아넣어 결국 돌기둥으로 변하게 만들고 말았다. 전쟁은 이렇게 슬픈 것이다.

우즈베키스탄에서는 다양한 종족들이 뒤섞여 살고 교류하는 가운데 매우 다양한 구술문화가 발전하였으나 구소련 시절에 거의 단절에 가까울 정도로 억압과 무시를 당하기도 하였으나 독립 이래 국가의 지원으로 구술의 전통은 부활하고 있다고 한다. 우즈베키스탄의 설화들은 선과 악의 투쟁을 주제로 하고 있으며 궁극적으로는 선이 승리하게 된다는 내용을 담고 있다고 장준희 교수는 지적하고 있다. 신화적 형식의 것도 있고 서사적 형식의 것도 있으며 교훈을 주고 흥미를 유발한다. 민간의 비공식적 이야기꾼으로서 집시의 역할이 중요한 가운데 바흐쉬라는 공식적인 이야기꾼의 전통이 있다는 사실이 보여주듯이 구술문화는 우즈베키스탄에서 매우 중요하다.

우즈베키스탄에서도 바이순 지역에서는 특히 영웅 알빠미쉬에 대한 서사적 설화 도스톤이 발전했는데, 이는 외부의 적에 대항하기 위해 여러 민족들이 연합하여 결국 승리를 거두고 평화를 회복한다는 내용을 담고 있다. 이러한 내용은 각 지역의 종족들이 각기 하나씩은 가지고 있는 영웅 서사시에 공통되는 것으로서 부족의 통합은 대개 각 부족을 통치하는 젊은이들의 사랑과 결혼을 통해 이루어진다고 한다.

초원의 강인한 유목민족이면서도 여성의 지혜를 중시하는 전통이 있기 때문에 '현명한 아가씨' 같은 설화가 등장한 것 같다. 또한 '현명한 어머니'라는 설화는 바야흐로 싸움을 시작하려는 전쟁터의 군인들에게 '이 전쟁을 통해 수많은 어머니들이 슬퍼할 것'이라면서 직접 호소하여 평화를 회복한 이야기이다.

인도에는 이루 말할 수 없이 많은 설화가 있으며 특히 구비전승을 중시하는 전통 때문에 『베다』와 『우파니샤드』 그리고 수많은 장엄한 대서사시들이 전해지고 있다. 이러한 이야기들은 여러 지방에서 다른 언어로 전해지고 있으며 그 내용도 매우 풍부한데, 특히 공식적인 학교교육이 없는 환경에서는 물리적 폭력의 위험과 잔인성, 전쟁의 승리의 허무함 등을 지적하면서 평화로운 문제해결과 비폭력을 강조하고 친절과 연민, 관용과 헌신 등의 도덕과 윤리를 가르치는 기능을 하였다.

불교와 관련된 설화들도 매우 감동적이다. 강물에 빠져 허우적대는 전갈을 구해주었다가 그 전갈에게 물린 스님이 '무는 것은 전갈의 본성'이니 어쩔 수가 없고 '목숨을 구하는 것은 사람의 본성'이니 자꾸 물리더라도 전갈을 또다시 구할 수밖에 없다는 이야기는 단순하지만 어느 의미에서는 충격적이기까지 하다. 오랫동안 잔잔하고 깊은 감동을 준다.

오랫동안 명상과 고행을 통해 신으로부터 '만지는 것을 모두 재와 먼지로 변하게 만드는 엄청난 힘'을 얻게 된 청년의 이야기는 폭력과 파괴의 힘이 남을 파괴할 뿐 아니라 결국은 자신도 파괴하고 만다는 것을 우화적으로 표현하고 있다. 청년의 엄청난 파괴의 힘 때문에 주변의 모든 사람들은 죽임을 당하거나 놀라서 도망을 가버리고, 외로움에 빠진 청년은 춤으로 마음을 달래게 된다. 그러나 그만 춤 선생을 실수로 만지는 바람에 춤 선생도 죽어버리고 나중에는 자기 자신까지도 재로 만들어버린다는 끔찍하고도 슬픈 이야기이다. 파괴의 힘이 얼마나 무서운 것이며 허무한 것인가를 잘 알려주고 있다.

여기에 소개된 스리랑카의 개국 설화 두 가지에는 모두 사자 또는 사자의 이름을 가진 인물이 등장한다. 개국설화들은 왜 스리랑카를 사자의 후예의 나라라고 부르는지 설명해주는데, 용기와 지혜를 가진 사람이 나찰녀나 야차를 물리치고 왕위에 오른다는 이야기이다. 나찰녀의 미모와 거짓말에 속아 죽임을 당하는 어리석은 왕도 등장하고, 한편 사람을 해치는 사자를 잡아 공을 세우기 위해 저항하지 않는 아버지(사자)를 죽인 젊은이를 꾸짖는 현명한 왕도 등장하는데, 자식에 대한 사랑으로 기꺼이 목숨을 내놓는 짐승과 공을 세우기 위해 아비를 살해하는 인간을 대비시키면서 많은 것을 생각하게 해주고 있다. 원래는 부부가 될 수 없는 사자와 공주가 함께 살면서 낳은 자식이 아버지(사자)를 떠나 인간 세계로 돌아가자고 어머니(공주)를 설득하고 결국에는 인간을 위해 또는 인간 세상에서 공을 세우기 위해 아버지(사자)를 죽인다는 줄거리는 이루어질 수 없는 신분이나 민족 간의 사랑을 이야기하는 것 아닌가 하는 생각도 들게 한다. 송위지 교수는 우리나라의 '호원虎願' 또는 '김현감호金現感虎' 이야기와의 유사점도 지적하고 있는데, 비록 사자 대신 호랑이가 나오고 자식에 대한 사랑 대신 연인에 대한 사랑을 이야기하고는 있지만 사랑하는 이를 위해 기꺼이 목숨을 내놓는다는 이야기는 잔잔한 감동을 준다.

그 다음으로 자세히 소개된 흰 거북이 이야기는 질투와 시기심 때문에 언니에게 살해당하면서도, 자신을 거듭 죽이고 파괴하는 언니에게 보복을 하기보다는 흰 거북이로, 맹고 나무로, 캐기리 넝쿨로, 푸른 연꽃으로 계속 모습을 바꾸어 태어나면서 딸에 대한 사랑을 계속 표현해가는 동생에 대한 안타깝고도 아름다운 이야기이다. 폭력과 시기심에 거듭 희생이 되면서도 결국은 줄기찬 사랑이 승리를 거둘 것이라는 바람을 표현하고 있다.

베트남은 한국과 마찬가지로 강력한 중화제국의 바로 옆에 위치하고 있기 때문에 군사적 침략은 물론 정치적으로나 경제적으로나 문화적으로 강력한 영향을 받으면서도 독자성을 유지해온 나라이다. 평화에 대한 염원이 강한 만큼 전쟁에 대한 두려움과 함께 승리에 대한 의지도 강하며 초자연적인 존재의 도움이나 전쟁 영웅에 대한 이야기도 많은 것 같다. 그러한 가운데 갈등이나 음모, 의심이나 오해가 불행을 초래하기도 하는데, 적국의 왕자를 사랑하게 되어 나라를 지키는 신령한 무기를 적에게 건네주게 되고 결국은 나라와 아버지와 자신의 목숨을 잃는다는 '금빛 거북' 이야기나, 한 사람의 여인을 같이 사랑했다가 오해와 의심 때문에 실의에 빠져서 또는 죄책감과 후회 때문에 모두 죽음을 맞이하는 쌍둥이 떤랑 형제의 슬픈 이야기 등은 모두 평화와 화합을 유지하기가 얼마나 어려운가를 잘 보여주고 있다.

스스로를 용의 자손이라 일컫는 베트남의 건국 신화 또한 전쟁을 배경으로 하고 있다. 지상의 왕과 바다의 용의 딸 사이에 아들로 태어나 나라를 다스리다가 바다로 돌아갔던 락롱꿘 침략당한 나라를 구하러 바다에서 되돌아왔다가 적국의 공주와 사랑을 하게 되고 이들 사이에서 태어난 100명의 자식들이 절반은 바다에서 절반은 지상에서 살게 된다. 베트남은 바로 이러한 사람들의 자손으로서 지상의 인간과 바다 용왕의 딸의 결합, 침략을 당한 나라의 왕과 침략국의 공주 사이의 결합 이야기를 통하여 다양하고 이질적인 요소에 의하여 나라가 탄생하였다는 메시지를 전달하고 있다.

중국의 설화를 살펴본 김명신 교수는 고대 중국사회도 평화와 질서의 유지, 정의의 실현을 위해 고심한 흔적이 나타난다고 한다. 평화를 위협하는 괴물, 권력자, 전쟁, 차별주의 등과 싸우기 위해 어리지만 지혜로운 소녀, 용감한 소년, 의협심이 강한 협객, 청렴하고 강직한 관리 등이 등장한다. 디즈니의 만화영화를 통해 전 세계에 널리 알려진 뮬란을 비롯하여 화추영과 송부주 등의 이야기는 전쟁과는 거리가 먼 여성의 몸으로 어쩔 수 없이 전쟁에 참가하게 되었던 사람들의 이야기이다.

간략히 소개되었지만 괴물을 퇴치하고 마을을 구했으나 마을 사람들로부터 기피당하는 주처周處라는 소년의 이야기는 특히 관심을 끈다. 평소 마을에서 으스대기를 좋아하고 남에게 자주 피해를 입히고 고통을 주는 말썽꾸러기였던 소년이 마을 사람들을 위해 괴물을 퇴치하기 위해 나선다. 그러나 괴물을 퇴치한 주처에게 마을 사람들이 감사를 표시하고 열렬히 환영하기는커녕, 모두들 두려워하며 도망치기에 바쁘다. 마을 사람들은 괴물만 두려웠던 것이 아니라 괴물을 죽이는 힘을 가진 주처 역시 두려워했던 것이다.

적국의 침입으로부터 나라를 지키기 위해 군대를 양성하지만 강력한 군인은 그만큼 강력한 물리적 폭력의 전문가이기도 하다. 적과 싸우기 위해 적과 닮을 수밖에 없고 임무를 성공적으로 완수하면 오히려 그만큼 일반 국민으로부터 두려움과 기피의 대상이 되기도 한다. 전쟁에 참가했던 군인들은 적을 죽이기도 하지만 그 자신들도 그 과정에서 인간성을 상실하기도 하는 피해자가 되기도 한다.

주처의 설화는 진정한 평화의 적은 우리를 침략하는 적국이나 우리에게 피해를 주는 괴물이 아니라 전쟁이나 폭력 바로 그 자체라는 사실을 전해주는 이야기가 아닌가 한다. 이러한 나의 해석이 너무 지나친 비약일까?

몽골의 설화 중 '지혜로운 소년' 이야기는 미국 유학 시절에 대인기를 끌었던 스타트렉Star Trek의 에피소드를 연상시킨다. 몽골 설화에서는 욕심 많고 포악한 왕이 잠시 마법에 걸려 갑자기 외딴곳으로 가게 되어 그곳에서 나이 많은 여인과 결혼하여 자식을 낳으며 평범하고 가난한 생활을 하게 된다. 어느 날 왕은 아내를 여의게 되고 또 얼마 후에는 사랑하던 자식도 우물에 빠져 죽는 비운을 맛보게 된다. 너무나 슬프고 절망한 나머지 왕은 우물에 뛰어들어 스스로 목숨을 끊으려 하는데, 이때 갑자기 현실로 되돌아온다. 현실에서는 잠깐의 시간밖에 흐르지 않았지만 왕은 일반 민중이 평생에 걸쳐 경험하는 평범한 생활, 가난과 행복과 불행을 모두 맛보았던 것이다. 왕은 크게 깨우치는 바가 있어 욕심을 버리고 선한 정치를 베풀게 된다.

스타트렉에서는 우주를 탐험하던 엔터프라이즈호의 피카르 함장이 이미 사라진 문명의 사람들이 남겨놓은 장치를 통하여 아주 짧은 기간 동안에 또 하나의 삶을 경험하게 된다. 이 삶 속에서 그는 아내를 깊이 사랑하고 자녀를 낳았으며 피리 불기를 연습하고 마침내는 자기가 살던 별의 멸망과 함께 죽음을 맞이하는 경험을 한다. 이를 통해 이미 사라진 사람들의 삶, 이들의 기쁨과 슬픔을 알게 되는 진한 경험을 하게 되는데, 혹시 스타트렉의 대본을 쓴 사람이 몽골의 설화에서 힌트를 얻은 것이 아닌가 하는 생각도 들게 된다. 물론 바둑 두는 노인들과 어울리다가 도끼 자루가 썩는지도 모르는 나무꾼의 이야기나 서양의 립 밴 윙클의 이야기, 중국의 남가일몽南柯一夢 등도 모두 다른 시간을 경험하는 이야기이니 어떻게 보면 반드시 몽골에만 국한된 이야기는 아닐 수도 있다.

이안나 교수에 의하면 몽골에서는 설화를 '울게르'라고 하는데 이는 '본' 또는 '모형'이라는 의미라고 한다. 즉 인간 삶의 다양한 모습을 그리면서 인간이 살아가야 할 삶의 모범을 보여준다는 것으로 이는 '설화가 생겨난 이야기'에도 잘 나타나 있다. 지위가 낮고 힘이 약하더라도 착하고 정의로운 마음으로 결국 주위의 도움을 받아 모든 것이 잘 해결된다는 이야기는 비록 현실의 삶이 고단하더라도 희망을 갖고자 하는 사람이라면 누구나 다 듣고 싶어할 것이다.

말레이시아의 평화 관련 설화는 소개자의 말대로 과연 우리에게 친근감을 준다. 흥부 놀부를 연상시키는 '와자와 위라' 이야기는 욕심쟁이 못된 형은 벌을 받고 착한 동생은 다리를 다친 새를 치료해주었다가 새가 물어다준 씨를 심어 큰 복을 받는데, 결국 동생이 형을 용서한다는 점마저 비슷하다.

이웃의 강력한 자바의 침입을 받기도 하고 또한 서구 열강의 침입을 받아 식민지 지배를 경험하기도 했던 말레이인들은 몸집이 크고 사나운 존재들을 꾀로 골려주는 이야기를 즐겼다고 한다. 마을 위협하는 거인을 속임수로 퇴치한다거나 '거거인 이야기'나, 강력한 군대를 거느리고 자바에서 쳐들어온 적에게 물소 싸움으로 승부를 가르자고 제의한 다음 역시 꾀를 써서 물소 싸움에서 이긴 '물소의 승리' 이야기 그리고 꾀돌이 고라니 깐칠이가 속임수로 자신보다 힘센 호랑이, 코끼리, 악어 등을 골려주거나 힘없는 염소가 호랑이에게 잡아먹히지 않고 살 수 있도록 도와주었다는 이야기 등은 세상을 비록 사납고 힘센 자들이 지배하고 있다 하더라도 꾀를 써서 이들을 골탕 먹이며 살아갈 수 있다는 점을 강조하고 있는 것이다.

그러나 감동을 주는 것은 사랑하던 손자가 악어에게 잡아먹히는 불행을 당하고도 손자를 잡아먹은 아기 악어가 생명을 잃을 위기에 처하자 할아버지 악어의 간절한 요청에 따라 아기 악어의 생명을 구해주는 할머니의 이야기이다. 비록 포악한 존재이지만 손자에 대한 애틋한 사랑을 가지고 있고 또한 자신의 손자가 생명을 잃을 위기에 놓이자 비로소 남의 손자의 생명을 빼앗는 것이 얼마나 남을 슬프게 하는 것인가를 깨닫는 과정을 그리고 있다. 특히 손자를 잃고 분노와 절망에 빠지거나 복수심에 불타기보다는 역시 손자의 생명을 어떻게든 살려보려는 할아버지 악어의 간절한 애원에 공감하여 자신의 손자의 생명을 앗아간 아기 악어의 생명을 구해주는 할머니의 행동은 여러 가지를 생각하게 해준다. 서로 이해하고 용서할 수 있다면 얼마나 세상이 좋아질 수 있을까 하는 평화에 대한 간절한 염원이 돋보인다.

맺음말

설화의 세계에서는 바람직한 일만 일어나지 않는다. 구전 설화는 종교인들이 도덕적 논의를 위해 이용하고 각색하여 도덕적인 내용으로 충만해지기도 했지만, 때로는 연장을 수선하는 남자들이나 뜨개질을 하는 여자들, 즉 어른들이 즐기기 위해 매우 호색적이고 잔인한 묘사나 야비하고 교활한 내용을 담기도 했으며, 때로는 어린이들을 위해 무섭고 경고적인 내용을 담기도 했다. 유모에게 들은 내용을 아름답고 우아한 필치로 묘사한 것이 살롱에 전파되었다가 이윽고 어린이들에게 알맞은 내용으로 각색되어 동화로 정착하기도 했다.

설화는 구연되는 것이기 때문에 시대와 장소를 넘는 고정된 내용이 있는 것이 아니다. 기본적으로 동일한 줄거리 구조를 가지고 있더라도 실제 구연 상황에 따라 풍부하게 각색되면서 여러 다른 메시지를 함께 전달할 수도 있다. 그럼에도 불구하고 설화의 기본 줄거리 구조는 매우 안정적이어서, 대개 삶은 야비하고 잔인하며 아무런 잘못도 하지 않은 착한 사람들에게 재앙이 닥칠 수도 있다는 것, 세상에는 못된 사람들도 있고 착한 사람들도 있다는 것, 남의 행복이나 뛰어남을 까닭 없이 시기하고 미워하여 해치는 사람도 있다는 것, 힘이 약하더라도 용기와 꾀가 있다면 남의 도움을 받아 승리를 거둘 수도 있다는 것, 또한 평화와 행복은 매우 바람직한 것이지만 쉽게 깨질 수도 있다는 것, 평화를 유지하기 위해서는 슬기와 용기, 때로는 희생도 필요하다는 것 등을 알려준다.

여기에 소개된 설화들은 국제이해교육 수업에 바로 활용하기에 적절한 것들도 있지만 사전 준비와 조사가 다소 필요한 것들도 많다. 비록 11개 나라의 설화를 일부 모은 것에 불과하지만 이러한 특집이 아태지역에 대한 이해를 넓히고 평화의 문화를 확산시키는 데 기여하기를 바란다.

【인도】
배은망덕한 전갈을 구해준 노스님

이옥순 연세대학교 연구교수

구비 전통의 문명

인도는 설화의 땅이자 평화의 땅이다. "우리를 미워하는 사람을 사랑할 때만이" 비폭력이라고 부를 수 있다고 말한 마하트마 간디의 나라, 평화의 땅 인도에는 태초부터 이야기들이 있었다. 인도의 고대 경전 『리그베다』는 기원전 1500년경부터 기원전 1000년 사이에 구성되어 구전된 것으로 여겨지고, 「라마야나(라마의 紀行)」와 「마하바라타(대인도)」 같은 대서사시도 기원전 5세기경부터 시작된 것으로 추정된다. 일부 인도인은 인도 문명의 특성인 구비 전통의 기원을 기원전 6천년으로 거슬러 올라간다.

오늘날까지 인도 서민의 종교로 기능하는 인도의 대서사시 「라마야나」와 「마하바라타」를 예로 들어 인도 구비 전통의 면모를 살펴보자. 기원전 5세기경에 전해지며 산스크리트어로 구성된 「라마야나」는 연극과 바드bard라고 불리는 이야기꾼의 노래와 암송을 통해 후대에 널리 전해졌다. 2만 4천 구, 5만 행, 7권의 「라마야나」는 호메로스의 「일리아스」보다 3배가 긴 웅대한 내용을 담고 있다.

「라마야나」와 비슷한 시기에 형성된 또 다른 대서사시 「마하바라타」는 「라마야나」보다 4배나 길 정도로 엄청난 분량으로 19편, 10만 6천 구, 20만 행의 노래가 담긴 세계 최대의 서사시이다. "여기에 있는 것은 인도에 있고, 여기에 없는 것은 인도에 없다"라는 말이 있을 정도인 「마하바라타」를 전하는 왕은 승리를 얻고 이를 외우는 여성은 순산한다고 그 공덕을 칭송하며 전승되었다.

브라만의 성전인 『베다』에서 나온 이야기들인 대서사시들은 기원전 5~4세기부터 도회지에서 농촌으로, 거리에서 마을로 전승되었다. 이야기꾼들은 비파를 연주하며 서민적 요소를 가미하여 인도인의 심금을 울리는 민족의 대서사시로 만들었다. 시대를 거치면서 여러 지방으로 퍼져나가 증보 과정을 거치며 다양한 버전으로 발전한 「라마야나」와 「마하바라타」는 공식 언어 15개와 수천 개의 사투리를 가진 오늘날의 인도에서도 여러 가지 언어로 생생하게 살아 있다.

인도 본토뿐 아니라 인도인이 다수 이주해 살고 있는 카리브해 주변의 트리니다드와 피지와 같은 인도에서 멀리 떨어진 지역에도 그 나름의 「라마야나」가 존재한다. 태국과 캄보디아 등 동남아의 여러 나라에 전파되었고 동아시아의 설화에도 영향을 준 「라마야나」는 수십 개의 번역본과 영역본이 있으며 축약본까지 있다. 그 내용도 각 지역과 시대에 따라 다르게 해석되었다. 19세기 민족주의가 발생한 벵골 지방에서는 주인공이 영웅이 아니라 약자로, 악마가 영웅으로 그려졌다.

대서사시들은 인도 문화를 살찌우는 데 지대한 공헌을 하였다. 인도의 여러 언어로 구성된 두 서사시는 카스트와 언어를 달리하는 인도인의 마음에 공감대를 형성하고 서민의 신앙을 키워 힌두교로 발전하는 데 기여하였다. 종교와 철학은 물론 수많은 인도의 희곡과 시가를 쓴 작가들에게 영감을 주어 작품을 낳게 하였고, 그림과 고전 무용에도 큰 영향을 주었다. 『마누법전』도 「마하바라타」에서 많은 구절을 인용하였다. 「마하바라타」의 일부는 인도네시아의 자바 지방까지 파급되었다.

구비 전통의 인도에서 시작된 수많은 이야기들은 인도를 떠나 유럽과 동쪽 나라에 전해졌다. 인도의 우화는 유럽으로 전해져 이솝우화에 영향을 미쳤다. 17세기 프랑스의 라퐁텐은 우화를 쓰면서 인도의 자료를 사용했다고 적었다. 『자타카(본생경)』 같은 불교설화는 불교의 전파와 함께 우리나라와 동아시아 여러 나라에 알려졌다. 인도에서 이야기들이 세대를 이어 전해지며 변화와 발전을 거쳤듯이 인도 우화와 불교설화, 신화도 전해진 나라와 지역에서 새로운 내용이 첨삭되며 풍부해지며 다채로워졌다.

 가장 오래된 문헌으로 여겨지는 『베다』도 마찬가지였다. 문자로 쓰어지지 않고 입으로 전해진 『리그베다』, 「야주르베다」 등 4개 『베다』의 본문과 『브라흐마나』 같은 부속문헌 등 방대한 분량은 천 년간 암송으로 전해지며 구성되었다. 스승이 제자에게 전하는 구전의 방식인 『베다』의 암송은 힌두교에서 명상의 한 방식으로 여겨지는데, 『베다』의 암송을 듣는 것도 예술로 여겨져서 깊은 마음의 침묵을 경험한다고 알려졌다. 『베다』의 암송은 2003년에 세계문화유산으로 등록되었다.

지식은 듣는 것

수많은 언어와 인종, 다양한 문화와 정체성이 공존한 인도는 연대기의 기록과 정리에 무관심하고 그래서 현실과 공상, 실화와 신화, 역사와 문학, 신화와 전설이 뒤섞여 있는 놀라운 문화적 특성을 가졌다. 사실 인도에는 역사적 자료가 드물고, 그래서 역동성이 부족하다는 외부인들의 비판을 받았다. 물론 역사적 기록의 부재가 인도 사회의 열등함을 의미하는 것은 아니다.

 인도는 문자가 없어서가 아니라 다른 여러 이유로 기록을 남기지 않았다. 기원전 2~3천 년으로 연대가 추정되는 인더스문명에도 문자가 있었으나 기원전 600년경 불교가 등장할 때까지 역사적 기록은 남아 있지 않다. 연대 추정이 가능한 기록은 아소카 시대의 석주와 마애에 새겨진 문자였다. 이후에도 인도인은 기록 정리에 관심을 두지 않고 구비 전통의 특성을 견지하였다. 앞에 말한 『베다』와 『우파니샤드』, 대서사시의 방대한 내용도 2천 년이 훨씬 넘게 입으로 전해졌다.

 그 이유는 종교에 관한 지식이 신성하고 강한 스승(구루)이 필요하므로 책을 만들거나 인쇄할 수 없다는 것이다. 암송을 가치 있다고 보고 문자를 통한 교육이 진리의 탐구에 적절하지 않다고 여겼다. 인도에서는 예로부터 지식을 시간과 장소, 사람을 초월하는 것으로 여겼다. 고대 힌두교 경전은 두 가지 형태로 지식을 언급하였는데, 의식과 의례, 종교적 텍스트를 배우는 낮은 지식과 깨달음을 통한 지식, 곧 윤회의 사슬에서 해탈하는 진리 중에서 후자를 높은 지식이라고 파악했다.

따라서 진리는 스승을 통해 산스크리트어로 전해졌다. 대개 브라만들이 지식을 전수하고 전달받았는데, "태양이 없으면 깜깜하듯이 스승의 설명이 없으면 공부는 모호하다"라는 것이 기본적 입장이었다. 스승의 축복과 경험을 통해 진리에 도달한다고 여긴 그들은 스승과 제자가 마주앉아 이뤄지는 일대일 형태의 구전 방식을 선호하였다. 엄격한 문법을 가진 산스크리트 경전은 글귀와 글자의 왜곡 없이 완벽한 구전이 가능했다.

고대 인도에서 깨달음과 연계된 지식의 원천인 경전은 슈르티suriti라고 불렸다. 이는 "들었다"는 뜻으로 보는 것이 아닌 듣는 것을 지식으로 간주했음을 알려준다. 또 다른 경전인 스무르티smuriti도 "들어서 이해"한다는 뜻이다. 지식은 이처럼 말하고 듣고 전해지며 그 진리에 완전히 동화되고 그 진리에 맞는 삶을 포함하였다. 아이들은 진리를 듣기 위해 집을 떠나 스승의 집으로 갔다. 이러한 지식은 상층 카스트들만 접근할 수 있었다. 수드라와 여자들은 지식을 접할 기회가 없었다.

고대의 브라만들은 독점적 지식을 바탕으로 카스트 제도의 정점에 자신들을 배치하고 사회에 대한 브라만의 지배와 위상을 정당화하였다. "아는 것이 힘"이고 "지식이 권력"인 것처럼 지식과 정보가 차단된 낮은 계층은 브라만의 권위에 도전할 수 없었고, 사회에서의 낮은 위상을 운명적으로 받아들였다. 깨달음을 통해 구원을 얻는 수단인 지식이 이승에서 카스트 제도를 재가하고 브라만의 사회에 대한 헤게모니를 합법화한 셈이다.

브라만의 지식 독점에 반기를 든 사람이 불교를 일으킨 싯다르타였다. 크샤트리아 출신의 싯다르타는 깨달음을 얻은 이후 특정한 계층이 아닌 대중을 상대로 한 설법을 통해 브라만의 일대일의 방식과 달리 대중적인 방식으로 진리를 전파하였다. 설법할 때는 산스크리트어가 아닌 속어를 사용하였다. 불교 출가자들은 출가하여 승원에서 생활하면서 공부하였고, 카스트와 성별의 구분이 없었다.

 부처의 사후 그 말씀과 행적을 암송과 기억을 통해 전수하던 불교에서는 아소카왕 시대에 불경을 간행하여 보다 광범위하게 지식을 전파하였다. 지식에 대한 접근이 넓어졌으나 여전히 스승이 암송한 것을 듣고 기억하는 방식의 구전이 선호되었다. 문자와 책은 지식을 알려주는 자와 그것을 받는 자가 떨어져 있다는 것을 의미하였고, 진리의 추구에 적당치 않다고 여겨졌다.

 불교가 쇠퇴하고 기록을 남긴 12세기부터 이슬람이 인도를 통치한 뒤에도 지식의 전파는 구전이 대세였다. 힌두교도인 서기書記 카스트와 글을 아는 무슬림 상층은 비밀스런 성격을 강조하면서 지식의 재생산을 막았고, 왕들은 자신들의 권위와 권력을 침해할 잠재성을 가진 인쇄술을 장려하지 않았기 때문에 구전이 선호되었다. 가뭄과 홍수처럼 변화무쌍한 열대지방의 자연환경이 기록과 책의 보존에 비호의적인 점도 인도를 구비 전통의 문명으로 이끌었다.

이야기의 보물창고

 '위대한 영혼'으로 불리는 간디가 "지식은 학교에서 얻는 것이 아니다. 학교가 생기기 전에도 뛰어난 사람은 존재했다"고 적었듯이 지식은 공식적인 교육으로만 전해지지는 않았다. 대다수가 문맹인 사회에서 문자와 책은 소수에게만 가치와 이상을 알려주는 한계를 가지기 때문이다. 산스크리트어로 지식을 전수하는 공식적 교육에서 배제된 낮은 계층과 여성 등의 일반 대중에게 다양한 형태의 이야기들은 사회적 윤리와 도덕적 가치 같은 유용한 지식을 전달해주었다.

 구비 전통은 공식적 지식체계와 별도로 한 세대의 문화와 전통을 다음 세대에 전해주는 서민의 정신을 반영하면서 집단의식과 공감대를 형성하며 생생하게 이어졌다. 보통의 인도인은 젖을 먹듯이 어려서부터 다양한 이야기들을 들으며 자랐다. 그들은 『베다』와 같은 힌두 경전에서 끌어낸 신화, 「라마야나」와 「마하바라타」 같은 대서사시, 전설과 민화, 우화와 인물의 일화로 전해진 이야기들을 들으며 전통적인 가치와 행동, 믿음과 문화를 배웠다.

「라마야나」는 인도에서 가장 인기를 누리는 라마 신의 역정을 다룬 내용으로 브라만과 다른 전통을 가진 크샤트리아가 주인공이다. 라마는 일부일처제의 남편, 훌륭한 지도자, 정의로운 왕, 이상적인 통치자를 상징하고 그의 아내 시타는 정숙하고 순종적이며 자기희생적인 힌두 아내의 전형을 설파하며 전해졌다. 헌신과 봉사의 가치를 구현하는 라마를 따르는 원숭이 신 하누만은 인도 전역에 숭배되는데, 명대 중국에서 나온 서유기에서 삼장법사를 모시는 손오공의 모델이 되었다.

사람이 따르고 추구해야 할 바람직한 행동을 말하는 신화는 대개 신과 초인이 중심이지만 역사적 사건이나 인물에게 다양한 색깔의 상상력을 덧칠한 전설은 신이나 왕과 같은 높은 사람과 힘없는 보통 사람도 주인공으로 등장한다. 늘 "옛날 옛적에"로 시작하는 민화는 먹물이 묻지 않은 민초들의 좌충우돌하는 삶을 생생하게 드러낸다. 서구의 이솝우화와 달리 인도의 우화는 동물뿐만 아니라 사람도 등장하는데 권력과 지도자, 우정과 어리석음, 탐욕과 만용을 냉소적으로 묘사하며 깊은 교훈을 심어준다.

가난하고 힘없는 민초들이 주인공인 민화는 주로 모험을 감행하고 승리하는 영웅적인 남자가 중심이지만 생각보다 행동이 앞서는 남자를 위해 '해결사'로 등장하는 현명한 여성들도 많이 나온다. 그 구원의 여성들은 『아라비안나이트』의 세헤라자데처럼 어려운 문제를 풀고 수렁에 빠진 '내 남자'를 구하는 집안의 천사들이다. 남자들의 이야기가 결혼으로 끝나는 것과 달리 여자들의 이야기는 대개 결혼한 뒤에 시작된다.

민화는 늘 "옛날 옛적에 어느 마을에"로 시작해 청취자를 이야기의 세계에 끌어들이고, 청취자를 이야기와 판타지의 세계에서 이곳 현실세계로 데려오는 일정한 패턴으로 끝을 맺는다. 동부 아삼 지방의 민화는 "우리는 옷을 세탁부에게 보내야 했고, 그래서 우린 집에 돌아왔어"로, 남부의 한 지방은 "그는 칸치로 갔고, 그래서 우리는 집에 돌아왔어"로 끝나는데, "며칠 전 그 왕자를 시장에서 봤는데, 내게 아무 말도 하지 않더라"로 끝나는 경우도 적지 않다.

불교설화도 오랫동안 널리 퍼졌다. 기원전 3세기 이전에 시작된 것으로 보이는 자타카의 설화는 불교와 힌두의 성지 바라나시 부근을 공간적 배경으로 전개되는 부처님의 전생 이야기로 긴 세월을 두고 전해지면서 새로운 이야기들이 첨삭되며 발전하였다. 약 550개의 일화와 우화가 담긴 자타카 설화는 동물과 인간을 통해, 싯다르타 고타마의 전생을 통해 진리에 이르는 길의 어려움을 알려준다.

초기 자타카의 설화는 자타카 바나카Jataka Bhanaka라고 불리는 직업적 이야기꾼이 전했다. 글을 모르는 사람들에게 이야기를 해주는 그들은 친절과 연민, 관용과 비폭력, 자기헌신, 자선, 이기심 타파와 같은 내용을 전파하려고 여러 지방을 돌아다녔다. 바드라고 불리는 이야기꾼들도 노래와 암송으로 일반 대중에게 힌두 대서사시를 들려주며 도덕적 가치와 윤리를 전파하였다. 직업적인 이야기꾼과 함께 다양한 설화들은 할머니와 어머니 등 가족의 이야기꾼을 통해 후대로 이어졌다.

설화 속의 비폭력과 평화

인도는 비폭력과 평화의 나라로 알려졌다. 3세기 인도의 불교학자 나가르주나가 부처의 기본적 가르침을 '아힘사(비폭력)'라고 정의한 인도에는 자이나교, 불교, 힌두교, 시크교 등 인도에서 기원한 모든 종교가 비폭력을 믿고 그 실천을 강조해왔다. 당연히 사회적 윤리와 삶의 가치를 전하는 여러 설화에도 물리적 대결과 폭력의 위험성을 암시하며 평화로운 문제 해결과 비폭력적 방식을 장려하는 내용이 담겼다.

기원전 1000년경 갠지스강 상류에서 일어난 전쟁을 소재로 한 노래와 이야기가 전승되다가 기원전 4세기경에 오늘날의 형태로 정착된 것으로 보이는 「마하바라타」는 왕위를 놓고 벌이는 쿠루족의 전쟁의 대서사시로 사촌간인 다섯 왕자의 7개 사단과 백 왕자의 12개 사단이 사투하는 과정과 결말이 줄거리이다. 격전 뒤에 쿠루족은 전멸하고 백 왕자를 잃은 늙은 왕은 숲에서 숨어 살다가 불에 타죽는다. 결국 인생무상을 느낀 다섯 왕자도 순례의 길에 오른다는 내용으로 전쟁의 허무함을 설파하였다.

기원전 3세기에 구성된 불교설화 자타카에도 권력을 가진 통치자의 10가지

덕목에 비폭력이 포함되었다. 누구에게도 해를 주지 않고 전쟁과 폭력, 살아 있는 생명을 죽이는 것을 피하여 평화를 증진하도록 노력하는 것이 통치자의 덕목이라는 것인데, 자타카에 나오는 콜리족과 석가족의 이야기도 평화로운 해결 방안의 유용성을 알려준다.

로히니강을 사이에 두고 사이좋게 지내는 사돈지간인 두 부족은 어느 해 가뭄이 들자 물 때문에 시비가 붙었다. 전쟁이 나기 직전에 도착한 싯다르타는 그들에게 "물과 사람 중에서 어느 쪽이 더 중요한가요" 하고 물었다. "물론 사람이 더 중요하지요"라고 대답한 그들에게 싯다르타는 "물싸움 때문에 사람을 죽이려는 것은 옳지 않습니다. 전쟁은 원한을 낳고 원한은 다시 더 큰 전쟁을 부르거든요"라고 조언하여 두 부족의 전쟁을 막고 화해하게 했다.

인도 최고 지도자로 꼽히는 아소카왕의 이야기도 비폭력과 평화를 중요하게 여겼음을 알려준다. 고대 마우리아왕조를 인도 최대의 제국으로 키운 그는 나라를 더 크고 강하게 만들기 위해 왕위에 오른 지 9년 만에 동부 지방의 칼링가 왕국을 공격했다. 치열한 전쟁은 약 10만 명의 사망자와 수많은 사람의 부상을 가져왔다. 승리했으나 비참한 전쟁의 결과를 본 아소카왕은 행복하지 않았고, "이제 다시는 무기를 쓰지 않겠어"라고 결심하고 불교로 개종하였다. 아소카왕은 살생을 그만두고 반듯하고 착한 생활을 영위하면서 백성에게 자신을 본받으라고 말했다. 나라를 무력으로 다스리지 않고 법(Dharma)으로 다스린다고 선포하고 외국과도 전쟁을 하지 않고 우호적 태도를 견지하였다.

바위와 돌기둥에 새겨 여러 지방에 세워진 아소카왕의 칙령은 지식인의 언어인 산스크리트어가 아니라 사람들이 일상에서 사용하는 팔리어로 기록되어 평화를 널리 알렸다. 아소카왕의 업적과 위대함은 제국의 건설이 아니라 평화정책과 문화적 정복에서 나왔다. 후계자에게 평화정책을 따르도록 충고한 그는 같은 이유로 채식을 실천하였다. 왕의 밥상과 잔칫상에 올리려고 매일 수백 마리의 고기와 날짐승을 죽였으나 사냥을 금지하고 고기를 먹지 않았으며 동물보호정책을 폈다. 아소카왕이 고기를 먹지 않겠다고 돌기둥과 비문에 글을 새길 무렵의 왕궁에는 공작 두 마리와 사슴 한 마리가 있었다고 전해진다.

이처럼 비폭력과 평화를 강조하는 이야기들이 수천 년간 전해져온 인도에서 마하트마 간디가 등장한 것은 당연한 귀결인지도 모른다. 20세기의 간디는 비폭력적 방식으로 인도의 독립운동을 이끌어 피를 흘리지 않고 영국의 식민통치를 벗어나는 데 성공하였다. 간디는 '눈에는 눈' 이라는 정글의 법칙과 힘과 무기를 쓰는 당대의 투쟁방식을 거부하였다. 영국을 증오하지 않고 용서하고 사랑하는 비폭력적 정신으로 평화롭게 독립을 일군 그는 20세기 최대의 인물로 간주된다.

간디는 어렸을 때 고향인 구자라트의 학교에서 들은 "만약 누가 물을 한 잔 주었을 때 물 한 잔을 되돌려주는 건 아무것도 아니다. 진짜 아름다움은 악에 대해 선을 행하는 것이다" 라는 이야기가 자신에게 큰 영향을 주었고 그것을 실천하기로 마음먹었다고 말했다. 그는 불살생, 무상해, 훔치지 않는 것, 순수, 감각의 통제 등을 실천하는 자이나교의 전통이 강한 구자라트에서 자라면서 배운 비폭력적 방식으로 영국을 상대하였다. 다음의 이야기는 평화를 약속하는 비폭력정신을 알려주는 인도의 설화이다.

〈설화〉 전갈을 구해준 노스님

노스님이 갠지스 강가에 앉아서 시를 암송하고 있었다. 그때 나무 위에 있던 전갈이 강물에 빠졌다. 전갈이 허우적대는 모습을 지켜본 스님은 전갈을 건져서 나무에 도로 올려놓았다. 그러나 전갈은 괘씸하게도 자신을 구해준 스님의 손을 물어버렸다. 스님은 개의치 않고 다시 강가에 앉아서 시를 암송하였다.

얼마 후 전갈이 다시 나무에서 떨어져 강물에 빠졌다. 스님은 다시 허우적거리는 전갈을 건져서 나뭇가지에 올려주었고 전갈은 또 스님의 손을 깨물었다. 얼마 지나지 않아 전갈이 다시 강물에 빠졌고 스님은 물에 빠진 전갈을 건져주었다. 이번에도 전갈은 은인의 손을 깨물었다. 그때 마을 사람이 물을 길러 왔다가 우연히 그 광경을 지켜보았다. 그는 더 이상 참지 못하고 스님 곁으로 다가왔다.

"스님, 스님께서 저 배은망덕한 전갈을 여러 번 구해주시는 걸 보았습니다. 그런데도 전갈은 매번 스님을 깨물더군요. 저 못된 걸 죽도록 내버려두지 왜 구해주셨습니까?"

그러자 스님은 그 사람을 되돌아보며 말했다.

"보시오. 저 전갈도 어쩔 수 없는 거라오. 깨무는 것이 전갈의 본성이니까요."

"저도 그건 압니다. 하지만, 그걸 알면서 스님은 왜 전갈을 피하지 않습니까?"

마을 사람이 되묻자 스님은 미소를 지으며 대답했다.

"나도 어쩔 수가 없다오. 나는 사람이고, 목숨을 구해주는 것이 사람의 본성 아니겠소?"

춤추는 마왕

옛날 인도에 바스마수라라는 이름의 잘생긴 청년이 살았다. 재, 먼지를 뜻하는 '바스마'와 마귀라는 의미의 '아수라'가 합쳐진 이름처럼 그는 세상에서 가장 무서운 사람이 되고 싶었다. 어느 날 그는 숲으로 가서 신에게 특별한 능력을 달라고 오랫동안 명상과 고행을 계속하였다. 비가 오나 눈이 오나 한결같이 정성을 바치는 그에게 감탄한 신은 원하는 것이 무엇인지를 물었다.

"저는 세상에서 가장 힘세고 영원히 죽지 않는 사람이 되고 싶습니다. 제 이름처럼 제가 만지는 것은 모두 재와 먼지로 변하게 해주세요."

신은 잠시 생각하더니 그의 소원을 들어주마고 대답했다. 신비한 힘을 부여받은 바스마수라는 기쁜 마음으로 숲에서 내려오다가 호랑이와 마주쳤다. 멈칫하던 바스마수라는 시험 삼아 호랑이의 머리를 만졌다. 놀랍게도 호랑이는 곧 한 줌의 재로 변하였다.

"와! 나는 이제 세상에서 가장 강한 사람이야! 누구든 내게 덤비면 한 줌의 재로 만들어버릴 거야! 자, 덤벼라!"

마을로 내려온 바스마수라는 으스대며 가는 곳마다 손을 휘둘렀고 모든 것을 재로 만들어버렸다. 그가 지나간 마을은 먼지와 재만 남았다. 그의 주변에는 이제 단 한 사람의 친구도 없었다. 그를 보면 누구나 도망갔다. 그 누구도 재가 되고 싶지 않았던 것이다. 바스마수라를 돌보고 아끼던 친구와 가족들도 하나 둘씩 그를 떠났다. 그래도 바스마수라는 파괴의 손을 멈추지 않았다.

주변에 친구가 없어 외로운 바스마수라는 춤추는 것으로 마음을 달랬다. 그는 춤을 잘 추었다. 그러던 어느 날 화가 난 바스마수라는 자신에게 춤을 가르치던 선생의 머리를 만지는 실수를 저질렀고 춤 선생은 곧 재가 되어 사라졌다. 그는 춤을 가르치던 선생을 실수로 죽였다는 걸 깨닫고는 그만 정신이 돌아 이리저리 돌아다니며 더 많은 사람을 죽였다. 남녀노소를 가리지 않고 마구 죽였고, 도망가는 사람은 악착같이 쫓아가서 한 줌의 먼지로 만들었다.

"이제 누가 나에게 춤을 가르쳐준다는 말인가? 누구 없는가? 나에게 춤을 가르쳐줄 사람이 없냐구?"

바스마수라는 거리를 이리저리 쏘다니며 고래고래 소리를 질렀으나 아무도 나오지 않았다.

그때 어떤 집의 문이 열리며 아름다운 아가씨가 걸어 나왔다. 다른 사람들은 바스마수라를 보자마자 다 도망가는데 그녀는 용감하게 마스마수라에게 다가갔다.

"제가 춤을 가르쳐드릴 게요. 저는 춤을 잘 춘답니다."

여자는 상냥하게 웃고는 춤을 추기 시작했다. 바스마수라는 여자를 바라보았다. 자신을 보고 웃는 사람을 보는 건 참으로 오랜만이었다.

"이리 오세요. 저하고 춤을 추어요."

여자가 춤을 추면서 바스마수라에게 손짓을 했다.

"여기서 말이오?"

바스마수라의 질문에 대꾸도 없이 여자는 우아하게 춤을 추었다. 바스마수라는 자기도 모르게 그녀에게 이끌려서 춤을 추기 시작했다.

"저 음악이 들리지 않나요?"

정말 어디선가 아름다운 선율이 들렸다.

"자, 조금 더 빨리 추세요."

여자의 말에 따라 바스마수라는 더 빠르게 몸을 움직였다. 박자가 한층 더 빨라졌다. 그러나 여자의 동작은 더욱 빨라 보였다.

"저를 따라서 춤을 추시겠어요? 제가 하는 대로, 제가 추라는 대로 그대로 따라 해보세요. 마치 그림자처럼 추는 거예요."

"물론이오. 난 뭐든지 할 수 있거든요."

바스마수라는 여자에게 큰 소리로 대꾸하고는 빠르게 몸을 움직였다.

여자는 더욱 빠르게 춤을 추었다. 너무 빨라서 발이 땅에 닿을 새도 없었다. 그녀는 팔을 왼쪽, 오른쪽으로 움직였고 팔을 안으로 구부렸다가 앞으로 쭉 뻗기도 했다. 잠시도 쉬지 않았고, 한숨을 돌릴 사이도 없이 빠른 동작이었다. 마치 여자의 존재는 사라지고 춤만 남은 듯이 보였다. 바스마수라는 여자를 따라 계속 춤을 추었다. 여자가 팔을 펴면 같이 팔을 폈고, 여자가 다리를 구부리면 바스마수라도 다리를 구부렸다.

그때 갑자기 빠르게 춤을 추며 돌던 여자가 두 손을 머리에 얹었다. 바스마수라도 그녀를 따라 자기의 머리에 두 손을 얹었다.

자기가 무슨 행동을 하는지 깨닫지 못하고 두 손을 자신의 머리에 올린 바스마수라는 놀라서 소리를 지르기도 전에 한 줌의 재가 되어 춤을 추던 여자의 발밑에 부서져내렸다. 폭력을 자랑하며 사람들을 공포에 몰아넣던 바스마수라는 그렇게 세상에서 영원히 사라졌다. 마을에는 다시 평화가 찾아왔다.

【 말레이시아 】
깐칠, 밀림의 왕이 되다

정영림 한국외국어대학교 말레이-인도네시아어과 교수

　말레이어로 평화는 '다메이' 혹은 '다마이damai'라 하는데, '화합', '적대적이 아님', '전쟁이나 소요 없이 평온함'을 뜻한다. 이는 우리 국어사전에 나타난 '평화'에 대한 정의와 다를 바가 없다.
　인간은 늘 평화를 희구하지만, 개인이나 국가에 화목한 삶과 평화로운 시대만이 존재하지 않았음을 우리는 잘 알고 있다. 역설적으로 인간이 역경과 고난 없이, 또 전쟁의 아픔을 경험하지 못하고 늘 화합하고 평온한 삶만을 지속하였다면 평화가 주는 값진 의미와 평화의 소중함을 절실하게 깨닫지 못할 수도 있을 것이다.
　같은 아시아 국가이며 고대에는 인도 문화가 전래되어 그 뿌리를 두고 있음인지 말레이시아 설화는 우리에게 친근한 느낌을 주지만, 역사적·공간적 배경의 차이로 인해 말레이인이 안고 있는 불안 요소는 우리와는 달리 나타나고 있음을 알 수 있다. 옛날 말레이인들은 삶의 불안과 고통을 어떻게 극복해 평화로운 삶을 영위했는지 몇 편의 설화를 통해 알아보고자 한다.
　반도 국가인 말레이시아에서 고기 잡는 일이 생업인 어민들과 악어는 천적의 관계이다. 악어에 대한 두려움을 불식시키고 서로 도와가며 살기를 바라는 "할머니와 악어Nenek dengan Buaya" 이야기가 있다. 줄거리를 소개하

면 아래와 같다.

할머니와 악어

옛날에는 땀부난강 상류나 하류로 가려는 사람들은 모두 다 악어 밥이 되었다. 건기 때 호수는 물 한 방울 없이 바싹 말라 있었다. 그래서 할머니와 손자는 물을 길으러 집에서 멀리 떨어져 있는 땀부난 강가까지 나가야만 했다.

대문을 막 나서려는데 이웃에 사는 할머니 친구가 찾아와 "집에 옥수수죽을 만들어 놓았으니 같이 먹으러 가자"고 할머니에게 권했다. 할머니는 "고맙지만 날이 어두워지니 강에 가서 물을 길어와야겠다"고 하면서 사양했다. 이 마을 사람들은 누가 음식을 장만해 놓고 초대하면 만사 제쳐두고 그 초대에 응해야지 그러지 않으면 화를 입게 된다는 믿음이 있는데, 할머니는 깜빡 그러한 종족의 풍습을 잊어버리고 말았던 것이다.

할머니와 손자가 강가에 도착하여 물속에 발을 담그고 허리를 굽혀 물을 마시려고 하자 강물에서 부글부글 소리가 나더니 꼭 나무 둥치 같은 악어 몇 마리가 쏜살같이 달려왔다. 그 가운데 한 마리가 손자의 몸을 꼬리로 휙 감더니 눈 깜짝할 사이에 물속으로 데리고 들어갔다. 할머니는 악어 밥이 된 손자를 목이 잠기도록 불렀지만 때는 이미 늦었다.

손자를 잡아간 악어는 너무 서둘러서 소년을 삼켜버렸기 때문에 소년의 다리뼈가 목구멍에 걸리고 말았다.

손자를 잃은 할머니는 슬픔에 잠겨 홀로 앉아 있었다. 날이 어두워지기 시작하자 덩치 큰 악어 한 마리가 할머니 곁으로 왔다. '손자 뒤를 따라 죽는 게 더 낫지, 이렇게 구차하게 살아서 뭘 하나' 하는 생각이 들자 할머니는 그 무시무시한 악어를 봐도 두렵지가 않았다. 그런데 그 큰 악어가 뜻밖에도 부드러운 음성으로 "도움을 청하려고 찾아왔어요" 하고 말하는 게 아닌가!

악어는 할머니의 손자를 삼킨 악어가 바로 악어 왕의 손자인데 자기 아들이라고 밝혔다. 어린 악어의 입 안이 좁은 데다 급히 삼켰기 때문에 목구멍에 뼈가 박혀서 죽을 때만 기다려야 할 형편인데 죽은 아이의 할머니만이 어린 악어를 구해낼 수 있다는 말을 들었다는 것이다. 손자는 이미 악어 밥이 되었지만 할머니 눈앞에는 어린 악어의 고통스러워하는 모습이 떠올라 가여운 생각마저 들었다.

"도와줄 수는 있지만, 내가 거길 어떻게 갈 수 있겠느냐"고 할머니가 묻자, 악어가 "내 등에 올라타십시오" 하고 대답했다.

할머니를 태운 악어는 한참이나 강을 가로질러 간 다음 작은 못에 다다랐다. 거기에는 수백 마리의 악어가 신음하고 있는 어린 악어 주위를 둘러싸고 침통해하고 있었다.

손자 악어 곁에 있던 악어 왕이 할머니에게 와줘서 고맙다는 인사를 수없이 하면서, "마음씨 고운 할머니, 난 손자를 잃은 할머니의 슬픈 심정을 누구보다 잘 이해할 수 있습니다. 내 손자가 죽게 된다면 나도 똑같은 슬픔을 맛볼 테지요. 하지만 할머니, 제 손자 놈을 꼭 살려주십시오" 하고 간곡히 부탁했다.

"그전에, 이 강에 살고 있는 악어들이 다시는 우리 마을 사람들을 해치지 않겠다는 약속을 해야 합니다" 하고 할머니가 다짐했다.

"약속하고말고요. 부디 이 손자 놈을 살려주십시오."

할머니와 악어 왕 사이에 약속이 오간 다음, 할머니는 어린 악어의 목구멍에 박혀 있는 손자의 뼈를 빼내고는 잘 치료해주었다. 손자 악어가 회복되자 그 자리에 있던 악어 떼들이 기뻐 날뛰면서 할머니에게 수없이 감사의 인사를 했다.

그후 악어들이 그 땀부난강에서 사람을 해치거나 잡아먹는 일은 한 번도 없었으며, 요즈음도 그 강에서는 악어의 모습을 찾아볼 수 없다고 한다.

어린 악어의 고통을 외면하지 못한 마음씨 착한 할머니, 마을 주민의 안전을 위해 악어왕의 약속을 얻어낸 다음 손자를 죽인 원수를 살려낸 슬기로운 할머니 덕분에 땀부난강 근처 주민들은 자자손손 악어의 위협에서 벗어나 평화롭게 살아간다는 전설적인 이야기에서 개인적인 원한을 용서로 승화

시킨 대승적인 정신을 엿볼 수 있다.

잘못을 뉘우친 왕

서민층의 모습과는 달리, 백성들의 사랑과 존경을 받는 임금은 매사를 공정하게 처리하는 현명한 임금인데 말레이시아 설화에는 이런 임금은 일찍 세상을 떠나고, 새로 젊은 임금이 왕위에 오르면서 백성들의 삶은 불안해지고 고달파지는 내용이 많이 있다. 대표적으로 끄다 왕국을 다스린 「송곳니 임금Raja Bersiung」 이야기가 있다.

그러나 말레이인들은 임금에게 불손하다고 걸핏하면 죄를 뒤집어씌워 무고한 백성들을 잡아들이는 고약하고 난폭한 송곳니 임금이 임금 자리에서 쫓겨나는 모습을 보면서 통쾌해하기보다는 자신의 잘못을 스스로 깨닫고 뉘우친 후 나라를 잘 다스리는 임금을 더 아끼고 사랑한다.

「왕과 세 명의 도둑Raja dengan Tiga Orang Pencuri」 이야기는 옛날 바와 앙인 왕국을 배경으로 한 민담으로 백성과 나라에 대한 책임을 소홀히 하는 임금을 대신해 정사를 돌보려는 대신들과 이들의 계획을 알아낸 왕이 대신들을 벌하지 않고 용서하는 모습을 그려놓아 말레이인들이 아끼고 좋아하는 민담 중 하나이다. 그 내용을 간추려보았다.

바와 앙인 왕국에 어진 임금이 돌아가시자 왕위를 물려받은 젊은 왕자가 부왕의 죽음을 슬퍼하며 두 달이 넘도록 정사를 돌보지 않고 하루 종일 방안에만 틀어박혀 있었다. 대신들과 시종들도 얼씬하지 못하게 하자 나라 일을 걱정한 한 대신이 최고대신에게 왕위에 오르도록 제안하였다. 그리고 대신들은 날을 정해 한 명도 빠지지 않고 최고대신 집에 모여서 좋은 방안을 찾아보기로 약속하였다. 모든 사람들이 다 알고 있는 이 엄청난 사실을 새 임금만 모르고 있었다.

하루는 궁궐 밖에서 한 여자 장사꾼이 "지혜요, 지혜! 지혜 사실 분 안 계세요" 하고 외치는 소리가 들렸는데, 차츰 임금의 처소 가까이까지 들려왔다. 임금은 시종을 불러 "어서 가서 지혜를 파는 장사꾼을 데리고 오라"고

일렀다. 백발이 성성한 노파가 지팡이에 몸을 의지한 채 빈 몸으로 임금 처소에 나타나자, 임금은 "노파께서 파신다는 게 어떻게 생긴 거지요" 하고 묻자 노파는 "바로 이 노래입니다. 전하" 하고 들려주었다.

잠자는 것보다는 깨어 있는 편이 낫고
깨어 있는 것보다는 앉아 있는 편이 낫고
앉아 있는 것보다는 서 있는 편이 낫고
서 있는 것보다는 길을 가는 편이 낫다네.

그날 밤, 쉽게 잠을 이룰 수 없게 된 임금은 낡고 다 해진 옷 한 벌을 찾아 입고는 아무도 몰래 궁궐을 빠져나왔다. 캄캄한 밤거리를 혼자서 이리저리 헤매고 다니는데 어디선가 두런거리는 사람들 목소리가 들려왔다. 가까이 다가가 보니 검은 옷을 입은 세 사람이었는데 한눈에 도둑임을 알 수 있었다. 그래서 임금은 이렇게 시를 읊었다.

하나보다는 둘이 낫고
둘보다는 셋
셋보다는 넷이 낫다네.

그러고는 "나도 여러분과 함께 일하고 싶으니 무슨 일이든지 시켜주시오" 하고 간청했다. 최고대신 집에 들어가 값진 물건을 훔치기로 하고 서둘러 떠날 채비를 차리는 도둑들 앞을 임금이 가로막으며 각자 무슨 재주를 갖고 있는지 알아야 일을 쉽게 성공시킬 수 있지 않겠느냐고 묻자, 첫째 도둑은 사람을 잠들게 하는 재주를 갖고 있으며, 둘째 도둑은 잠긴 문을 딸 수 있으며, 셋째 도둑은 짖는 개를 조용하게 할 수 있다고 하였다. 임금이 "난 죽은 사람도 살릴 수 있는 힘을 갖고 있다"고 하자 도둑들은 신바람이 났다.
네 명의 도둑이 최고대신 집에 도착하였을 때는 '임금은 자리에서 물러나야 한다'는 내용의 문서가 이미 꾸며져 있었다.

사람들을 잠에 빠지게 만들고, 재빨리 잠긴 문을 열고 그리고 개들을 짖지 못하게 만들어 놓은 세 명의 도둑은 가져온 보따리 속에 보석들을 챙겨 넣느라 정신이 없었다.

한편, 임금은 최고대신이 얼굴을 파묻고 잠들어 있는 탁자 위에 놓인 종이 한 장을 집어들고 내용을 읽어본 후 '가장 아끼고 신임했던 신하가 짐을 배신하려는 음모를 꾸미고 있었다니' 하면서 깊이 탄식하였다.

임금은 도둑들에게 훔친 물건을 셋이 똑같이 나누어 가지게 한 다음 닭의 깃털을 하나씩 나눠주었다. 그날 밤을 잊지 않기 위해 각자 머리에 꽂고 다니기로 약속하고 나서 임금도 머리에 똑같은 것을 하나 꽂았다.

이튿날, 날이 밝기가 무섭게 의관을 갖추고 조정에 나온 임금을 본 대신들이 깜짝 놀라 어찌할 바를 몰라 하였다. 임금은 최고대신에게 요즘 나라 형편이 어떤지 물었고, 최고대신은 백성들이 태평성대를 누리면서 행복하게 살고 있으니 염려마시라고 자신 있게 대답했다. 임금은 "그런데 어째서 세 명의 도둑이 나라를 온통 어지럽히고 다니느냐"고 물으면서 백성들을 곧 궁궐 앞마당에 모으도록 일렀다. 최고대신은 간밤에 자기 집에 도둑이 든 것을 임금이 알고 있을까봐 염려가 되었다. 겁에 질린 표정으로 임금 앞에 불려나온 백성들에게 임금은 닭털 깃을 머리에 꽂고 있는 세 명을 가리키면서 "이자들이 도둑이니 당장 하옥하고 목을 베도록 하라"고 최고대신에게 영을 내렸다.

첫째 도둑이 "우린 모두 네 명인데 저희 세 명에게만 벌을 주심은 공평한 처사가 아니옵니다" 하고 말하자, 임금은 품속에서 깃털 하나를 꺼내 머리에 꽂았다. 도둑들은 그제야 넷째가 임금임을 알아보고 어찌할 바를 몰라 하였다.

임금은 "최고대신을 당장 묶도록 하라. 이자가 왕위를 노리고 나를 배신한 흉악한 무리의 우두머리였도다. 게다가 어젯밤에 최고대신 집에 도둑이 들었는데도 이 나라가 평안하다고 짐을 속였노라" 하고 불같이 호령을 내렸다. 최고대신은 나라를 위한 충정에서 저지른 일이라고 해명하면서 "이 나라와 백성들을 돌보실 생각은 않고 슬픔에만 잠겨 계신 전하를 대신해 어떤 방법으로든지 이 나라를 책임지고 다스려야겠다고 생각하였습니다" 하고 말했다. 최고대신 말이 옳다고 생각한 임금은 지난 일을 깊이 뉘우치고 모든 신하들과 백성들 앞에서 사과하면서 앞으로는 임금으로서 백성의 평안과 나라의 안전에 대한 모든 책임을 다할 것을 약속하였다. 세 명의 도둑은 궁궐에서 임금의 신변과 재산을 지키는 호위병이 되었고, 바와 앙인 왕국은 현명하고 공정한 임금의 다스림을 받아 번성하고 태평한 나라로 이웃에게까지 널리 알려지게 되었다.

물소가 대신한 전쟁

또, 기지를 발휘해 단 한 명의 인명 피해도 없이 전쟁에서 승리를 거둔 전설적인 이야기인 「미낭카바우Minangkabau」가 서부 수마트라에서 유래되고 있는데, 이는 말레이시아에도 널리 알려져 있다. 특히 말레이시아의 스렘반 주에는 서부 수마트라에서 이주해온 후예들이 살고 있기에 더욱 그러하다.

15세기경에 말레이반도를 포함하여 인도네시아 대부분의 지역을 통치하고 있던 마자파히트 왕조가 서부 수마트라에 군대를 파견할 테니 전쟁을 하든가 아니면 항복하고 조공을 바치든가 택일하도록 하는 내용의 전갈을 사신을 통해 보냈다.

자바 사신을 맞이한 서부 수마트라에서는 이 지역을 다스리고 있던 다뚝 떠멍궁과 다뚝 뻐르빠띠 그리고 모든 족장들과 장로들이 모여 이 긴박한 상황을 의논하고 있었다. 막강한 군대를 소유하고 있는 자바를 상대로 전쟁을 하면 패할 것이 분명하기 때문이었다. 모두 근심 어린 표정으로 침묵을 지키고 있을 때 한 연장자가 나서서 의견을 말했다.

"우리는 마자파히트 왕조와는 도저히 겨룰 상대가 못 되니, 대신 물소끼리 싸움을 시켜 마자파히트의 물소가 이기면 우리가 항복하여 저들의 요구를 들어주기로 하고, 만약 우리 물소가 이기면 저들이 다시 쳐들어오지 않겠다는 약속을 받아내는 것이 어떻겠는지요?"

참석자 모두는 아주 좋은 의견이라며 만장일치로 가결하여 자바 사신에게 그 같은 내용을 전달하였다. 마자파히트 왕조 측에서는 어떤 시합도 이길 자신이 있다며 쾌히 승낙하였다. 마자파히트 왕조는 자바 섬 전역을 돌면서 가장 크고 힘이 센 물소 한 마리를 구해 잘 먹이고 편한 잠자리를 마련해주었다. 그러나 서부 수마트라에서는 시합 날이 다가오는데도 별 움직임을 보이지 않았다.

마침내 시합 날이 왔다. 몸집이 크고 힘이 좋아 보이는 자바 물소가 모습을 드러내자 서부 수마트라 주민들은 그만 기가 질려버렸다. 그도 그럴 것이 자기네 고장에서 준비한 비쩍 마른 새끼 물소 한 마리가 기운 없는 몰골로 한쪽 구석에 서 있었기 때문이었다. 얼마 안 가 며칠을 굶은 새끼 물소는 시합장에 나온 물소의 배 밑으로 머리를 디밀며 젖을 찾으려 했다. 그때마다 새끼 물소 머리에 꽂혀 있는 독이 묻어 있는 바늘이 자바 물소의 배에 상처를 냈다. 아픔을 참지 못한 자바 물소는 비명을 질러댔고 아랑곳하지 않은 새끼 물소는 쉬지 않고 배 쪽으로 머리를 디밀어 마침내 자바 물소는 유혈이 낭자한 채 쓰러지고 말았다.

마자파히트 군대는 약속대로 서부 수마트라를 공격하지 않았고, 그후 그곳 주민들은 평화롭게 살게 되었다. '승리'를 뜻하는 머낭menang과 '물소'를 뜻하는 꺼르바우kerbau가 그후 미낭카바우Minangkabau로 불리면서 서부 수마트라 지역의 이름이 되었다는 전설이다.

빠당 시市를 비롯하여 빠당 빤장 그리고 부낏 띵기 등이 속해 있는 서부 수마트라 지역은 물소 전쟁에서 이긴 것을 기념하기 위해 물소 뿔 형태를 한 가옥을 짓고 살아왔는데, 지금도 남아 있는 아름다운 전통 가옥과 천혜의 경치가 어우러져 외국관광객들의 탄성을 자아내고 있다.

이 미낭카바우 지역의 또 다른 특징은 모계사회라는 것인데, 미낭카바우 후손들은 딸이 없으면 남자 형제들이 유산을 상속받지 못하기 때문에 아들을 일곱 명이나 둔 부부가 딸을 낳지 못해 노심초사하는 모습을 요즘도 볼 수 있다.

누이가 낳은 조카를 자식보다 더 사랑하고 돌보는 독특한 관습 때문에 문화인류학을 연구하는 서구인들과 아시아인들이 많이 찾는 곳이기도 하지만, 현대식 교육을 받은 미낭카바우 남자들은 책임과 의무만 있을 뿐 권리가 없다고 느끼면서 모계사회 전통에 반발하여 고향을 떠나 자바섬이나 말레이반도 등 다른 곳에 정착해 살기를 원하였다. 그러나 타지에 나가 살면서도 여전히 미낭카바우 사람끼리 혼인을 하고, 결혼 후에는 처가에 들어가 살거나 처가 식구들과 더 가까이 지나면서 모계사회 전통을 이어가는 것을 보면 인간은 익숙한 데 적응함으로써 마음의 평정을 찾게 되는 것 같다.

깐칠의 기지와 재치

16세기부터 총과 대포로 무장하고 상업을 목적으로 동진한 포르투갈, 네덜란드 그리고 영국 등 서구 열강들에 의해 직·간접적으로 피해를 입어온 말레이반도는 영국이 점령하면서부터 영국령 동인도 국가로 명명되어 200여 년간 백인 통치하에 놓이게 되었다. 백인 통치하에서 말레이인들은 백인에 대한 열등감과 그들을 이길 수 없다는 무력감을 가슴 깊이 새기게 되었다.

말레이인들의 이 같은 열등감과 무력감은 설화 가운데 동물담, 특히 깐칠(고라니 혹은 애기 사슴으로 번역되기도 함) 이야기를 선호하고 애호하도록 만들었다. 말레이 동물담에서는 호랑이, 사자, 코끼리 같은 몸집이 크고 사나운 동물들이 주로 보조자로서의 역할을 할 뿐, 힘이 세고 덩치가 커서 모든 동물에게 위용을 자랑하는 호랑이도 우리나라 민담에서 그려지는 호랑이처럼 용맹함의 상징이거나 산신으로 등장하여 수호신적인 의미를 지니지 않는다. 오히려 나뭇잎이나 뿌리 같은 식물을 먹고 사는 몸집이 작고 약한 초식동물인 깐칠에게 이들 맹수들이 번번이 속아 넘어가는 어리석은 모습을 보이고 있다.

깐칠은 머리 회전이 빠르고 민첩하여 스스로 위기를 잘 헤쳐나가는 꾀와 기지가 있는 동물로 자주 등장하고 있다. 맹수들에게 잡아먹히지 않기 위해 재빠르고 민첩하게 행동하면서 상대를 속여 넘기기 때문에 이런 깐칠을 사기꾼이나 협잡꾼으로 여기는 사람도 있지만, 말레이나 인도네시아 서민들은 깐칠을 자신과 동일시하거나 자신들의 대변자로 여기고 있다.

왕조 시대에 막강한 권력 앞에서 천대받고 업신여김을 당해야 했으며 또 오랜 식민통치 시절에는 백인들의 압제하에 숨죽이고 살아온 말레이인들은 왕과 귀족 그리고 식민통치자를 호랑이나 힘센 동물로 비유하였다. 그래서 힘없고 상대를 제압할 무기 하나 없는 깐칠이 기지를 발휘하거나 심지어 책략과 술수를 써서라도 힘세고 큰 동물들을 이기고 난 후 밀림의 재판관이나 왕이 되는 이야기를 좋아하였다.

깐칠을 말레이어로는 프란둑pelanduk이라고도 하는데, 말레이인들은 물론이고 네덜란드의 통치를 350여 년간이나 받아온 인도네시아인들에게도 인기가 있어 남녀노소 모두 깐칠 이야기를 사랑한다.

「깐칠과 호랑이Kancil dengan Harimau」에서 깐칠은 자신을 잡아먹으려는 호랑이와 맞닥뜨리게 되자 호랑이에게 자신은 대왕님의 명을 수행하고 있다면서 옆에 있는 진흙 웅덩이를 대왕님의 푸딩이라고 속인다. 어리석은 호랑이가 푸딩인 줄 알고 진흙을 먹은 다음 분노하자 깐칠은 호랑이에게 벌통을 가리키며 세상에서 가장 아름다운 소리를 내는 대왕님의 북이라고 거짓말을 해 벌떼의 공격을 받게 하였으며, 똬리를 틀고 있는 뱀을 대왕님의 허리띠라고 속여 호랑이가 뱀에게 몸이 감겨 죽게 되자, 도움을 청하는 호랑이를 뒤로하고 깐칠은 흥겨운 노래를 부르며 멀리 가고 있었다.

깐칠이 위기에 처한 상황에서 어떻게 벗어나는지 그려놓은 이야기가 「깐칠과 코끼리Kancil dengan Gajah」에 잘 그려져 있다.

숲 속을 거닐던 깐칠이 먹이를 발견하고는 열매를 향해 깡충 뛰다가 짐승을 잡으려고 사람들이 일부러 파놓은 구덩이를 보지 못하고 그 속에 빠지고 만다.

마침 지나가던 코끼리가 깐칠을 보고 "이른 아침부터 구덩이 속에서 뭘 하느냐"고 묻자, 깐칠은 "하늘과 땅이 맞붙어 있는 게 보이지 않나요? 하늘이 금방 무너질 거예요. 이 안에만 있으면 안전하다니까요" 하고 말한다.

코끼리가 사방을 살펴보니 하늘과 땅이 마주하고 있는 게 금방이라도 하늘이 무너져 내릴 것 같았다. 그래서 자기도 구덩이 안으로 들어가겠노라고 졸랐다.

깐칠은 짐짓 비좁다면서 거절하는 시늉을 했고 코끼리는 떼를 쓰다시피 하여 구덩이 안으로 큰 몸집을 비비대며 들어왔다.

깐칠은 코끼리에게 몸을 좀 낮추면 코끼리 등 위에 올라타고 있을 것이라고 했고 깐칠의 말을 믿은 코끼리가 자세를 낮추자 그는 코끼리 등을 타고는 땅 위로 팔짝 뛰어오르면서 "어리석은 코끼리야! 하늘이 왜 무너진단 말인가? 내가 자넬 속였다는 걸 이제야 알겠지" 하면서 코끼리에게 약을 올렸고, 구덩이 속에 혼자 남게 된 코끼리는 자신의 어리석음을 한탄하였다.

「깐칠과 악어Kancil dengan Buaya」에서도 악어를 속이는 깐칠의 모습이 읽는 이에게 웃음을 자아내게 한다.

하루는 깐칠이 물을 마시려고 강으로 갔다. 그런데 강물 속에는 자기를 잡아먹으려고 호시탐탐 노리고 있는 악어가 있었다.

깐칠은 꾀를 내어 "강물이 따뜻한지 모르겠네. 어디 발을 담궈 따뜻한지 한번 알아봐야겠다" 하고 막대를 입에 물고는 그걸 강물 속으로 들이밀자 악어가 수면에서 나와 막대를 물고 들어갔다.

깐칠은 웃으며, "바보 같은 악어야! 넌 다리와 막대도 구분 못하냐" 하고는 물을 마시고 사라졌다.

다음 날, 깐칠은 다시 강으로 갔다. 그는 통나무가 물 위에 떠 있는 걸 보았다. 악어가 물위에 있을 때면 꼭 통나무 같다는 걸 잘 알고 있는 깐칠이 "저 통나무가 악어라면, 아무 말도 하지 않을 거야. 하지만 통나무라면 나한테 말을 걸겠지" 하고 소리쳤다. 그러자 악어가 "난 정말 통나무라고" 하고 소리를 냈다. 깐칠은 "바보 멍청이 같은 악어야! 통나무가 소리를 낸다고 생각하다니." 그러면서 그는 줄행랑을 쳤다.

또 다른 날, 깐칠은 강 건너편에 있는 맛있는 과일과 잎사귀들을 먹고 싶어 견딜 수가 없어서 강을 가로질러 가려고 했지만 악어 밥이 되는 것은 원치 않았다.

깐칠이 "악어야" 하고 소리쳐 부르자, 악어가 "아, 깐칠이구나. 내 밥이 되려고 왔니" 하고 반겼다. 깐칠은 "너희 악어가 몇 마리나 이 강물에서 살고 있는지 숫자를 세보라는 대왕님의 명을 받고 왔다" 하고 말했다.

"대왕님께서? 그렇담 우리가 어찌해야 하는지 알려주렴."

깐칠은 악어 가족들을 모두 모이게 한 다음 일렬로 강물 위에 떠 있게 하였다. 그러면서 악어 등을 건널 때마다 하나, 둘, 셋 하고 수를 세었다. 강 끝에 다다르자 악어가 "모두 몇 마린데" 하고 물었다.

"응, 충분해! 하나같이 바보인 게 말이야" 하고 깐칠은 깔깔댔다.

호랑이와 코끼리 그리고 악어의 우둔함을 희화화한 세 편의 깐칠 이야기에서는 깐칠의 기지와 재치가 돋보인다.

이 밖에도, 깐칠은 호랑이들에게 늘 잡아먹히는 염소들의 딱한 처지를 동정하여 호랑이를 속여서 염소와 평화조약을 맺게 하는 이야기가 있다. 그후 깐칠이 호랑이와 염소의 추대로 밀림의 왕으로 등극하고 호랑이와 염소를 각각 좌의정과 우의정으로 삼는다는 내용은 깐칠 이야기 가운데 백미로 꼽히고 있다. 원제는 「깐칠, 밀림의 왕이 되다Kancil Menjadi Raja di Hutan」이지만 '호랑이와 염소의 평화조약'으로 번역하였다.

사랑하는 손자의 목숨을 앗아간 악어를 용서한 「할머니와 악어 이야기」, 신하의 충심을 믿고 그를 용서한 「왕과 세 명의 도둑」이야기, 기지를 발휘해 전쟁을 억제하고, 적을 물리친 후 평화를 되찾는 「미낭카바우 전설」과 기지가 넘치는 깐칠 이야기, 그중에도 호랑이와 염소 간에 평화조약을 체결하게 만든 깐칠 이야기 등은 하나같이 갈등이나 불안 요소들을 기지와 재치로 제거함으로써 힘센 상대를 물리칠 수 있었으며, 또 상대방을 용서하고 화해하여 서로서로 평화롭게 살아갈 수 있었음을 알 수 있다.

하지만 악어 왕이나, 새 임금, 자바섬에서 막강한 세력을 자랑하는 마자파히트 왕조 그리고 호랑이 같은 힘 있는 상대가 연약한 주동 인물들과 한 약속을 지키지 않으면 평화는 결코 찾아올 수 없었을 것이다.

오늘날에도 이들 설화에 나타난 것처럼 기지와 용서 그리고 화합이 어우러져 인명살상과 가옥 파괴를 피할 수만 있다면, 그리고 강자나 강대국이 한 번 한 약속을 반드시 지켜나간다면 이 지구상에는 전쟁이니 핵확산이니

하는 단어에 대한 공포가 사라지고 세계 모든 이의 얼굴에 평화로운 웃음이 번질 터인데.

_〈설화〉 호랑이와 염소의 평화조약

간밤에 깐칠은 이상한 꿈을 꾸었다. 머리카락과 수염이 하얗고 등이 굽은 노인네가 지팡이를 짚은 채 깐칠 앞에 나타나 깐칠에게 이 밀림을 다스리는 왕이 되고 싶지 않느냐고 물었다.

왕이 되고 싶다는 깐칠의 대답에 노인은 "그렇다면 네 지혜를 모아보거라" 하고는 사라졌다. 깐칠은 간밤에 꾼 꿈에 대해 곰곰이 생각하다가 머리를 식히기 위해 풀이 많은 평원으로 나갔다. 그 평원에는 언덕 하나가 있는데, 깐칠은 언덕 꼭대기에 올라 아래를 내려다보았다. 수천 마리의 염소 떼가 한가롭게 풀을 뜯고 있는 모습이 보였다. 몸을 돌려 반대편 평원을 내려다보니 그곳에는 수백 마리의 호랑이가 무리를 지어 있었다. 줄무늬 호랑이가 몰려 있는 모습은 마치 양탄자를 깔아 놓은 듯 아름답고도 호화스러워 보였다.

'염소들 정말 불쌍하다. 저 난폭한 호랑이의 먹이가 된 게 좀 많을까. 근데 염소들은 호랑이가 저렇게 가까이 있는 줄 꿈에도 모를 거야. 내가 염소 할아버지를 만나 얘길 좀 해야겠다.' 깐칠은 혼잣말을 한 다음 데굴데굴 굴러 아래로 내려가 염소 할아버지에게 가까이 갔다.

"안녕하세요. 염소 할아버님. 할아버님과 가족들 모두 안녕하시지요?"

깐칠이 인사를 하자, 염소가 나지막한 소리로 슬프게 '메에에' 하고 울었다.

"염소 할아버님, 안 좋은 일이라도 있나요? 여긴 나뭇잎이 많고 먹을 물도 충분해서 살기 좋을 텐데 왜 그리 슬픈 얼굴을 하고 계세요?"

"우린 여기서 잘살고 있지만, 매일 아침 일어나보면 우리 가족이 다섯 마리씩 줄고 있어 걱정이라네. 간밤에는 열다섯 마리나 어디로 갔는지 행방이 묘연하단 말이야. 벌써 2주째 이런 일을 당하고 있으니 어찌 마음이 편하겠는가. 이런 일이 계속되면 머지않아 우리 가족은 하나도 안 남을 텐데, 이 일을 어쩌면 좋겠는가?"

말을 마친 염소 할아버지는 눈물을 뚝뚝 흘렸다.

깐칠은 평소 친하게 지내고 있는 염소 할아버지 가족을 위해 "할아버지의 손자들은 호랑이가 모두 훔쳐 간 거예요. 이 언덕 뒤편에 수백 마리의 호랑이가 살고 있는 걸 모르셨어요" 하고 알려주었다.

깐칠로부터 무서운 소식을 들은 염소 할아버지 가족들은 합창이라도 하듯 소리를 질러대기 시작하였는데 그 소리가 엄청나게 컸다.

"이 일을 어쩌지? 호랑이와 싸우지 않으면 안 되게 되었으니……"

"염소들이 호랑이와 싸우지 않고, 또 서로 원수가 되지 않게 제가 지금 호랑이 무리로 가서 그들을 한번 만나볼게요. 내일 아침 일찍 염소 할아버님 식구들은 모두 빠짐없이 저기 보이는 저 붉은 포도를 따먹도록 하세요. 해가 비치면 언덕 꼭대기에서 호랑이 몇 마리가 이곳을 염탐하고 있을 테니 그 호랑이들이 모습을 보이면 염소 할아버님과 이곳에 있는 염소들 모두 두 발을 들고 큰 소리로 외치세요. '아! 이까짓 호랑이 한두 마리 먹어서는 간에 기별도 안 가. 우리 모두 호랑이 떼가 있는 곳을 찾아가서 통째 잡아먹어야 배가 부를 것 같다' 하고 말이에요. 제 말 알아듣겠지요?"

"잘 기억해뒀다가 자네가 시키는 대로 할게. 우리 가족들을 대신해서 진심으로 고맙다는 말을 전함세. 아무쪼록 자네 계획이 잘 성사되기만을 바랄 뿐이네."

"그럼 전 이만 가볼게요."

염소 할아버지와 헤어진 깐칠은 서둘러 호랑이 할아버지를 만나러 갔다. 해가 뉘엿뉘엿 기울어가고 있을 때 호랑이 무리가 있는 곳에 당도한 깐칠은 짐짓 우는 시늉을 하면서 인사를 나누었다. 호랑이들은 늘 방긋방긋 웃기만 하던 깐칠이 오늘 따라 울고 있으니까 하나같이 의아해하는 표정들이었다.

"깐칠, 너 왜 우니?"

호랑이 할아버지가 묻는 말에도 깐칠은 더욱 슬피 흐느끼기만 하더니 호랑이 할아버지에게 다가가 그의 어깨를 껴안으며 말했다.

"너무 슬퍼서 나도 모르게 그랬어요. 간밤에 꿈을 꿨는데, '깐칠아, 내일이면 이 세상은 뒤죽박죽이 될 게다. 힘센 자는 내일 이후 그 힘이 약해질 것이고, 힘센 자의 먹이가 된 약한 자들은 힘센 자를 먹이로 삼는 일이 벌어질 것이다' 하는 게 아니겠어요. 그 소리를 듣고 처음에는 믿지 않았어요. 그런데 아까 염소 떼를 보니, 아 글쎄 그자들이 호랑이 무리를 찾고 있지 않겠어요. 수천 마리나 되는 염소 떼가 호랑이를 보기만 하면 모두 잡아먹겠다고 벼르고 있더라구요. 믿기지 않으면 내일 아침 해가 언덕 꼭대기를 비출 때 호랑이 두세 마리를 언덕 위로 보내 살펴보고 오도록 하세요. 특히 건너편 평원을 잘 보라고 이르세요. 그 시각이 돼야 염소들이 보이거든요. 지금까지 자기들을 괴롭힌 사자나 호랑이 같은 맹수들을 사냥할 준비를 갖추고 나타날 거예요."

"그러지" 하고 호랑이 할아버지가 대답하였다. 깐칠은 안심하고 집으로 돌아갔다.

이튿날, 날은 아직 어두웠지만 깐칠은 서둘러 일어나서 얼굴을 씻고 식사를 조금 하고는 종종걸음으로 언덕 위로 올라갔다. 하얀 염소 떼가 포도를 따 먹으려고 몰려 있는 모습을 본 깐칠은 혼자 빙그레 웃었다. 해가 뜨는가 싶더니만 점점 더 높이 올라 깐칠이 앉아 있는 언덕을 비추었다.

'우지직' 하면서 나뭇가지 밟는 소리가 들려왔다. 깐칠이 뒤돌아보니 호랑이 네 마리가 올라와 아래에 있는 염소 떼를 바라보고 있는 게 아닌가.

호랑이들이 보고 있는 걸 안 염소 떼가 동시에 뒷발을 높이 들어올렸다. 수염이 온통 붉게 물들어 있는 수천 마리의 염소들이 햇살을 받은 채 뒷발을 들고 있으니 얼마나 무섭게 보이든지.

"이까짓 호랑이 세 마리 정도로는 배만 고플 따름이야. 호랑이 처소가 어디라고? 우리 호랑이 있는 곳을 찾아 나서자. 모두들 배불리 먹을 수 있게 말이다. 어서, 앞으로 나가자!"

염소들은 뿔을 앞으로 내밀고 주시하고 있는 호랑이 쪽을 향해 달려오려고 하였다. 호랑이들은 염소 떼를 향해 목청껏 '어흥' 하고 큰 소리를 냈지만 염소들은 물러날 기색은커녕 오히려 그 날카로운 뿔로 호랑이 배를 향해 마구 달려오는 것이었다.

성난 염소 떼 수천 마리가 미친 듯이 달려오고 있었다. 선두에는 염소 할아버지가 눈이 충혈되고 얼굴이 시뻘건 채 뿔을 아래로 향하고 꼬리를 위쪽으로 휘날리면서 연신 '매에에 메에' 하고 무서운 소리를 내고 있었다. 깊이 생각지도 않고 호랑이들은 염소 떼에 잡아먹힐까봐 줄행랑을 쳤다.

"염소들이 막 사냥을 마치고 돌아온 듯 입과 수염이 핏자국으로 벌겋게 되어 있었어요. 우릴 보고는 모두 함께 덮치려고 하던 걸요."

호랑이 무리로 돌아온 그들이 본 대로 말했다. 때를 맞추어 깐칠이 나타났다.

"깐칠님, 이 일을 어찌하면 좋겠소. 조금 있으면 염소들이 이곳으로 몰려올 텐데. 그들이 우릴 모두 잡아먹으려 할 게 아니겠소?"

겁이 난 호랑이 할아버지가 깐칠에게 조언을 구하며 말했다.

"내가 중재를 나서 보리다. 조금 있다가 내가 소리를 치거든 여기 있는 호랑이 님 모두 나한테로 오시오."

깐칠은 염소 떼가 있는 곳으로 갔다. 그러고는 호랑이와 염소의 만남을 주선하겠노라고 했다. 깐칠은 평원 한가운데 선을 하나 그었다. 그리고 그 선 위에 서서 소리쳤다.

"여러분들, 모두 이곳으로 모이시오."

염소와 호랑이 두 무리가 깐칠이 그려놓은 선을 마주하고 나란히 섰다.

"염소 할아버지와 호랑이 할아버지가 대표로 나와서 다시는 서로를 괴롭히지 않겠다는 의미로 악수를 나누도록 하시오."

둘은 한 걸음 앞으로 나가서 악수를 하였다. 염소와 호랑이 떼는 환호성을 질렀다. 호랑이 할아버지와 염소 할아버지는 나란히 깐칠 앞으로 와서 절하며 말했다.

"우린 지금 이 순간부터 깐칠 님을 우리의 왕으로 모시겠습니다. 어떤 명령이든 잘 지키고 따르겠나이다."

다시 한 번 두 무리에서 환호성이 터져 나왔다.

"여러분들이 하는 얘길 들으니 무척이나 기쁘군요. 나는 그대들을 좌의정과 우의정으로 명하겠소. 날이 더워졌으니 각자 처소로 돌아가시오. 그리고 밀림의 모든 식구들에게 이제부터 깐칠이 왕이 되었노라 전하시오. 승복하지 않는 자가 있거든 내게 보내시오. 내가 호된 맛을 보여줄 테니" 하고 깐칠이 말했다.

호랑이와 염소 떼에게 좋은 일을 한 깐칠은 이렇게 해서 왕이 되었다.

【 몽골 】

어리석은 왕을 깨우친
지혜로운 소년 체쳉

이안나 몽골 울란바타르대학교 한국어학과 교수

설화가 보여주는 인간의 삶

인간 존재는 본질적으로 음양과 선악의 대립적인 속성을 가지고 있으며, 이러한 이원성과 대립성은 한 개체 안에서 불안정한 상태를 초래하기도 하고, 이를 조절하면서 사회적인 존재로 자신을 성숙시켜 나가기도 한다. 이것은 비단 한 개인에게만 한정된 것은 아니며, 인간들로 이루어진 사회와 국가, 세계의 내적이고 외적인 속성과도 통하는 포괄적인 개념이다. 이러한 불안정성은 안정과 균형을 회복하려는 부단한 노력을 기울이게 하는 하나의 동력이 되며, 개아와 인간 역사를 추진하는 힘이 되기도 한다.

인간은 누구나 갈등과 분쟁이 없는 평화로운 삶을 추구한다. 평화가 인간 안에 깃들 때 심리적 안정과 균형, 편안함, 즐거움이 생겨나고 반대로 평화가 깨질 때 초조와 불안, 분노 그리고 심리적 불안정으로 인한 심각한 정신적 왜곡을 초래한다.

개인적 불안이 사회적 요인으로 생겨났을 때 평범한 사람들은 자신의 삶을 위협하는 문제를 해결해줄 탁월한 인물이 나타나 균열된 삶을 새로이 회복시켜줄 것을 갈망한다. 이러한 인간적 소망이 가장 잘 나타나 있는 문학적 갈래는 설화, 즉 이야기 문학이라 할 수 있다. 설화에는 각 시대와 역사적 상황 속에서 평화롭고 정의로운 삶을 추구했던 민중들의 마음이 진솔하게 투영되어 있다.

평화란 평화롭지 않은 상태가 존재하기 때문에 생겨난 개념이라고 할 수 있다. 개인적 이기주의 내지는 집단이기주의에 의해 인간과 집단 간에 분열과 다툼, 미움과 갈등이 생겨나고 삶의 균형과 조화, 일상성이 깨어진다. 이런 파편화된 세계를 극복하고 평화를 찾으려는 부단한 노력의 과정이 인간 삶의 노정이라 할 수 있다.

설화는 평화로움 그 자체를 보여주는 것이 아니라, 인간 삶에 불가피하게 생겨나는 불화와 부조리, 그로 인해 생겨난 갈등과 분쟁, 그 극복의 과정, 평화로운 삶의 회복을 보여주는 내용으로 되어 있다. 설화는 강자의 횡포가 일반 민중의 평화로운 삶을 저해할 때 민중의 소리를 대변하는 도구가 되어왔으며, 민중들은 이야기 문학을 통해 자신들의 건강하고 평화로운 삶을 되찾으려는 소망을 표현해왔다.

설화가 생겨난 이야기

몽골에서는 설화를 '울게르'라 하는데, 이것은 '본', '모형'이라는 의미를 갖는다. 즉, 설화는 인간 삶의 다양한 면을 묘사함으로써 인간들이 추구하며 살아가야 할 삶의 모범을 보여주는 거울이라는 의미를 함축한다. 몽골의 「설화가 생겨난 이야기」는 설화가 단순히 흥밋거리가 아니라는 사실을 말해준다. 그 내용을 보면 다음과 같다.

아주 여러 해 전 몽골에 무서운 하르 체체그라는 전염병이 퍼져 수백, 수천 명의 사람들이 떼죽음을 당했다. 건강한 사람들은 병든 사람들에게 운명대로 되라며 도망가듯 피난을 갔다.

열다섯 살 된 소호르 타르와라는 사내아이가 혼자 버려져 정신을 잃고 쓰러지자, 그 영혼이 몸에서 빠져나와 지옥의 염라대왕에게로 갔다. 염라대왕 노몽 항은 그 영혼을 보고 깜짝 놀라 물었다.

"네 생명이 다하지 않았는데 어찌하여 몸을 두고 왔느냐?" 그러자 그 영혼은, "제 몸은 이미 죽은 거나 마찬가지라고 생각해 사는 것을 포기했기 때문에 완전히 죽을 때를 기다리지 못하고 왔습니다"라고 했다. 염라대왕은 그 영혼이 순종적인 것에 깊은 감동을 받았다.

"넌 아직 올 때가 되지 않았다. 다시 돌아가 육체로 들어가도록 하라. 그러나 가기 전에 네가 원하는 것을 주겠노라!"

염라대왕은 소호르를 지옥궁으로 데리고 갔다. 그곳에는 풍요로움, 아름다움, 행복, 기쁨, 고통, 슬픔, 눈물, 즐거움, 농담, 노래, 신화, 춤 그 밖의 인간의 삶에서 만날 수 있는 모든 것들이 다 있었다. 소호르 타르와의 영혼은 그 모든 것들 가운데 이야기를 택했다. 그러자 염라대왕은 그가 택한 이야기를 주어 세상으로 돌려보냈다.

그 영혼이 생명이 없어진 육체로 돌아왔을 때는 까마귀가 눈을 다 파먹어버리고 없었다. 육체가 이처럼 된 것을 보고 크게 유감스럽게 여겼지만, 염라대왕의 말을 자기 마음대로 어길 수는 없었다. 달리 방법이 없어 아이는 눈이 없어진 자신의 육체로 들어갔다.

소호르 타르와는 그 이후 오래도록 살면서 백성들의 모든 일과 앞날을 정확히 예언하게 되었다. 비록 장님이었지만 앞날의 일을 지난 일보다 더 잘 알았다. 그는 전국 방방곡곡을 돌아다니며 이야기로 민중들을 교화했다. 몽골 사람들은 그 후로 설화를 말하게 되었다고 한다.

위의 이야기는 본질적으로 설화가 인간에게 삶의 길을 제시해주고, 평화로운 삶을 살도록 이끌어주는 수단이자 내용이라는 것을 암시해준다. 일반적으로 설화는 선악의 대립과 갈등을 통해 선을 회복시키고 평화를 찾는 구조로 되어 있다. 따라서 대부분의 몽골 설화는 "평안하고 행복하게 살았다"는 결말로 끝난다.

동물담

몽골인들은 수천 년 동안 초지를 따라 이동하는 유목생활을 해왔기 때문에 설화 가운데 특별히 동물담이 발달되어 있다. 동물담은 동물을 의인화하여 인간 생활에 교훈을 줄 목적으로 지어진 우화가 대부분이다. 대개의 경우 힘센 동물들이 힘이 약한 동물을 괴롭히거나 잡아먹으려고 하다가 제3의 인물인 영리한 동물들의 꾀에 이끌려 자신의 뜻을 성취하지 못하고 스스로 함정에 빠져 패배하게 되는 내용이다.

「야생마, 까마귀, 늑대」 이야기를 보면 이러한 모습이 잘 나타나 있다. 이 세 동물들은 처음에는 서로 우애 있게 잘 지낸다. 그러다가 먹을 것이 풍부하나 자신들을 위태롭게 하는 사냥꾼이 살고 있는 지역으로 이동하게 된다. 그때 늑대는 사냥꾼이 만들어놓은 덫에 야생마가 걸리면 그 내장을 먹을 수 있을 거라는 사악한 생각을 품게 된다. 야생마는 늑대가 생각한 대로 덫에 걸리고 만다. 늑대는 재빨리 덫에 걸린 야생마에게 가서 기력을 쇄하게 할 요량으로 위로 뛰어오르면 덫에서 벗어날 수 있을 거라고 말해준다. 그때 까마귀가 나타나 뛰어오르고 있던 야생마에게 그렇게 하면 관절이 모두 부려져 죽을 거라며 죽은 듯이 가만히 있으라고 한다. 그러면 죽은 줄 알고 사냥꾼이 덫을 벗길 테니 그때 도망치라는 계략을 일러준다. 까마귀가 말한 대로 사냥꾼이 야생마가 죽은 줄 알고 덫을 벗겨놓고 담배를 피우고 있을 때 야생마가 벌떡 일어나 도망친다. 그러자 당황한 사냥꾼은 총을 쏘아대는데 그 총알은 야생마가 아니라 늑대를 맞히고 만다. 야생마가 죽으면 내장이라도 얻어먹으려고 소망했던 의리 없는 늑대는 몸을 일으켜 바라보다가 그만 사냥꾼이 쏜 총에 맞아 죽었던 것이다.

이 이야기는 탐욕스러운 늑대의 악한 생각과 동물들을 노리는 사냥꾼으로 인해 화목했던 동물들의 평화로운 삶이 깨지고, 불의를 행한 늑대는 자신의 악행에 대한 결과로 죽음에 이르고 마는 모습을 보여준다. 이것은 단순히 동물들의 이야기가 아니며 우리가 처해 있는 인간 세상을 우의적으로 고발하는 이야기라 할 수 있다. 오늘날 우방을 표방하던 나라들이 자국의 이익을 위해 상대국을 위기에 몰아넣는 일을 그리 어렵지 않게 볼 수 있게 되었다. 이 설화는 사냥꾼이 사냥감을 놓치고, 이익을 추구하던 늑대가 종내 죽음을 맞이하듯 강자를 표방하던 자는 자신의 이익논리의 함정에 스스로 빠질 수밖에 없는 운명을 맞게 된다는 사실을 교훈적으로 암시해준다.

「곰, 늑대, 개」 이야기에서도 이와 유사한 내용이 전개된다. 세 마리 동물이 서로 사이좋게 지내다가 어느 날 곰이 사라진다. 악한 생각을 품은 늑대는 곰을 찾으러 갔다가 사냥꾼의 올무에 걸린 곰을 발견하고 돕기는커녕 목덜미를 물며 잡아먹으려고 한다. 그때 개가 나타나 필사의 힘으로 늑대와 싸워 늑대를 쓰러뜨리고 사냥꾼에게 덤벼들어 곰을 구한다. 그러자 이를 지켜보고 있던 까마귀 떼들이 쓰러져 있는 늑대를 향해 모여든다. 이 설화에서도 교활하고 의리 없는 늑대의 배반이 곧 죽음으로 귀결되는 모습을 보여준다.

노인과 토끼

일반적으로 약자가 강자의 힘에 대항하는 데는 분명한 한계가 있기 때문에 동물 설화에서는 약하지만 지략과 꾀가 많은 토끼, 쥐 등 제3의 캐릭터를 등장시켜 강자를 통쾌하게 누르고 약자의 평화를 회복시켜 주는 내용이 종종 나온다. 「노인과 토끼」 설화를 보면 다음과 같다.

옛날 옛날에 몇 마리의 소를 가지고 있는 할아버지가 살고 있었다. 그런데 어느 날 등에 털이 무성한 무시무시한 늑대가 다가와 노인을 위협했다.
"널 잡아먹어야겠다."
"살려다오. 그렇게만 해준다면 소 한 마리를 주겠다."
노인은 늑대에게 송아지 한 마리를 주었다. 다음 날 늑대가 또 와서 "널 잡아 먹어버리겠다"고 하자 노인은 자기를 살려주면 대신 소 한 마리를 주겠다고 했다. 이렇게 해서 어찌할 방법을 찾지 못하고 집 밖에 서 있을 때, 토끼 한 마리가 뛰어왔다.
"할아버지, 왜 울고 계신 거예요?"

"글쎄 늑대가 날마다 와서 날 잡아먹겠다고 위협하지 뭐냐. 늑대의 위협에서 벗어나기 위해 소를 계속 한 마리씩 주었지만 이제 내줄 소도 없고, 내일 그 못된 늑대가 또 올 텐데 어떻게 하면 좋겠느냐?"

사려 깊은 토끼는 노인에게 닥친 불행한 일을 듣고 계책을 일러주었다.

"내일 아침 태양이 떠오를 때 제가 흙을 뿌리며 먼지를 일으키고 있으면 늑대가 와서 할아버지를 잡아먹겠다고 하거나 소를 내놓으라고 할 거예요. 그러면 할아버지는 늑대에게 '저것이 보이지 않느냐. 태양 왕의 갈색 곰이 널 잡으려고 오고 있으니, 서둘러 멀리 가라'고 하세요."

그렇게 일러주고 토끼는 깡충깡충 뛰어갔다. 다음 날 아침 해가 떠오를 무렵 정말로 탐욕스런 늑대가 노인의 집에 와서 "널 잡아먹어야겠다. 목숨이 아깝거든 소를 내놓아라" 하고 할아버지를 위협했다.

노인이 태양이 떠오르는 방향을 바라보니 정말 저편 산 능선에서 토끼가 뿌리고 있는 흙이 사방에 날려 온통 뿌옇게 보였다.

"늑대 양반, 태양 왕의 갈색 곰이 당신을 잡아먹으려고 이쪽으로 가까이 오고 있다오. 당신이 우리 집에 온 것을 알고 먼지를 일으키며 오고 있는 것 같구려. 목숨을 구할 방도를 생각해보시오! 이 지역에서 좀 멀리 떨어진 곳으로 간다면 괜찮을 것 같은데."

늑대는 태양이 떠오르는 앞산 능선에서 흙먼지가 뽀얗게 일어나는 것을 보고 정신없이 허둥거리며, "영감, 내가 여기 왔다고 말하지 말아주시오" 하고 냅다 달아났다.

그 이후로 늑대는 다시 그 지역에서 보이지 않게 되었고, 그 지역 사람들은 지혜로운 토끼의 은혜로 두려움 없이 평안하고 행복하게 살았다.

위 설화는 인간보다 연약한 토끼가 인간을 늑대에게서 구한다는 약자의 승리, 평화 회복의 주제를 드러내준다. 몽골 설화에서 늑대는 주로 강자의 캐릭터로, 토끼는 약하지만 지략과 꾀를 가진 매개적 캐릭터로 등장하여 삶에서 만나게 되는 문제와 갈등, 긴장에 대한 해결책을 제시해준다. 이처럼 몽골 우화는 힘이나 무력의 횡포를 극복하고 이기는 방법으로 '지혜'를 크게 강조한다.

몽골에는 인도 설화의 영향을 받은 이야기가 적지 않으며, 그 가운데 「우애 있는 네 마리 동물」은 상당히 널리 알려진 설화이다. 옛날에 비둘기, 토끼, 원숭이, 코끼리가 함께 지내고 있었는데, 어느 날 그들은 자기들 가운데 가장 나이가 많은 자를 형으로 삼자고 한다. 몸집이 큰 코끼리가 먼저 나이를 말하자 뒤에 남은 동물들은 제각기 꾀를 내어 자기가 연장자임을 말하지만 가장 마지막 발언을 한 비둘기가 그들을 누르고 가장 나이가 많은 동물이 된다. 그렇게 해서 비둘기가 맏형이 되고, 그 다음 토끼, 원숭이, 코끼리의 순서로 서열이 정해지면서, 코끼리 위에 원숭이가 그 위에 토끼가 그리고 그 위에 비둘기가 올라앉아 커다란 나무의 열매를 따서 서로 나누어 먹고 살았다는 평화 지향적인 내용이 담겨져 있다.

이 이야기는 비록 몽골 설화는 아니지만 몽골인들이면 누구나 아는 이야기로, 현실적인 논리와 역행되는 사고를 보여준다. 즉, 힘으로 보면 가장 강한 자가 가장 연장자가 되는 것이 현실적인 데도 불구하고 오히려 가장 힘센 동물이 가장 낮은 자가 됨으로써 평화로운 삶을 회복하게 된다는 매우 역설적인 삶의 이치를 드러내준다.

신이담

몽골의 신이담은 영웅담과 상당히 밀접한 관련을 맺으며 발달해 왔다. 신이담의 주인공들은 대부분 현실적으로 보면 매우 보잘것없고 나약한 존재들이다. 즉, 힘없는 어린아이, 고아, 떠돌이, 가난한 평민, 무력해 보이는 사내, 노인 등 특별히 내세울 것이 없는 인물들이다. 이런 주인공들은 자신의 운명적 결함으로 인해 강자들에게 괴로움과 고통을 받지만, 이들은 제3의 인물 혹은 자신의 선행으로 얻은 신이한 능력을 가진 물건을 얻음으로써 그 도움으로 자신에게 닥친 시련과 위기를 극복하고 왕위에 오르거나 부귀를 얻어 평화로운 삶을 살아가게 된다.

「금은 복사뼈」 이야기에는 가족 간의 갈등과 미움, 어린 아들에게 닥친 위기와 극복, 평화의 회복 등이 매우 생동감 있게 펼쳐진다. 내용을 간략하게 살펴보면 다음과 같다.

옛날에 차가아라는 여덟 살배기 아들을 가진 노인과 노파가 살고 있었다. 어느 날 괴물 노파가 나타나 노인에게 "네 생명을 내놓겠느냐, 네 팔백 마리 말을 내놓겠느냐 아니면 네 아들을 주겠느냐" 하고 위협한다. 그러자 노인은 아들을 내놓겠노라 하고 먼 곳으로 이동할 때 아들의 장난감인 금은 복사뼈를 집터에 떨어뜨려 놓는다. 새 터전으로 이동해 집을 짓는데 아들이 자기 복사뼈 장난감이 없어진 사실을 알고 전에 살던 곳으로 복사뼈를 찾으러 간다. 차가아는 노인에게는 의붓아들이었기에 늙은 말과 좋지 않은 양식을 주려고 하지만, 그의 어머니는 사랑하는 아들을 위해 다리가 여덟 개 달린 준마와 살진 양으로 식량을 마련해준다. 차가아가 옛 집터로 가니 괴물 노파가 자기 복사뼈를 주워서 놀고 있었다. 차가아가 말의 도움으로 복사뼈를 낚아채 도망치자 괴물 노파가 그 뒤를 추격하며 말의 다리를 모조리 잘라버리고 그 대가리마저 잘라버려 결국 말은 죽고 만다. 아이는 괴물 노파를 피해 백양나무로 올라가는데, 그때 여우가 나타나 괴물 노파를 잠재워 아이를 도망치도록 도와준다. 그렇게 가다가 바닷가에 이르러 소를 발견하고 그 소를 타고 도망친다. 그 뒤를 노파가 다시 추격해오자 수소가 똥을 싸 노파의 추격을 저지하고 아이를 도망치게 해준다.

소년은 길을 가다가 아버지의 숫돌 조각과 어머니의 빗 조각, 바늘을 줍게 되고, 그것으로 추격해오는 괴물 노파를 저지한다. 빗 조각을 던지자 검은 덤불이 되고, 숫돌 조각을 던지자 붉은 바위가 되어 노파의 길을 막는다. 또 바늘을 던지자 넓디넓은 바다가 된다. 결국 노파는 그 바다에 빠져 죽게 되고, 차가아는 괴물 노파의 위험으로부터 벗어나게 된다.

밤이 되자 수소는 차가아에게 자기를 죽여 네 다리를 사방에 놓고 자기 심장을 가슴에 품고 자라고 이른다. 차가아가 자신의 생명을 구해준 수소를 죽이지 못하자, 수소가 자기 머리에서 붉은 벌레를 찾아 죽이라고 한다. 그렇게 하자 수소는 죽고, 차가아는 수소가 시킨 대로 잠을 자고 일어나보니 많은 가축과 좋은 집, 아름다운 아내가 생겨나 있었다. 차가아가 집에 돌아가자 그 어머니는 아버지의 구박을 받으며 지내고 있었다. 분노한 차아가는 복사뼈를 던져 아버지를 죽게 하고, 어머니와 평화롭고 행복하게 산다.

이 설화에는 몽골인들의 생활상과 의식, 상상력이 매우 풍부하게 녹아 있다. 괴물 노파는 인간의 삶에 나타나는 피할 수 없는 고난과 시련을 상징한다. 어린 차가아를 위협하는 환경을 이기도록 도와주는 매개적 존재는 말과 여우, 수소이고 또 전통적으로 신이담에 등장하는 마법의 물건들이다. 말은 여덟 개 다리가 다 잘리고, 몸이 잘려도 어린 주인을 위해 필사적으로 달려 간다. 몽골인들은 숫자 8을 전통적으로 '행복'을 상징하는 수로 여겨왔다. 또한 8은 '재생과 회복', '초능력적인 힘'을 상징하기도 한다. 여우는 주로 간사하고 사악한 동물로 나타나지만 그러한 동물조차 선한 인간을 조력하는 매개자로 등장한다.

몽골 설화에는 말이나 소가 자신을 죽이게 하여 주인공의 풍요로운 삶의 터전이 되어준다는 특별한 화소話素가 있다. 이것은 오축(집에서 기르는 다섯 가지 짐승. 소, 양, 돼지, 개, 닭)과 더불어 살아온 몽골인에게만 나타나는 매우 독특한 관념이 아닐까 생각된다. 가축이 베푸는 은혜로움으로 풍성한 삶을 영위하고자 하는 민중들의 소망이 반영된 것이라 할 수 있다. 차아가는 자신과 어머니를 괴롭힌 아버지를 자기가 아끼는 장난감인 가축의 복사뼈를 던져 죽게 하고 평화로운 삶을 회복한다.

몽골 설화의 결말을 보면 자신과 주변을 괴롭힌 적대적 세력을 용서하고 화해하는 방법이 더러 나타나기도 하지만 대개는 죄과에 따라 보응을 하는 방식이 주를 이룬다. 즉, 악을 치료하는 것이 아니라 소거하는 방식으로 평화를 회복하는 모습을 보여준다. 이것은 유목민족들의 생존 방식의 특수성에서 오는 것이 아닐까 생각한다.

「보르하르 개와 보르하르 새」에서도 힘이 미약한 마부가 주인공으로 등장한다. 왕비가 마부를 유혹하려 하지만 뜻대로 되지 않자 이에 분개하여 앙갚음을 하기 위해 마부를 죽음의 길로 내몬다. 그것은 보이는 생물을 모두 잡아먹는 엄청나게 크고 가공할 만한 개와 새를 잡아오라는 명이었다. 마부는 가는 도중 거대한 구렁이에게 잡아먹힐 위기에 처한 세 처녀를 구하고, 그들 어머니인 봉황의 도움으로 목적했던 개와 새를 붙잡아 데리고 간다. 그러자 왕은 공포에 떨며 황망히 도망치고, 왕비는 두 마리 동물에게 갈가리 찢겨 죽고 만다. 이렇게 해서 마부는 왕이 되어 평화롭고 행복한 삶을 살게 된다.

이 설화에서도 주인공은 평범한 존재임에도 불구하고 진실하고 정의로운 마음으로 인해 주위의 도움을 받게 되고, 그 결과 자신의 범상함을 극복하고 왕위에까지 오른다는 매우 이상적이고 낙관적인 이야기가 전개된다. 계급을 넘어선 인간 존재의 평등성과 누구나 평화롭게 살 수 있는 권리가 있다는 점이 강조된 결말은 민중들의 시대를 초월한 한결같은 염원을 드러내 준다. 이 이야기는 평화로운 삶을 해치는 요인 가운데 대표적인 것이 권력과 힘의 남용이라는 사실과 그러한 정의롭지 못한 행동으로 결국 그에 상응하는 대가를 받게 된다는 인과응보의 원리를 보여준다.

영웅담

「보잉트와 여럴트」라는 설화는 여러 가지 화소들이 얽히며 스토리가 전개된다. 어느 나라에 정직하고 신민을 사랑하는 인자한 왕이 살았으나 그에게는 자식이 없었다. 왕비는 작은왕비를 맞아 자식을 보도록 왕을 권유한다. 왕은 작은왕비를 들이고 그에게서 아들이 태어난다. 왕자가 두 살이 되었을 때 큰왕비도 아들을 낳는다. 그러자 큰왕비는 자기 아들이 왕위를 잇지 못할 것을 근심하여 꾀를 부려 큰아들을 집에서 나가게 한다. 형을 사랑했던 아우는 형을 따라 함께 집을 나가게 되고, 먼 길을 가던 중 먹을 것이 없어 동생 여럴트가 죽고 만다. 형 보잉트는 죽은 사람을 살리는 신비한 백단향을 발견하여 그 수액이 동생의 입에 떨어지게 두고 다시 먼 길을 떠나 한 사부 아래 들어가 많은 지식을 쌓는다. 그러나 불행히도 그 나라에서 바다에 제사를 드리는 희생 제물로 끌려가게 된다. 보잉트는 왕에게 죽어서가 아니라 산 채로 바다에 들어가겠다고 자청해 스스로 걸어서 용궁으로 들어간다. 그곳에서 삼 년 동안 용왕의 두 아들을 가르치며 용왕의 신임을 크게 받게 된다.

　삼 년이 지난 뒤 보잉트는 지상의 부모님과 동생, 사부가 그리워 용왕에게 청해 지상으로 나오게 된다. 사부에게 돌아온 보잉트는 사부와 함께 가면을 쓰고 다시 왕궁으로 들어가게 되는데, 그곳에 있던 공주에 의해 자신의 실체가 밝혀진다. 그러나 왕은 그를 다시 제물로 사용하지 않고 사위로 삼아 왕위를 물려준다. 보잉트가 왕위에 오른 뒤 나라가 평화로워지고 백성들의 삶은 안정을 찾게 된다. 그러자 그는 동생을 찾기 위해 길을 떠나 동생을 두었던 산으로 간다. 그곳에서 극적으로 동생과 만나 함께 부모를 찾아가니, 부왕과 왕비는 꼬부랑 노인이 되어 있었다. 왕비가 자신의 잘못을 깨닫고 처형을 원했으나 보잉트는 사랑하는 동생을 낳은 친모를 죽일 수 없다 하여 큰어머니를 용서하고 여럴트를 그 나라의 왕으로 삼고, 자신은 두고 온 나라로 돌아가 나라를 다스린다. 그렇게 해서 두 나라는 우애 있고 평화롭게 지냈으며 모든 백성들이 평안하고 행복하게 살았다는 이야기이다.

　잘못된 모성으로 자기 친자식마저 잃고 두 아들에게 인간이 겪을 수 없는 온갖 고초를 다 겪게 했던 왕비를 용서한 보잉트는 몽골 설화에 나타나는 매우 특이한 인물 유형이다. 어떠한 역경에도 이성을 잃지 않고 악을 선으로 이겨나가는 인물, 사랑과 정의로 끝내 모두를 감동시키는 불굴의 영웅적 인간상을 통해 평화로운 세상을 이루고자 하는 민중의 염원을 담고 있다.

　몽골 지역에는 오랜 역사를 지나면서 여러 민족들이 주권을 장악하고 살아왔다. 또한 유목생활과 집단을 이루며 이동하는 특수한 삶의 방식으로 인해 약탈과 전쟁이 끊이지 않았으며, 이러한 실제적인 삶이 설화에도 일정하게 반영되어 있다. 특히 고대 영웅서사시가 단편화되고 부분화됨으로써 생겨난 영웅담에는 언제 적이 침범해 목숨을 앗아갈지 모르는 절박한 생존의 위기 속에서 자신들의 평화로운 삶을 지켜줄 탁월한 능력을 가진 영웅을 고대하는 민중들의 소망이 투영되어 있다.

　영웅담 「세 살 된 고낭올랑 바타르」에서는 이러한 소망이 잘 드러나 있다. 동북쪽 땅을 다스리는 세 살 난 주인공 고낭올랑 바타르가 원수를 갚으러 간 사이에 괴물들이 쳐들어와 모든 가축과 신민들을 끌고 간다. 고낭올랑 바타르는 낙타를 치는 사람으로 변장해 괴물의 영지로 들어가 괴물을 퇴치하고 많은 사람들을 구한다. 괴물의 생령(生靈)이 들어 있는 사슴과 산양을 죽이고 나서 배를 당기자 뒤쪽으로 수없이 많은 동물들이 나왔고, 위쪽 어금니에는 천 명이 죽어 있었으며, 그 외에는 모두가 구사일생으로 살아서 나왔다. 이렇게 해서 고낭올랑 바타르와 목숨을 구한 사람들은 오래도록 잔치를 벌이며 행복하게 살았다는 것으로 끝이 난다.

몽골의 영웅담은 반동인물의 침입으로 모든 일상의 질서가 무너진 것을 새로이 회복하는 내용을 대륙적인 과장법으로 묘사한 이야기들이다. 대부분 반동인물은 대가리가 아흔 다섯 개, 마흔 다섯 개, 서른 다섯 개 달린 괴물로 묘사되는데, 이것은 적의 포악성과 능력의 정도를 드러내는 수사적 표현이라 할 수 있다. 이렇게 몽골 설화에서는 평화로운 삶을 해치는 존재를 인간으로 보지 않고 괴물이나 여우 같은 동물의 변신으로 형상화하는 경우가 적지 않다.

생활담

몽골 설화의 한 갈래인 생활담에 속하는 「지혜로운 소년」에서는 한 소년이 포악하고 탐욕스런 왕을 자비를 베푸는 선한 존재로 변화시키는 내용을 담고 있다. 이야기를 간략히 살펴보면 다음과 같다. 한 왕의 욕심으로 수많은 백성들의 삶이 극도로 피폐해져 나라 사람들이 모두 도둑이 되어 간다. 그때 마법의 힘을 가진 열 살 된 체첸(지혜롭다는 뜻)이 바보 형을 시켜 왕의 보물창고에서 금을 가져다가 가난한 백성들에게 나누어준다. 나라에서는 어린 체첸의 소행이라는 것을 알고 체첸을 잡으려고 백방으로 노력하나 원래 마술사인 체첸을 도무지 잡지 못한다. 체첸을 잡아들이기 위해 매번 백 명의 젊은이들을 보내지만 잡아오지 못하자 왕은 그들을 모두 죽여버려, 나라에는 젊고 힘센 젊은이들을 거의 찾아볼 수 없게 된다. 한 노인이 사태의 심각성을 파악하고 체첸에게 스스로 나타나줄 것을 호소하자 마침내 체첸이 나타나 예전에 한 번도 본 적이 없을 정도로 멋진 말을 준비해 왕에게 타게 한다. 왕은 빠르게 달려가는 말을 멈추려 하지만 말이 멈추지 않고 달려가 급기야 자기 지역을 잃고 만다. 왕은 아무리 애를 써도 자기 지역을 찾지 못하고, 한 허름한 인가에서 만난 나이 든 여자와 살면서 아들까지 낳게 된다. 그러나 여자가 느닷없이 죽고, 시름에 젖은 왕이 차를 끓이기 위해 물을 길어 오라고 보낸 아들마저 물에 빠져 죽는다. 왕은 자신의 운명을 한탄하며 우물에 빠져 죽으려고 애를 쓰다가 체쳉의 마술에서 비로소 풀려나게 된다. 실제로는 눈 깜짝할 사이였지만 마술에 걸려 오랜 세월 엄청난 고통을 겪었던 왕은 자신의 잘못을 뉘우치고 보물창고를 열어 가난한 백성들에게 재물을 나누어준다. 그렇게 해서 백성들은 모두가 차별 없이 풍요롭고 행복하게 살게 되었다는 이야기이다.

몽골의 고대문학과 구비문학 속에서 어린아이는 매우 특이한 존재로 형상화되며, 아이가 차지하는 비중이 적지 않다. 아이들은 어른보다 지혜롭고 사려 깊은 존재로 묘사되며, 영웅서사시에 나타나는 영웅은 보통 세 살 된 어린아이로 형상화된다. 이것은 몽골 문학에 나타나는 매우 독특한 점이라 할 수 있는데, 어린아이는 순수한 지혜와 힘을 상징하며, 보통 탁하지 않은 깨끗하고 맑은 피를 가진 용기 있는 존재로 대표된다. 특별히 3이라는 수는 1과 2, 즉 음양이 결합된 최초의 순수한 생명력을 상징하는 완전수이다. 또 위 설화의 주인공 체쳉은 열 살밖에 되지 않았지만 어른들이 가질 수 없는 용기와 능력을 지닌 탁월한 영웅적 존재로 등장한다.

한 지도자의 맹목적인 탐욕으로 인해 수없이 많은 사람들이 정상적인 삶을 영위하지 못하고 평안을 잃고 도둑 아닌 도둑이 되어갈 때 어린 체쳉은 백성들이 겪는 고통 따위에는 안중에 없고 오로지 자신의 탐욕에 눈이 어두운 왕에게 마법의 힘으로 일반 백성의 삶을 경험하게 함으로써 참다운 인간성을 회복하게 해준다.

몽골 설화 속에서 왕은 권력의 대표자로 상징되며, 백성들은 권력자의 횡포 때문에 피해를 당하는 나약하고 수동적인 존재로 그려진다. 백성들의 평화로운 삶을 보장해줄 책임 있는 존재가 자신의 역할과 정반대되는 폭정을 자행함으로써 절대 다수의 삶에 불균형과 불행을 초래하게 된다. 설화는 이러한 부정적이고 왜곡된 인간 행태를 보여줌으로써 그러한 삶의 태도를 경계하고 교훈하는 특징을 갖는다.

「금은은 돌, 보리와 밀은 삶」이라는 설화에서도 이러한 내용을 살펴볼 수 있다. 내용을 간략하게 살펴보면 다음과 같다. 옛날에 세상에 금은보화 이외에 더 값진 것이 없다고 생각하는 욕심이 가득한 왕이 살았다. 왕은 백성들이 가진 것을 온갖 방법을 다해 빼앗고 금은으로 장식된 화려한 궁전을 지으라고 명한다. 그때 나라에 큰 가뭄이 들어 먹을 것이 없게 되자, 백성들은 가지고 있는 모든 재물을 내어 왕으로부터 먹을 것을 산다. 재물에 눈이 어두워진 왕은 자기가 가지고 있던 양식을 모두 금은보화와 바꿔버려 결국 자신이 먹을 양식조차 없게 된다. 허기에 시달리던 왕은 재물을 줄 테니 먹을 것을 가져오라고 소리치지만, 백성들이 그의 절규를 외면해 마침내 왕은 굶어 죽는다.

이 설화는 참다운 삶의 가치가 어디에 있는가 하는 것과 주위의 삶은 돌아보지 않은 채 자신의 탐욕에 눈이 어두워진 왕이 그 탐욕으로 인해 스스로 죽음을 자초하게 되는 모습을 매우 적실하게 보여준다. 왕이란 봉건사회의 권력자만을 말하는 것이 아니라 인간들 내부에 도사리고 있는 욕심, 더 나아가 집단이기주의가 갖는 배타적 탐욕을 가리킨다고 볼 수 있다.

다른 몽골 설화

몽골 설화 가운데 '거짓말대장'과 '탁발승'에 관련된 일련의 설화는 만주 지배기에 평화로운 삶을 잃은 민중들에게 신선한 즐거움을 주었던 독특한 설화의 한 갈래이다. 이러한 설화 속에는 황당무계한 이야기, 거짓말대장과 탁발승의 입담과 재치가 매우 해학적으로 그려지고 있어 어두운 시대를 극복하고 평화로움을 지향했던 몽골인들의 삶의 한 단면을 보여준다. 몽골 설화에는 수천 년 드넓은 초원을 배경으로 살아왔던 몽골인들의 삶의 방식과 세계관이 풍부하게 반영되어 있으며, 정의와 평화를 염원하는 민중들의 마음이 유목생활과 자연환경을 배경으로 매우 진솔하게 담겨 있다.

_〈설화〉 지혜로운 소년 체청

　아주 오랜 옛날 아르윙상트라는 이름을 가진 대단히 잔인한 왕이 살고 있었다. 그 왕은 신민들에게 무엇이 있다면 하루가 멀다 하고 단 한 줌의 곡식이라도 모두 빼앗아갔기 때문에 왕은 혼자서 한정 없이 큰 부자가 되고, 백성들은 극도로 가난해져 모두가 도둑이 되었다. 그 나라에 체청이라는 대단히 지혜로운 소년이 살고 있었다. 체청이 열 살이 되었을 때, 바보 형에게 나무 하나를 쥐어주면서 일렀다.
　"형, 이 나무를 힘껏 쥐고 두 눈을 꼭 감고 가. 바윗돌처럼 울퉁불퉁한 것을 만날 거야. 그러면 그것을 가져갈 수 있는 만큼 옷자락에 싸가지고 가다가, 다시 어떤 물체를 만나게 되면 눈을 떠."
　바보 형은 '내 똑똑한 동생이 무엇 때문에 나를 보내는 걸까' 하고 생각하며 길을 갔다. 정말 바윗돌 같은 것을 만나게 되자, 가져갈 수 있을 만큼 그것을 옷자락에 싸서 겨우 들고 길을 갔다. 그러다 다시 어떤 물체에 부딪쳐 눈을 떠보았더니 집에 와 있었다. 그리고 가져온 것을 보니 모두 황금이었다.
　체청은 그 금을 가난한 사람들에게 나눠주었기 때문에 금방 바닥이 났다. 이와 같이 체청은 바보 형을 같은 방식으로 몇 번에 걸쳐 다시 보냈다. 어느 날, 어리석은 형이 금을 가져오는 장소가 어떤 곳인가 한번 보자고 결심하고, 나무를 짚고 눈을 감고 걸어가다가 그 바윗돌처럼 생긴 물체를 만나게 되자 눈을 떴다. 그러자 사방에서 많은 사람들이 모여들어 "이놈이 도둑이다" 하며 그를 붙잡았다.
　바보 형은 보려고 했던 곳을 제대로 보지도 못하고 잡혀서 아르윙상트 왕에게 보내졌다. 그를 데리고 간 사람들이 왕궁 문 안으로 그를 밀어 들여보냈다. 바보 형은 왕궁의 문지방을 밟자 무릎을 꿇고 그대로 주저앉았다. 왕은 매우 진노하며 호통을 쳤다.
　"너는 정말 막되먹은 도둑놈이로구나. 내 보물창고에 들어가 몇 번이나 많은 금을 가져갔지, 이놈! 금을 낳는 네 대가리를 사라지게 해주마."
　"저는 아무것도 모르는 바보입니다. 생각이 깊은 제 동생 체청이 저를 보낸 거예요. 그 아이와 이야기하세요. 금을 가져오게 하여 가난한 사람들에게 나눠주었어요."

왕은 시종들을 불러 체쳉이라는 아이를 잡아오도록 명했다. 그때 신하들이 왕에게 몇 명의 시종들이 가면 그 아이를 잡아오지 못할 것이 분명하다, 그 아이는 대단한 마술사라고 했다. 그러니 어찌 되었든 백 명을 보내자고 했다. 왕은 신하들의 말을 받아들이고 백 명을 뽑아서 체쳉을 잡아오도록 보냈다. 그러나 그들은 아무리 애를 써도 체쳉을 찾을 수가 없었다. '여기에 방금 있었다, 저기에 있었다, 집에 있었다'는 소문만이 난무했다. 시종들이 체쳉을 찾다가 너무나 지쳐 궁으로 돌아왔다.

왕은 크게 진노하여 그 사람들에게 호통을 치고 마침내 모두의 머리를 베고 다시 백 명을 보냈다. 그들 역시 체쳉을 찾지 못한 채 이전처럼 계속 소문만 듣다가 하릴없이 궁으로 돌아왔다. 왕은 또 그들의 머리를 모두 베고 다시 백 명을 보냈다. 이처럼 왕은 백 명씩 사람을 보냈지만, 체쳉을 찾지 못하고 수백 명의 목만 달아나게 되었다. 왕은 이렇게 사람들을 마구 죽였기 때문에 나라에 젊고 힘센 젊은 이가 아주 귀해졌다. 한 번은 그 백 명 중에 나이 많은 노인이 한 사람 있었는데, 그 노인이 말했다.

"마술사를 우리가 강제로 잡을 수는 없다. 체쳉은 우리를 위해 살고 있는 아이다. 어리석은 형을 시켜 왕의 보물창고에서 가져온 금을 가난한 사람들에게 모두 나눠주었다. 우리는 먼저 그 아이가 어디에 있는지 알아야 한다. 그리고 그곳에 가서 모두 사정을 하면 잡을 수 있을 것이다."

노인이 말한 대로 체쳉을 찾아서 백 명의 사람이 모두 그에게 사정을 했다.

"잔인무도한 대왕이 모든 것을 수탈하여 나라 사람들은 아무것도 가진 것이 없게 되었다. 이제 모든 사람을 무더기로 죽이고, 젊은 사람들도 떼로 죽여 젊은이는 씨가 마르게 되었다. 네게 무슨 대책이 있을 것 같으니 같이 가자."

체쳉은 궁전으로 가는 도중 작은 상점에 이르자 손가락만 한 작은 항아리를 사서는 궁전 울타리 사이로 그 항아리를 던지더니 그 속으로 들어가버렸다. 체쳉을 잡아가던 사람들이 당황하여 "체쳉, 체쳉" 하고 소리쳐 불렀지만, 체쳉은 항아리 속에서 꼼짝도 하지 않고 나오지 않았다. 모두 지쳐서 왕에게 가자 왕이 크게 진노해 "그 아이를 포박해 내 눈앞에 대령하지 못하면 너희들의 목이 온전하지 못할 것이다. 그 흉물스런 항아리를 부숴서 데려오지 못하겠느냐" 하고 소리쳤다.

사람들이 항아리를 부쉈지만 체첸은 그 속에 없었다. "체첸" 하고 부르자 항아리 조각마다 '앙앙' 소리를 냈다. 노인이 "체첸, 이리 오너라. 우리 머리가 달아나게 되었으니 다시 몸으로 돌아와라" 하고 애원을 했다. 그러자 체첸은 노인의 바로 옆에 나타났다. 이렇게 하여 체첸을 데리고 가 왕궁으로 들여보냈다. 체첸은 문지방을 넘자 손바닥을 모으고 고개를 숙인 채 무릎을 꿇고 앉았다. 왕은 체첸을 꾸짖기 시작했다. 체첸은 아무 말도 하지 않고 아래를 내려다보기만 했다.

"너는 대단한 마술사라지. 어디 네 마술을 한번 보여보아라."

왕이 호통을 치자, 체첸은 그동안 자신이 했던 일을 자백했다.

"저는 가난한 사람이기 때문에 목숨을 부지하며 살아가기 위해서 대왕님의 황금을 가져갔습니다."

왕은 더욱 크게 역정을 냈다.

"뭐라고, 네가 가난한 사람이라고 하는 것은 대체 어떤 사람을 말하는 것이냐? 살아가기 위해서라는 것은 또 무슨 말이지? 네 그 마술을 보여라."

"대왕님, 궁궐 문을 열게 하실 수 있으시겠습니까?"

체첸은 여전히 고개를 숙인 채 가는 목소리로 말했다. 왕은 체첸이 정말로 마술사라면 흥미로운 것을 보여줄 것이 분명하다고 생각하고, 시종에게 문을 열라고 명령했다.

왕이 문 쪽을 바라보니 무릎까지 갈기가 자라나 있고, 아름답게 장식한 안장과 굴레를 얹은 은회색 말이 서 있었다. 그 우수한 종자의 멋진 말이 눈에 흔들리듯 보였다. 왕은 자신이 비록 큰 나라의 주인이며 모든 부를 한 손에 쥐고, 제한 없는 권력을 누리고 살았지만 이렇게 아름다운 말을 타본 적은 한 번도 없었다.

'이것도 마법의 말일 테지. 그렇지 않다면 정말 왕만이 타는 말일 거야'라고 생각하고 있을 때, 체첸이 그 말을 가리키며 말했다.

"대왕님, 저 말을 보십시오. 빛깔과 생긴 모습이 정말로 훌륭하지요. 대왕님이 저 말을 타면 얼마나 멋지겠습니까? 한번 타보시지요."

그러자 왕은 밖으로 나가 그 은회색 말을 묶어 놓은 끈을 풀게 하고, 체첸에게

겨드랑이를 받쳐 올리게 하여 말을 탔다. 마당만 돌며 걷는 상태를 보자고 생각하고 "추우" 하고 앞으로 몸을 기울이자, 말은 아주 편안하고 부드럽게 갔다. "정말 멋진 말이로다" 하며 채찍을 휘두르자 재빠르게 달려가며 세차게 대가리를 흔들며 소리를 냈다. 그러자 왕은 말고삐를 당기고 또 당겼지만 말은 멈추지 않았다. 마침내 왕은 두려워하며 일이 잘못되었다고 생각하고 안장에서 뛰어내리려고 했지만, 발이 등자에서 떨어지지 않았다. 그렇게 계속 가다가 어떤 언덕 위로 달려 갔다. 그때 말이 꼬꾸라져 앞으로 넘어지는 듯했다. 왕은 어떻게 된 거냐며 일어나보니 말은 어디 갔는지 없고, 자신은 채찍을 쥐고 땅에 쓰러져 있었다. 그와 동시에 왕은 자신이 마술에 걸렸다는 사실을 깨달았다.

"음, 못된 놈이 나를 속였구나. 내 입 때문에 일이 이렇게 되었어. 그렇지만 나를 멀리 보내지는 않았을 거야. 시 주변 지역에서 그리 멀지 않은 곳에 있는 것이 분명해."

왕이 주변을 자세히 둘러보니, 그곳은 사람이라고는 그림자도 찾아볼 수 없는 외진 곳이었다.

왕은 '도시에서 멀리 떨어져 있지는 않을 거야. 그놈이 마법을 걸어 나를 속였어' 라고 생각하고 다시 잘 보았더니 어느 고대의 동물인지 아니면 짐승이나 가축의 발자국이 나 있는 것 같은 사람이 다니지 않는 작은 길이 있었다. 그 길을 따라 들어가니 우물이 하나 보였다. 그 옆에 가난해 보이는 허름한 인가가 한 채 서 있었다. 그 집에서 자기 지역에 대해 물어보자고 생각하고 들어갔더니, 쉰 정도로 보이는 한 여자가 앉아 있었다. 왕이 문 앞에 서서 인사를 주고받은 다음, "음, 당신 집은 어느 왕이 다스리는 지역에 있소" 하고 물었다.

"이곳에는 주인과 속민이라는 구별이 없습니다."

"도대체 왕이 없는 백성이 어디 있단 말이오."

"원래는 있었는데 몇 년 전에 우리 나라에 타르바간 전염병과 장티푸스, 유행성 감기가 발생하여 동물과 사람이 죽을 것은 죽고, 피난을 갈 힘이 남아 있는 사람은 모두 피난을 가서 나같이 힘없는 사람만 고향을 지키며 남아 있지요."

왕이 자신의 이름을 들먹이며 이러이러한 왕에 대해 아느냐, 들어보았냐고 묻자 여인은 전혀 들어보지 못했다고 말했다.

'이 별 볼일 없는 여자까지도 마술사의 말에 따라 거짓말을 하고 있는 것 같다. 어디에서도 내 이름을 듣지 못했다고? 내가 있는 이곳은 궁에서 아주 멀리 떨어진 곳이 아님이 분명해.'

왕은 그렇게 생각하며 그 집에서 나와 길을 갔는데, 어느 쪽으로 가도 그 집으로 다시 돌아와 있었다. 가고 돌아오는 일을 계속 반복하다 지쳐서 마침내 이렇게 생각했다. '내가 또 잘못 생각하고 있는 거야. 시험하지 않아야 할 사람을 시험해서 이길 방법을 찾지 못하고 도리가 없게 된 거야.'

그러나 왕은 체첵이 자기를 그렇게 멀리 보내지 않았을 거라는 희망을 아직도 버리지 못하고 있었다. 밤이 되자 여인이 왕에게 집 안으로 들어오라고 했다.

"들어오셔서 차를 드시지요."

그 거만한 왕은 옷에 더러운 것이 묻는다며 들어가지 않겠다고 고집을 부리며 밖에 앉아 있었다. 여인이 몇 마리 염소를 집으로 몰고 와서 줄에 묶고 자려고 하자, 여기저기서 허기진 늑대가 울더니 오래지 않아 게르의 아래쪽과 문 쪽을 킁킁 냄새 맡으며 더 심하게 울부짖기 시작했다. 늑대가 두려워진 왕은 어쩔 수 없이 집 안으로 들어가 앉은 채로 밤을 지냈다. 다음 날 또다시 자신의 지배지를 찾으며 돌아다녔지만 찾지 못하고, 저녁이 되어 그 집에 다시 되돌아왔다. 이처럼 아침이 되면 길을 나섰다가 저녁이 되면 돌아오는 일을 반복한 지 몇 달째가 되자, 젊은 왕은 자신의 지배 영지를 찾을 희망이 완전히 꺾여 어쩔 수 없이 그 여인과 함께 살게 되었다.

그리고 그리 오래지 않아 여인은 임신을 하게 되었다. 아내의 해산 날짜가 가까이 다가오자, 왕은 매우 정직해졌다. 그는 염소 털로 그물을 만들어 들쥐와 다람쥐를 사냥하고 염소를 몇 마리 기르는 등 가정을 돌보며 지내다가, 아들이 태어나자 진정으로 기뻐했다.

몇 년이 지난 어느 날, 왕이 들쥐와 다람쥐를 사냥하러 갔다가 돌아와보니 아내가 느닷없이 죽어 있었다. 반려가 되어 함께 살던 아내였기 때문에 그녀가 늙은 것도 개의치 않고 가엾게 여기고 동정하며 살았었다. 왕은 매우 슬퍼하며 장례 예법대로 아내를 메고 가서 양지바른 좋은 곳에 묻고 돌아와 아들에게 말했다.

"우리 아들은 이제 어떻게 하면 좋을까. 엄마가 돌아가셨단다. 이제 아버지와 둘이서 살아가게 되었다. 아버지가 오늘은 정말 지치는구나. 둘이서 맛있는 차를 끓여 마시자. 우물에 가서 물을 길어 오너라."

그러나 아들이 물을 길러 가서 한참이 되어도 돌아오지 않아, 나가보니 아이가 보이지 않았다. 웬일일까 하고 우물로 가보니 아들이 우물에 빠져 죽어 있었다.

"아아. 나는 어째서 이렇게 모질게도 끝없는 불행을 겪어야 한단 말인가! 나란 사람이 한 나라를 지배하던 그런 대단한 왕이었단 말인가! 시험할 수 없는 사람을 시험하고, 장난쳐서는 안 될 사람과 장난을 쳐 마침내 여러 해 동안 참으로 많은 고통을 겪었다. 그리고 늙고 가엾은 아내와 살다가 그녀를 죽게 했다. 단 하나 살붙이인 외아들과 남게 되었지만 또 아이와 이별을 하게 되었다. 이렇게 사는 것이 나에게 무슨 의미가 있단 말인가. 가엾은 내 아들!"

그 우물 밑바닥에 아이가 보였다. '아버지는 너와 함께 죽으리라' 하고 우물로 뛰어들려고 했지만 웬일인지 머리가 들어가지 않았다. 반드시 이 우물 속에 들어가 죽으리라 하며 애쓰고 있을 때, 마법사가 마법을 막 풀어 왕이 정신을 차리게 했다. 왕이 자기 부인의 옷자락을 들치고는 "반드시 이 우물에 들어가 죽으리라" 하며 소리를 지르는 것을 집에 있던 사람들이 보고 큰 소리로 웃었다.

"어이쿠! 어떻게 된 겁니까? 대왕님."

체쳉이 왕을 확 당기자, 왕이 목메어 울며 말했다.

"나를 정말 오랫동안 고통스럽게 만들었도다."

"뭐가 오래되었다는 말씀이신가요? 대왕님의 잔에 부은 차가 아직 식지 않았습니다. 그 사이가 그렇게 오래되었다는 말씀이신가요?"

"아, 그래?"

왕이 잔에 있는 차를 마셔보니 정말 따뜻한 기운이 남아 있었다. 그러자 체쳉이 말했다.

"대왕님, 대왕님의 백성뿐 아니라 백성들 모두가 그러한 삶을 살고 있습니다. 제가 대왕님의 보물창고에서 훔친 금은 대왕님의 방금 전 상태보다 더 가난하고 고통을 받는 사람들에게 나눠주었습니다. 대왕님의 보물창고에서 값진 재물을 여러 번 훔친 저의 목을 베십시오."

"불쌍하고 가난한 사람들에게 도움을 준 일로 너를 처단할 수 있겠느냐? 대신

내 보물창고에서 필요한 것을 가지고 가서 모두 가난한 사람들에게 나눠주도록 하라."

왕은 자신의 창고에 재물을 가져가라는 포고령을 내렸다. 아르윙상트 왕은 가난한 사람들에게 재산을 모두 나눠주었고, 그 나라에는 가난한 사람이 단 한 사람도 없게 되었다. 그래서 그 나라 사람들은 모두가 차별 없이 평화롭고 행복하게 살게 되었다.

【베트남】

달나라에 간
꾸오이 아저씨

안경환 조선대학교 영어과 교수

베트남의 자연환경

베트남은 면적이 한반도의 1.5배나 달하는 330,991㎢로 인천 국제공항에서 3,600km, 비행기로 약 4시간 30분 걸리는 인도차이나반도 동쪽에 위치한 가늘고 긴 S자 모양의 나라이다. 북쪽으로는 중국, 서북쪽으로 라오스, 남쪽으로 캄보디아와 국경을 접하고 있다. 지형적으로는 서북쪽에 쯔엉 선 산맥이 자리잡고 있고, 북부는 중국과 접하는 산악, 고원 지대, 홍강 하류에는 홍강 삼각주가 있다. 중부 지방에는 해안을 중심으로 평야가 펼쳐져 있고, 남부 지방은 광대한 메콩 삼각주이다. 인구는 약 8,500만 명이며, 54개 민족으로 구성된 다민족 국가로 인구의 약 90%를 낀족이 차지하고 있고, 낀족은 평야 지역에, 대부분의 소수 민족은 국토의 3/4을 차지하는 산간 지역에 거주한다.

남북으로 가늘고 길게 뻗어 있는 베트남은 기후의 차이를 비롯해 여러 가지 면에서 남북 지방의 차이가 크다. 북부는 물줄기가 거센 홍강의 범람과 거듭된 내전 등의 영향으로 강인한 정신력을 바탕으로 마을 사람들끼리 결속력이 강하며 매우 부지런하다. 북쪽으로 강대국인 중국과 연접하여 기원전 111년부터 기원후 938년까지 중국의 지배를 받은 북속 시대는 베트남인들의 의식에 커다란 영향을 미쳤다. 강대국과 끊임없이 전쟁을 치르면서도 수천 년 동안 민족의 전통문화를 유지하면서 독립국가로 존속해온 베트남의 저력은 어디에서 나오는 것인가?

평화는 인류의 영원한 꿈이지만, 인간은 초자연적인 존재에 대한 두려움과 전쟁의 공포에서 여전히 자유롭지 않다. 민중들의 입을 통하여 혹은 기록으로 전해져오는 설화가 역사 서술의 이면을 짐작할 수 있게 한다면, 우리는 베트남의 설화에서 평화에 대한 해답의 실마리를 찾을 수 있을지도 모른다.

베트남의 영웅담

베트남에는 민간에 전승되어 오던 신화와 전설 22편을 한자로 기록한 『영남척괴열전嶺南摭怪列傳』이란 책이 있다. 고려시대의 『삼국유사』처럼, 몽골의 침략을 받던 시기에 편찬된 것으로 추정되는 책이다. 민중들 사이에서 오랫동안 구전되어온 이 설화에는 '잊을 수 없는 영웅, 애틋한 사랑을 보여준 부부, 나라를 구한 위대한 왕, 민중들의 애환을 없애준 선인仙人'의 이야기가 들어 있다. 이 책에 소개되어 있는 설화를 통해서 평화에 대한 베트남인들의 의식의 일단을 들추어 보기로 한다.

베트남에도 영웅이 있었음을 알려주는 「동천왕」은 중국 은나라의 침략을 막아낸 아이에 대한 설화이다. 전쟁에서 이 아이는 선봉에 서서 은나라 대군을 대적했고, 그 결과 은왕은 전사하고 적군은 항복했다. 이 승리 이후에 아이는 말을 탄 채로 하늘로 올라가버렸다. 이 영웅에 대한 두려움으로 은나라는 그후 27대 644년 동안 베트남을 침공하지 못했다고 한다. 오랫동안 평화를 맛보았던 민중들은 자신들에게 평화를 선물한 이 영웅을 잊지 않았던 것이다.

영웅이었으나 전쟁을 싫어해 목숨을 버린 자도 있었다. 「리옹쭝」이라는 설화를 보면, 주인공인 리턴李身은 기골이 장대하고 성질이 사나워 살인죄를 지어 사형을 언도받았다. 진시황이 어우락국을 침략하려고 하자 안 즈엉브엉安陽王은 그를 진시황에게 선물로 바쳤다. 그는 흉노족의 침략을 막아

냈다. 그후 관직에 제수되어 고향에 돌아왔는데, 흉노족이 재차 침입해오자 진시황은 리턴을 찾아오도록 명했다. 리턴은 진시황의 부름에 응하지 않고 숨어 지내다가, 더 이상 피할 수가 없게 되자 스스로 목숨을 끊었다. 그때 그의 나이 58세였다. 리턴의 시신을 본 진시황은 구리를 녹여 동상을 만들고 이름을 '옹쭝'이라 하였다. 중국 진시황의 명령을 거역하고, 평화를 꿈꾸다가 생을 일찍 마감해버린 영웅의 용기를 민중은 기억한다. 베트남 사람들은 지금도 리옹쭝의 고향에 그를 기리는 사당을 지어놓고 매년 추모제를 올리고 있다.

사랑과 우애

부부간의 사랑과 우애가 남달랐던 경우도 설화는 전하고 있다.

「떤랑 형제」는 떤과 랑이라는 쌍둥이 형제의 이야기이다. 부모를 일찍 여읜 두 형제는 이웃의 학자 집안인 르우 선생의 도움을 받으며 성장하였다. 르우 선생의 딸은 형인 떤과 결혼했다. 그러나 부부의 정이 깊어지자, 아우는 자신을 대하는 형의 태도가 예전과 달라졌다고 느끼고는 집을 나가게 되었고, 방황하다가 강가에서 죽어 커다란 바위가 되었다. 형은 아우가 사라진 것을 알고 아우를 찾아 헤매다가 강가에서 바위를 발견하고 바위 위에서 쉬다가 죽어 빈랑나무가 되었다. 부인은 남편이 나간 후에 소식이 없자 남편을 찾아 나섰다가 강가에서 바위를 발견하고 그 옆의 나무에 기대어 쉬다가 허기가 지고 지친 끝에 죽어서 나무를 감아 올라가면서 사는 덩굴식물이 되었다는 이 설화는 형제애와 부부애가 갈등을 빚은 이야기이다. 동생은 자신이 형과 형수의 행복에 방해가 된다고 생각하고는 그 집을 나와서 죽었다. 뒤늦게 형은 동생과의 우애를 지키지 못한 자책감에서 동생을 찾아 헤매다가 지쳐서 죽게 되었고, 부인도 부부애로 남편을 찾아 헤매다가 남편의 뒤를 따라 죽었다. 빈랑나무에 의지하여 살아가는 덩굴식물인 구장 식물처럼 부부가 서로 의지하면서 백년해로하라는 의미에서 베트남에서는 결혼

선물로 빈랑 열매와 구장 잎으로 만든 쩌우까우를 주고받아 부부애를 기리는 풍습이 있다.

남녀의 사랑

국가의 흥망에 남녀의 사랑이 화근이 된 설화도 있다. 「금빛 거북」이라는 설화는 찌에우 다趙佗가 남침하여 어우락국을 멸망시키는 내용이다. 어우락국의 안 즈엉 브엉이 꼬로아에 도읍을 정하고 성을 쌓는데 밤만 되면 낮에 쌓은 성이 자꾸 무너지자 제단을 쌓고 기도한다. 그러자 얼마 후에 금빛 거북이 한 마리가 나타나 "나라가 망하여 왕위를 잇지 못한 왕자가 한을 품고 있기 때문에 성이 무너져내리는 것이며, 딴 비엔 산에 있는 귀신이 흰 닭이 변해 왕자를 돕고 있는데, 그 닭을 잡아 죽이면 된다"라고 알려주었다. 안 즈엉 브엉이 딴 비엔 산에 이르러 닭을 잡아 죽였더니 성이 무너지지 않았다. 얼마 지나지 않아 성의 축조를 마치게 된다. 이에 금빛 거북은 다시 물로 돌아가면서 자신의 발톱 하나를 주며 이것으로 쇠뇌를 만들어 놓았다가 적이 침략해올 때, 화살을 쏘면 승리할 것이라고 하였다. 그후 찌에우 다가 쳐들어오자 어우락국의 안 즈엉 브엉은 금빛 거북이가 주었던 발톱으로 만든 쇠뇌를 이용하여 적을 물리쳤다. 이에 찌에우 다는 꾀를 내어 강화를 요청하고 아들 쫑 투이를 사신으로 파견하였다. 쫑 투이는 어우락국의 공주인 미 쩌우와 사랑을 하게 된다. 쫑 투이와 미 쩌우는 양국 간에 전쟁이 일어나지 않기를 바라는 평화주의자였다. 쫑 투이를 따라간 태사의 아들은 금빛 거북이 안 즈엉 브엉에게 준 "신령한 쇠뇌"를 가짜와 바꾸어 놓는다. 여기에는 본의 아닌 미 쩌우의 협조가 있었다. 그 뒤에 부모에게 인사하러 간다며 쫑 투이는 본국으로 돌아가버린다. 쇠뇌를 탈취해오자 찌에우 다는 어우락국을 다시 침략하고, 쫑 투이와의 사랑으로 어우락국의 멸망을 자초한 미 쩌우는 부왕 안 즈엉 브엉과 함께 도망을 가다가 결국 자결하고 만다. 쫑 투이는 미 쩌우의 행방을 찾아 나섰다가 자결한 미 쩌우의 시신을 보고는 망연자실하게 된다. 쫑 투이는 부왕 찌에우 다가 어우락국을 멸망시킨 승전 자축연을 열고 있는 어우락국의 왕궁으로 돌아오고, 전쟁으로 사랑하는 미 쩌우가 죽게 된 것을 심히 가슴 아프게 생각한다. 사랑을 나누던 연못에 이르자 물에 어리는 미 쩌우의 환영을 보고 연못에 몸을 던져 죽는다.

평화를 외면하고 전쟁을 벌인 찌에우 다의 행위가 결코 용인될 수 없다는 것을 자녀들의 자결로 인한 비극적인 최후로 끝을 맺어 보여주고 있다. 베트남판 로미오와 줄리엣이라고 할 수 있는 비극적인 사랑이다.

베트남은 고대로부터 강대국인 중국의 침략에 시달려왔다. 따라서 중국에 대한 베트남인들의 저항의식은 중국과 수없이 많은 전쟁을 치르면서 자연스럽게 내면화된 것으로 보인다.

건국 신화

베트남의 초기 역사를 알려주는 건국 신화를 보자. 베트남은 그들의 초대 국가를 반랑文郞국이라고 하고 그 왕을 훙 브엉雄王이라고 했다. 훙 브엉의 할아버지는 록뚝祿續으로 낀 쯔엉 브엉涇陽王에 봉해져 남방을 다스리고 있었는데, 나라 이름을 씩 꾸이赤鬼국이라 하였다. 낀 쯔엉 브엉은 용왕의 딸과 결혼하여 쑹람을 낳았는데 이가 바로 락롱꿘다. 락롱꿘 북쪽을 다스리던 큰아버지 데 응이帝宜의 아들인 데 라이帝來의 딸 어우 꺼와 결혼해서 100명의 아들을 낳았고 그중 가장 강한 자가 최초의 훙 브엉으로 봉해져 나라 이름을 반랑국이라 했다. 그 이후부터 락롱꿘은 아들인 훙 브엉이 세운 반랑국의 수호신 역할을 하게 된다.

또한 낀 쯔엉 브엉의 이복형인 데 응이가 다스리던 북쪽 지역은 아들 데 라이 그리고 손자 때에 이르러 중국의 침략을 받고 망하였다. 따라서 훙 브엉은 어머니의 나라가 중국에 의해 망한 탓에 처음부터 중국 한족과의 대결 구도를 보인다. 즉, 훙 브엉이 다스리는 반랑국은 바다의 신인 락롱꿘의 도움을 받아 어머니의 나라를 멸망시킨 중국의 위협으로부터 나라를 보전해야 했다.

왕은 국가의 안위를 위해 모든 백성으로 하여금 평소에 국가의 정령들을 기억하고, 그들을 위해 사당을 짓고 부지런히 제사를 드리게 했다. 백성들은 베트남과의 전쟁에서 사망한 중국의 은왕을 위해서도 사당을 짓고, 제사를 드렸다. 은왕은 비록 적국의 왕이지만, 그의 혼령을 잘 받들면서 베트남을 지켜달라고 부탁한 것이다. 이렇게 정령들을 모셔온 베트남의 왕은 외적인 중국의 침입을 받게 되면 제일 먼저 락롱꿘에게 도움을 청한다. 대부분의 경우, 락롱꿘은 선인의 조언을 통해 베트남을 위기에서 구해준다. 이때 선인은 대부분 하얀 수염과 머리를 한 노인의 모습으로 나타난다. 자못 전설적이다.

국가의 안위를 책임지는 왕의 입장에서 전쟁은 피하고 싶은 선택이었을 것이다. 그러나 상대가 쳐들어오면 항전 아니면 항복 중 하나를 택할 수밖에 없게 된다. 이때 항전은 평화를 위한 역설적인 행위인 셈이다. 전쟁이 벌어지면 베트남은 전면전이 아닌 게릴라 전법을 사용한다. 중국에 힘으로 대항하는 것보다는 지형지물을 이용하여 최대한 오랫동안 버티는 전법을 택한 것이다.

「자 짜익夜澤」이라는 설화를 보면 찌에우 꽝 푹趙光復 장군은 중국의 양나라가 침략해왔을 때 천바셴陳霸先 장군과 몇 차례 전투를 벌인다. 하지만 양나라의 군사력에 밀려 찌에우 꽝 푹 장군은 자 짜익이라는 섬으로 후퇴하여 겨우 명맥을 유지하였는데, 이 섬은 갈대숲으로 우거진 늪지대여서 낮에는 숨어 있다가 밤에 공격하는 게릴라 전법으로 양나라 군사를 괴롭히며 혁혁한 전공을 세웠다. 찌에우 꽝 푹은 늪지대에서 향불을 피우며 천지신명께 기도를 드렸더니 선인이 황룡을 타고 내려와 용의 발톱을 주면서 투구에 꽂고 싸우면 적을 물리칠 수 있다고 하였다. 천바셴 장군이 국내에서 발생한 내란을 진압하기 위하여 귀국한 사이 찌에우 꽝 푹은 양나라 군대를 공격하여 궤멸시키고 롱 비엔 성을 수복한다. 그리고는 스스로를 왕으로 칭하였다. 금빛 거북에 나오는 거북이 발톱 이야기와 유사하다. 여기서 황룡은 락롱꿘을 의미한다.

베트남의 저력

베트남 사람들은 백성들뿐만 아니라 왕들도 초자연적인 존재와 운명에 순응하는 모습을 보여준다. 절대자인 하늘의 존재를 믿고, 그의 뜻에 따르는 것을 당연시했다. 적극적인 투쟁의 모습은 보이지 않고, 자신에게 가해지는 어려움을 운명이나 하늘의 뜻으로 받아들이는 인용의 모습을 보인다. 베트남인들은 바다의 신인 락롱꿘에 대한 굳건한 신뢰를 바탕으로, 다양한 정령들의 괴롭힘이나 외세의 침략에도 굴하지 않고 오늘날까지 그 역사를 이어왔다. 소극적이고 수세적인 것 같은 베트남 사람들의 행동 내면에는 오랫동안 축적된 생존과 평화에 대한 지혜가 숨어 있는 것이다. 평화를 사랑하는 농경문화의 베트남 사람들은 상대방이 침략해오거나 적대 행동을 보이지 않는 한 먼저 공격한 적이 없다. 다만 공격을 받으면 전 국민이 일치단결하여 끝까지 대항한다. 승리에는 항상 용과 거북이가 등장하여 신통력으로 도와준다. 그리하여 최후의 승리자는 우리라는 신념을 갖고 싸운다. 이것이 수많은 외침을 받으면서도 수천 년 동안 민족 전통문화를 유지하면서 독립국가로 존속해온 베트남의 저력이다. 베트남으로서는 가만히 있는데도 침략해오는 외적과 맞서 싸우는 것은 평화와 독립을 위한 역설적인 행위인 것이다.

꾸오이 설화

여러 설화 가운데 꾸오이 아저씨에 대한 설화는 달에 계수나무가 올라가게 된 사연을 설명해준다. 윤극영 작사·작곡의 우리의 동요 〈반달〉 1절은 "푸른 하늘 은하수 하얀 쪽배엔 계수나무 한 나무 토끼 한 마리"로 시작되어 "돛대도 아니 달고 삿대도 없이 가기도 잘도 간다 서쪽 나라로"로 끝이 난다. "계수나무와 토끼 한 마리"가 어떻게 달나라로 올라갔는지에 대한 해답은 우리나라 어디에서도 찾아볼 수 없다. 하지만 베트남의 설화에서 그 해답을 찾을 수 있다는 것이 매우 흥미롭다. 또한 계수나무 옆에 있는 것이 토끼 한 마리가 아니라 나무꾼 출신 꾸오이인 것이다. 같은 달을 쳐다보면서 느끼는 감정과 상상력이 우리와 비슷하다. 다만 계수나무 옆에 있는 것이 토끼가 아니라 사람인 꾸오이가 쭈그리고 앉아 인간 세계를 내려다보고 있는 것이다.

_〈설화〉 떤랑 형제

홍브엉 시대(기원전 2879년~기원전 258년)의 4대 왕인 홍 비엡이 재위 시 떤과 랑이라는 형제가 살았는데, 두 형제는 미남인 데다가 얼굴이 쌍둥이처럼 아주 닮았다. 어렸을 때 부모를 여읜 두 형제는 이웃의 학자 집안인 르우 선생의 도움을 받으며 성장하였다. 르우 선생에게는 이 두 형제와 동갑내기의 딸이 하나 있었다. 아가씨는 아주 아름다웠고 두 형제는 모두 이 아가씨에게 반하게 되었다. 세월이 흘러 이 아가씨는 두 형제 가운데 나이가 많은 청년과 결혼하기로 마음을 먹었으나, 쌍둥이처럼 닮은 형제 가운데 누가 형이고 누가 동생인지 분간할 수가 없었다. 그래서 생각해낸 방안이 죽 한 그릇과 젓가락 한 짝을 두 형제에게 주고는 관찰해보기로 하였다. 밥 먹는 것을 지켜보다가 누가 먼저 젓가락을 상대방에게 건네주는가를 알아보기로 한 것이다. 젓가락을 양보하여 상대방에게 건네주는 쪽이 동생일 것이라고 생각하였기 때문이다. 떤이 형인 것을 알아내었다. 아가씨는 부모에게 승낙을 받아 젓가락을 건네받은 떤과 결혼하고 시동생이 된 랑과 함께 한 집에서 같이 살게 되었다. 한편, 어느 날 들에서 일을 일찍 마치고 저녁나절 어둑어둑한 집에 들어온 시동생 랑을 보고 형수는 자기의 남편인 떤으로 착각하여 랑을 껴안고 말았다. 그때 마침 집에 돌아온 떤이 이를 목격하게 되었고, 형수의 실수였지만 형수와의 불륜으로 오해를 받은 동생은 형과 불편한 관계를 지속할 수 없어 집을 떠나지 않을 수 없었다. 집을 떠난 동생은 이곳저곳을 방황하다가 어느 강가에 다다르게 되었는데, 배도 고프고 몸도 지치고, 또한 의지하며 함께 살던 형과 헤어져 집을 떠나게 된 마음의 충격으로 땅에 쓰러져 그 자리에서 죽고 말았다. 죽은 랑은 커다란 바위로 변하였다. 한편, 동생 랑이 떠나자 떤은 동생을 떠나게 한 자신을 후회하면서 동생을 잊지 못해 랑을 찾으러 집을 나섰다. 부인을 집에 남겨놓고 동생을 찾아 이리저리 방황하다가 우연히 강가에 있는 이 바위에 이르렀고, 바위를 발견한 순간 좀 더 먼 곳을 바라보면서 동생을 찾아보기 위하여 바위 위로 올라갔다. 동생의 화신인 이 바위는 따뜻하게 형을 맞이하였고, 피곤에 지친 형은 결국 이 바위에서 쉬다가 바위를 껴안고 죽으니 바위 옆에 커다란 까우나무로 변하였다. 한편, 집에 홀로 남은 부인은 오랫동안 남편이 돌아오지 않자 기다리다 지쳐서 직접 남편을 찾아보기로 하였다. 기약도 없이 이곳저곳을 돌아다니며 남편을 찾아 헤매던 어느 날 저녁, 무서운 짐승을 피해 다다른 곳이 우연하게도 이 커다란 까우나무가 서 있는 바위 옆이었다. 배고픔과 피곤에 지친 부인은 커다란 까우나무에 기대어 쉬다가 그 자리에서 숨을 거두었다. 떤의 부인은 죽어서 쩌우라는 식물로 변하였다. 쩌우의 덩굴은 까우나무를 타고 올라가면서 사는 식물이다. 이 사실을 알게 된 마을 사람들은 그곳에 사당을 짓고 제사를 지냈고, 그곳을 지날 때면 분향하고 예를 갖추어 형제간의 우애와 부부의 절의를 널리 기렸다. 극심한 가뭄이 든 어느 해 홍 비엡 왕이 순행하다가 이곳에 들르니 사당 앞의 나무는 잎도 무성하고 나무를 타고 올라가는 덩굴 잎도 무성하였다. 홍 비엡 왕은 나무 옆의 바위에 올라 쉬기도 하고 이리저리 살펴보기도 하다가 사당에 깃든 사연을 듣고는 한참 동안 탄식하였다. 신하를 시켜 덩굴 잎을 따오게 하여 씹다가 바위에 뱉으니 그 빛이 선홍색이었다. 맛도 좋았다. 그래서 사람들에게 돌을 불에 구워 재를 만들고 재와 나무 열매를 덩굴 잎에 싸서 먹어보도록 하였다. 가뭄이 든 그해에 세상의 온갖 초목들은 다 말라 죽었지만, 이상하게도 이 까우나무와 쩌우덩굴만은 싱싱하게 살아 있었기에 가뭄으로 굶주린 사람들은 쩌우 잎과 까우나무 열매 그리고 가뭄으로 불볕에 탄 바위 가루를 섞어서 먹고 허기를 잊고자 하였다. 쩌우까우를 먹으면 신기하게도 상쾌한 맛을 내면서 빨간색의 즙으로 변하였다. 그래서 쩌우까우가 형제간의 우애와 변함없는 부부애의 상징으로 되었으며, 베트남의 설날 때 가장 보편적인 선물이자, 결혼에 빼놓을 수 없는 예물이 된 것이다. 요즈음에도 베트남의 산악 지방이나 시골을 여행하다보면 이빨이 까맣게 변한 할머니들을 볼 수 있는 데, 이는 쩌우까우를 오랫동안 먹었기 때문이다.

건국 설화

중국 신화에 나오는 신농씨의 3대 후손인 데민이 데 응이를 낳은 후 남방 지역을 순행하다가 오령(남령산맥)에 이르렀다. 이곳에서 부 띠엔이라는 여인과 결혼하여 록뚝을 낳았는데, 록뚝은 잘생기고 총명하였다. 데민이 기특하게 여겨 제위를 물려주려고 하였으나 록뚝은 사양하며 형에게 제위를 양보하였다. 이에 데민은 장남인 데 응이로 하여금 제위를 잇게 하고 북쪽 땅을 다스리게 했다. 차남인 록뚝은 낀 즈엉 왕에 봉해 남방을 다스리게 하였는데, 나라 이름을 씩 꾸이국이라 했다. 낀 즈엉 왕은 능히 수부에 출입할 수 있어 용왕 동딘꿘의 딸 턴롱을 아내로 맞이하여 쑹람을 낳았으니 이가 바로 락롱꿘이다. 낀 즈엉 브엉은 락롱꿘에게 자기 대신 나라를 다스리게 하였다. 락롱꿘 치세에 씩 꾸이 국은 번성기를 맞이하였다. 락롱꿘은 백성들에게 밭을 갈아 씨 뿌리고 농사짓고 누에 치는 법을 가르쳤다. 그리고 처음으로 사회계층간에 차등을 두게 했으며, 부부와 자식 사이의 인륜을 마련했다. 그러고는 바다로 돌아갔다.

데 응이는 아들 데 라이에게 제위를 물려주었다. 데 라이는 남쪽의 씩 꾸이국을 침략하였다. 이에 남방의 백성들은 데 라이의 침략으로 고통을 받게 되자 큰 소리로 락롱꿘을 부르며 돌아와줄 것을 요청하였다. 백성들의 요청으로 다시 돌아온 락롱꿘은 데 라이가 천하를 살피러 나가 자리를 비운 사이에 데 라이의 사랑하는 딸 어우 꺼를 데리고 딴 비엔 산으로 갔다.

데 라이가 돌아와 사랑하는 딸 어우 꺼가 보이지 않자 신하들에게 명령하여 어우 꺼를 찾아오도록 하였다. 락롱꿘은 변신술을 부려 요정이 되기도 하고, 귀신으로 변하기도 하였다. 어우 꺼를 찾던 이들은 두렵고 겁이 나 감히 어우 꺼를 더 찾아다닐 수가 없었다. 실의에 찬 데 라이는 그만 북방으로 돌아가고 말았다.

락롱꿘과 어우 꺼가 함께 산 지 1년 만에 어우 꺼는 태반 하나를 낳았는데, 7일이 지나자 태반이 열리며 백 개의 알이 나왔다. 그리고 알에서 100명의 아들이 태어났다. 그들은 젖을 먹지 않아도 잘 자랐다. 얼굴이 잘생기고 총명하고 용맹스러웠다.

바다로 돌아간 락롱꿘은 자식이 생긴 줄도 모르고 있었고, 락롱꿘이 돌아오지 않자 어우 꺼와 100명의 아들들은 북쪽 나라로 돌아가려고 했다. 북쪽 나라에는 이미 아버지 데 라이는 오래전에 제위를 물려주었고, 제위를 물려받은 황제는 변란으로 나라가 망하고 없었다. 국경에 이르자 나라를 빼앗은 황제가 이 사실을 전해 듣고는 군사로 하여금 이들의 진입을 막았다. 그래서 어우 꺼는 아들들을 데리고 다시 돌아와 락롱꿘을 불렀다. 그리고 100명의 아들을 낳은 것을 알렸다.

락롱꿘은 "나는 용의 자식으로 바다의 우두머리이고 당신은 지상의 사람이니, 물과 불은 서로 상극이라 우리가 함께 살기는 어렵겠소"라고 하였다. 그리하여 100명의 아들을 50명씩 둘로 나누어 한 무리는 락롱꿘을 따라 바다로 들어가고, 나머지 50명은 어우 꺼와 지상에 남았다. 지상에 남은 아들 가운데 가장 용맹하고 강한 자를 왕으로 추대하고 훙 왕이라 칭하였다. 그리고 나라 이름을 반랑이라 하였다. 이 반랑국이 베트남 최초의 부족국가이다.

베트남 사람들은 락롱꿘과 어우 꺼를 시조라고 여기고 있으며 자신들을 용의 후손으로 생각하고 용을 숭상한다.

꾸오이 아저씨

아주 옛날 꾸오이라고 하는 나무꾼이 살고 있었다. 어느 날 꾸오이는 평상시와 같이 도끼를 메고 나무가 꽉 들어차 있는 깊은 산으로 나무를 하러 갔다. 꾸오이가 물이 흐르는 작은 계곡에 이르렀을 때 호랑이 굴을 발견하고는 소스라치게 놀랐다. 가만히 앞뒤를 둘러보니 호랑이 새끼 두 마리만 장난치며 놀고 있는 것이었다. 꾸오이는 즉시 이 두 마리의 호랑이 새끼를 잡아다 집에서 기르려고 품에 안았다. 바로 그때 "어흐흥, 어으흥" 하는 어미 호랑이의 울음소리가 멀리서부터 들려오는 것이었다. 먹이를 찾으러 나갔던 어미 호랑이가 돌아오고 있었던 것이다. 기겁을 한 꾸오이는 호랑이 새끼를 휙 내던지고는 옆에 서 있는 높은 나무 위로 황급히 올라가지 않을 수 없었다. 나무 위에 올라가 밑을 내려다보니 어미 호랑이는 두 마리의 새끼 호랑이 옆에서 어쩔 줄을 모르고 있었다. 호랑이 울음소리에 놀라서 내동댕이친 두 마리의 호랑이 새끼가 죽어버린 것이었다.

죽은 새끼 호랑이 옆에서 안절부절못하던 어미 호랑이는 잠시 후 꾸오이가 숨어 있는 나무 가까이 서 있는 한 나무로 어슬렁어슬렁 다가가서는 나뭇잎을 따서 입에 물고 새끼에게로 돌아가더니 나뭇잎을 씹어서 새끼들의 주둥이에 억지로 밀어 넣는 것이었다. 채 한 입을 먹이기도 전에 두 새끼 호랑이가 벌떡 일어나더니 어미를 향해 반가워하며 꼬리를 흔들어대는 것이었다. 꾸오이는 한 번 더 놀라지 않을 수 없었다. 호랑이가 새끼들을 데리고 다른 곳으로 갈 때까지 기다리던 꾸오이는 호랑이가 멀리 사라지자 마침내 나무에서 내려와 그 신기한 나무를 뿌리째 캐어 등에 지고 집으로 돌아갔다.

　집으로 돌아오는 길에 꾸오이는 풀 위에 한 거지 노인이 죽어 있는 것을 발견하였다. 즉시 메고 오던 나무를 내려놓고는 주저 없이 나뭇잎을 몇 개 따서 입으로 씹어서는 그 노인의 입에 넣어주었다. 아니! 이게 어찌된 일인가? 입에 넣자마자 노인이 눈을 뜨더니 일어나 앉는 것이었다. 참으로 신기한 나무였다. 노인은 어찌된 일인지 사연을 물었다. 꾸오이는 자초지종을 설명해주었다. 이 말을 들은 노인은 "저런 신기한 일이 있나! 이것이 바로 기사회생시키는 신성한 나무요! 하늘이 당신에게 천하의 어려운 사람들을 살리라고 내린 값진 선물이오. 이 나무는 잘 돌봐줘야 하는데, 물을 주되 깨끗한 물만 주어야 하고 만약에 더러운 물을 주면 나무가 저 하늘로 날아갈 것이오." 하는 것이었다.

　말을 마치자마자 노인은 지팡이를 집어 들고 어디론지 사라져버렸다. 꾸오이는 '참 신기한 일이다' 라고 생각하면서 나무를 등에 지고 집으로 돌아왔다. 그리고는 나무를 마당 한가운데에 잘 심어놓았다. 그 노인이 한 말을 늘 잊지 않고 언제고 깨끗한 샘물만 퍼서 나무에 주었고 부인에게도 절대로 지저분한 물을 주어서는 안 된다고 신신당부하였다.

　이 신기한 효험이 있는 나무가 생긴 날로부터 꾸오이는 주변에 있는 많은 죽어가는 사람들의 생명을 살려주었고, 꾸오이네 집에 이러한 신비한 나무가 있다는 소문은 방방곡곡으로 퍼져나갔다. 꾸오이가 나무를 하러 산에 가서 아직 돌아오지 않은 어느 날 오후였다. 꾸오이의 부인은 마당으로 나가서 남편의 신신당부를 까맣게 잊은 채 구정물을 이 신비한 나무에 주고 말았다. 아뿔싸! 갑자기 땅이 진동을 하고 일진광풍이 불면서 '우드득' 소리를 내며 세차게 뿌리가 뽑히더니 나무가 서서히 하늘로 날아 올라가는 것이었다.

　그때 마침 나무를 해서 집에 돌아오던 꾸오이는 이 놀라운 광경을 목격하게 되었다. 황급히 나뭇짐을 벗어던지고 집으로 뛰어 들어와 하늘로 날아오르는 나무를 잡으려 안간힘을 썼다. 나무는 그때 이미 사람의 머리 높이만큼 날아오른지라 다급해진 꾸오이는 도끼로 나무둥치를 찍어 잡아당기려 하였으나 나무는 내려오기는커녕 계속해서 하늘로 날아오르는 것이었다. 나무를 놓치기 싫지 않았던 꾸오이는 도끼 자루에 매달려 나무와 함께 달나라에까지 날아가버리고 말았다.

그 뒤부터 꾸오이는 이 신비한 나무와 함께 달나라에 살게 되었던 것이다. 그래서 달을 쳐다보면 고목나무 뿌리에 사람 하나가 쭈그리고 앉아 있는 검은 형상을 뚜렷이 볼 수 있는 것이다. "계수나무 한 나무 토끼 한 마리"가 아니라 "계수나무 한 나무 불쌍한 꾸오이 아저씨"가 달에 살고 있는 것이다.

【 스리랑카 】

아들을 위해
무릎을 꿇은 사자

송위지 을지대학교 장례지도학과 교수

설화 혹은 신화를 잊은(잃은) 사회

몇 년 전 우리 사회의 지도자급에 속한다는 분들과 스리랑카를 다녀올 기회가 있었다. 사실 당시로서는 가야 하는 정확한 이유조차 모른 채 그저 그분들이 내가 속해 있는 집단의 소유자(?)쯤 되는 분들이었기에 따라 가는 형국이었다. 일행은 나를 포함하여 다섯이었다. 스리랑카에서 그분들의 일을 보고 콜롬보 시내의 유적을 가기로 했다. 나는 교통 상황 등을 고려하여 콜롬보 인근에 있는 불교 사원인 켈레니야에 갔다. 켈레니야는 석가모니 부처님이 재세 시에 직접 다녀간 절 가운데 하나로 스리랑카에서는 아주 유서 깊은 절이다. 스리랑카에서는 절에 들어가려면 신발을 벗어야 한다. 그런데 신을 신고 들어가려는 우리 일행의 수장에게 사원을 청소하는 이가 신을 벗을 것을 요구하자 그는 화를 내며 안 들어가면 그만이지 신을 벗을 수는 없다고 하여 결국 일행 모두가 세계문화유산 가운데 하나를 참배하고 감상할 기회를 놓치고 말았다. 참으로 안타까웠다.

이후 이 일은 자주 나의 마음을 무겁게 했다. 왜 그는 신을 벗고 들어가는 것을 거절해서 다른 일행이 유서 깊은 곳을 감상할 기회를 박탈해 호텔에서 빈둥거리도록 했을까? 이에 대해 나는 그가 지니고 있는 종교적 심성으로 인한 폐쇄적인 마음도 이야기할 수 있지만 그것보다도 그가 인간이면 지니고 있어야 할 인간 심연의 그 무엇이 없기 때문이라는 결론에 이르게 되었다.

그런데 이것이 한 개인을 모독하는 내용이 될 수 있음에도 불구하고 이렇게 글로 옮기는 이유는 무엇인가? 그것은 희망의 구멍이 막힌 이의 서글픔 때문일 것이다. 오랫동안 내전을 겪고 굶주림에 시달리면서도 웃는 삶을 살아가는 이들을 보면 그들의 심연에 있는 신화적 요소가 그들에게 희망을 주고 있다는 것을 알게 된다. 그러므로 그들에게는 괄목할 만한 경제적인 성과나 막강한 힘이 주어지는 그런 삶보다는 비록 고통 속이기는 하나 그저 맘대로 사유하고 자유롭게 생각하며 스스로의 상상의 나래를 가슴에 안고 살아가는 삶이 더욱 값어치가 있다. 바꾸어 말하면 아무리 큰 힘과 많은 재산을 가지고 있다 하더라도 신화 혹은 설화를 잊은 집단은 단순 기능성 집단이다. 그런 집단은 앞서 예를 들었던 이들처럼 가슴이 닫혀 있으며 오직 자신의 삶만을 위한 행동으로 일관하는 경우가 많다.

현대 물질문명의 발달로 인하여 엄청난 빈부의 격차가 생기는 와중에서 가진 것이 적으면서도 혼연히 살아가는 이가 더 많을 수 있는 이유는 바로 이런 것을 극복하고 인간의 삶, 생명체의 삶을 가능하게 해주는 신화적 강점이 있기 때문이다. 바꾸어 말하면 신화는 인간에게 이해와 용서, 포용과 가능성 그리고 가능성으로 가는 방향을 알려주는 것이다. 때문에 인간은 신화 속에서 미래를 찾으려 꾸준히 시도한다. 다시 말해서 인간은 평소에는 이성적이고 과학에 바탕을 둔 삶을 영위하려 하는 것 같지만 그런 삶 속에서도 항상 이상을 추구하려고 하고 또 어떤 경우에는 그것을 공상으로 발전시키기도 하는데 이런 일을 가능하게 하는 밑바탕에는 설화가 있다. 그래서 시인 김지하는 민족이나 집단이 어려움을 겪을 때 설화를 통해 그 극복 방향을 찾아내도록 해야 하며 윤명철은 그의 저서 『역사는 진보하는가』에서 설화 역시 역사성을 지니고 있는 것이라고 주장하였는지도 모른다.

스리랑카의 개국 설화

스리랑카는 인도의 동남부 인도양에 있는 남한의

2/3 정도의 크기로 인구 2천만 명 정도의 섬나라이다. 역사적으로 한반도와 아주 오래전부터 교류를 하였다는 자료들이 제시되고 있음에도 불구하고 제도권의 사학자들은 애써 이를 무시하고 있다. 이런 상황이 진행되어온 배경에는 우리가 가지고 있는 무지와 어줍은 오만함 때문일 것이다. 우리 주변에는 전통적으로 강자에게는 약하고 약자에게는 강한 동물적 본성을 지닌 이들이 많았다. 때문에 우리의 역사를 이야기함에 있어서도 스리랑카는 물론 인도, 아랍, 동남아시아 등과의 역사적인 교류에 대해 애써 외면했으며 이런 일들이 전문가가 아닌 일반 백성들에게도 이들 지역에 대해 깔보는 듯한 느낌을 가지게 해왔다. 하지만 스리랑카는 우리가 관념적으로 가지고 있던 그 무엇과는 달리 문화적 풍부를 지닌 지역이다. 스리랑카가 인류 문화의 발생지인 인도와 가까이 있고 또한 섬이기 때문에 이집트, 아라비아와 인도 그리고 중국을 연결하는 해로의 중심에 자리하고 있어서 다양한 문화를 자신의 문화로 만들어 재생산하여 새로운 윤리를 제시해주는 작업을 꾸준히 해온 지역이다. 이런 내용을 소개하면서 이 글에서는 스리랑카와 한반도 두 지역에서 아주 유사한 면이 많은 설화를 중심으로 소개하고자 한다. 설화에 대한 사전적 정의는 "각 민족 사이에 전승되어오는 신화, 전설, 민담 따위를 통틀어 이르는 말"이다. 이 글에서는 설화가 총체적인 것이든 신화가 부분적인 것이든 관계없이 혼용하기로 하며 그 뜻에 있어서도 가장 넓은 범위의 것으로 이해해주기 바란다.

스리랑카의 개국 설화에는 두 가지가 있는데 하나는 다음과 같다.

인도양 가운데 있는 섬에 커다란 철로 된 성이 있었는데, 대철성 혹은 보주라 불렸다. 오늘날의 스리랑카인 그 성에는 5백의 나찰녀들이 살고 있었다. 나찰은 사람을 잡아먹는 귀신을 뜻하며 식인귀食人鬼라고도 하는 무시무시한 악귀 중의 하나이다. 그 나찰녀들이 대철성 한쪽에 성루를 지어 그 꼭대기에 두 개의 커다란 깃발을 걸어놓고는 그 깃발로 좋은 일과 나쁜 일을 표시하며 지냈는데 사실 그 깃발은 바다를 지나는 사람들을 유인하기 위한 것이었다. 나찰녀들은 바다를 통해 장사를 하는 상인들이나 고기를 잡던 어부들이 멀리서 그 깃발을 보고 섬으로 들어오면 아주 친절히 안내하였다. 하지만 그들의 환대에 상인들이나 어부들이 안

심하면 상인이나 어부들을 쇠감옥에 집어넣고는 하나하나 꺼내 잡아먹었다. 왜냐하면 나찰녀들이 주로 먹는 식량이 사람의 피와 고기였기 때문이다. 당시 오늘날의 인도에 해당하는 섬부주에는 '사자 lion'라는 뜻의 싱가라는 장사꾼이 살고 있었다. 싱가에게는 승가라는 아들이 있었다. 승가라는 아버지가 하던 일을 이어받아 열심히 상업에 종사하며 배를 타고 무역을 하기도 하고 보석을 채취해서 내다 팔기도 하였다.

어느 날 승가라는 보석을 채취하기 위해 바다에 나갔다가 풍랑을 만나 파도에 밀려 한참을 표류하다가 우연히 어떤 섬에 닿았다. 그런데 그 섬이 바로 나찰녀들이 사는 커다란 철로 된 성이 있는 보주였던 것이다. 아무것도 모르는 승가라와 배에 탔던 사람들은 나찰녀들이 변장한 여인들의 환영을 받고는 즐거운 마음으로 그 섬에 머물렀다. 그후 승가라와 선원들은 나찰녀들과 짝을 지어 매일매일 환락의 생활을 하며 지냈다. 어느덧 세월이 흘러 그들 중 일부는 아이를 낳기도 하였다. 그러던 어느 날 악몽을 꾼 승가라는 퍼뜩 잠에서 깨어 정신을 차리고는 그동안 지냈던 여인들과의 생활을 끝내고 고향으로 돌아가야겠다고 결심하였다. 승가라가 집으로 돌아갈 길을 찾아 여기저기를 돌아보던 중 성의 한쪽에 몰래 설치되어 있는 쇠감옥을 발견하였다. 그 쇠감옥 안에는 많은 사람들이 갇혀서 살려달라고 울부짖고 있었다. 승가라는 그 사람들에게 왜 쇠감옥에 갇혀서 그렇게 울부짖느냐고 물었다. 그들은 자신들도 바다에서 장사를 하던 사람들이었는데 이 섬이 나찰녀의 섬인 줄 모르고 장사를 하기 위해 그 섬으로 들어왔다가 나찰녀들의 꾐에 빠져 그들과 함께 지내다가 이렇게 쇠감옥에 갇혀서 한 명씩 한 명씩 나찰녀들의 먹이로 죽어가고 있다며 그동안의 내용을 모두 이야기해주었다. 자신들과 지내던 그 여인들이 인간이 아닌 나찰녀이고 그들의 흉악함과 그동안 속아서 지내온 것을 알게 된 승가라는 어떻게 하면 재난을 피할 수 있는지 물었다. 그러자 감옥에 갇혀 있던 상인 한 사람이 해안에 하늘을 나는 천마가 한 마리 있는데 그 천마를 향해 모두가 한마음으로 기원하면 그 섬을 빠져나갈 수 있는 방법을 알 수 있다고 말하였다. 이 말을 들은 승가라는 비밀리에 상인들을 모아 그간 속아 지낸 것을 이야기하고는 모든 상인들과 함께 해안에 있는 천마를 향해 한마음으로 기원하였다. 그러자 어디선가 천마가 달려와 말하였다. "너희들이 내 꼬리를 꼭 잡고 뒤를 돌아보지 말라. 그러면 바다를 건너 당신들의 고향인 섬부주에 한 사람도 빠짐없이 데려다주겠다." 이 말을 들은 상인들이 하나도 빠짐없이 천마의 꼬리를 잡고 하늘을 날아 나찰녀들이 있는 섬에서 도망쳐 자신들의 고향인 섬부주로 되돌아왔다.

　나찰녀들은 상인들이 모두 도망친 것을 알고는 바다를 건너 상인들을 뒤쫓아가서 상인들에게 하나하나 만나 울면서 그 섬으로 돌아갈 것을 호소하였다. 나찰녀들과 섬에서 쾌락의 날을 보냈던 상인들은 지난날을 잊지 못하기도 하고 또한 나찰녀들의 술수에 다시 빠져 그만 나찰녀들을 쫓아 그 섬으로 되돌아갔지만 승가라는 나찰녀들의 사악함을 알고 있었기 때문에 돌아가지 않았다. 한편 승가라와 짝을 이루어 지냈던 나찰녀는 나찰녀들의 왕이었는데 자신의 짝인 승가라로부터 버림받았기 때문에 나찰녀들로부터도 버림받아 섬으로 돌아갈 수 없게 되자 나찰녀의 왕은 승가라에게 복수하기로 마음을 먹었다. 그 나찰녀는 섬으로 가서 자기 자식들을 데리고 승가라를 찾아가 승가라에게 '당신의 아이들을 데려왔다'며 유혹하였다. 그러나 승가라는 단호하게 거절하였다. 승가라를 유혹하려다 거절당한 나찰녀의 왕은 이번에는 승가라의 아버지인 싱가를 찾아갔다. 그리고 자기는 승가라의 아내이고 자기가 데리고 온 아이들은 승가라의 자식들이라고 주장했다. 이 이야기를 들은 싱가가 그들을 자신의 집에서 살게 하였으나 그들이 싱가의 집에서 사는 것도 오래가지 못했다. 승가라가 집으로 돌아와 아버지에게 그간의 사정을 이야기하자 다시 쫓겨나게 되었기 때문이다. 그러자 나찰녀는 이제는 국왕을 찾아가 거짓으로 그동안의 사정을 이야기하며 자신을 보살펴달라고 호소하였다. 나찰녀의 외모와 아주 능란한 말솜씨에 반한 왕은 그만 승가라를 벌주려 하였다. 이에 승가라는 왕을 만나 그동안의 사정을 자세히 이야기하였지만 나찰녀에게 반한 왕은 승가라의 말을 믿지 않았을 뿐만 아니라 오히려 나찰녀의 왕을 자신의 후궁으로 삼았다. 후궁이 된 나찰녀의 왕은 어느 날 밤 자신이 머물렀던 섬으로 몰래 돌아가 그 섬에 남아 있던 5백 나찰녀들 모두를 데리고 섬부주의 왕궁으로 돌아왔다. 그러고는 궁에 있던 사람들을 모조리 잡아먹었다. 다음 날 왕궁에 있던 사람들이 모두 나찰녀들에게 잡아먹힌 사실을 안 신하들이 승가라를 새로운 왕으로 옹립하였다. 왕이 된 승가라는 과거 자신이 갇혀 있었던 나찰국으로 군사를 이끌고 배를 타고 가 그곳의 나찰녀들을 모두 무찌르고 거기에 갇혀 있던 사람들을 구출했다. 승리를 거둔 승가라는 그곳이 너무 아름다워 자기 고향인 섬부주로 돌아가기를 포기하고 그곳에 나라를 세우고 그 나라를 스리랑카라고 불렀다. 이때부터 스리랑카의 사람들은 자신들을 승가라 또는 싱갈라 등으로 불렀다. 이것이 지금 스리랑카인을 부르는 싱할라Sinhala로 변했고, 이 때문에 싱할라들은 스스로를 사자의 후예라고 믿게 되었다.

이 개국 설화는 스리랑카 혹은 남아시아 나름대로의 특이성은 있으나 한반도의 이야기와는 공통점을 찾기가 쉽지 않다. 하지만 스리랑카의 다른 개국 설화는 한반도의 이야기와 매우 유사해서 놀라지 않을 수 없다. 그 개국 설화는 다음과 같다.

스리랑카 개국의 시조를 정복자라는 뜻을 지닌 위자야Vijaya라고 하는데 스리랑카의 시조를 그렇게 부르는 이유는 다음과 같다.

옛날 남인도에 방가국이라고 하는 나라가 있었는데 그 나라의 국왕은 이웃 나라 동인도의 칼링가국 출신의 여인과 결혼하였다. 그들은 결혼을 한 후 공주를 두고 있었는데, 그 공주는 항상 나라 안팎을 여행하기를 좋아하였다. 어느 날 공주는 상인들의 뒤를 쫓아 이웃 마가다국으로 여행을 떠났다. 상인들과 공주가 길을 가는 도중 라라국에 이르렀을 때였다. 사자들이 그들 일행을 공격하였다. 많은 상인들을 죽이고 공주를 사로잡은 사자는 공주를 잘 보살펴주기 위해 맛있는 열매들과 사슴 고기 등을 가져다주었다. 나중에 사자와 공주는 결혼을 하였다. 이제 공주도 자신의 나라로 돌아갈 것을 단념하고는 사자와 살았다. 얼마 후 사자와 공주 사이에 일남 일녀의 쌍둥이가 태어났다. 쌍둥이 중 아들은 싱하바후라 하고 딸은 싱하시바리라고 하였다. 싱하바후는 겉의 모습은 일반 사람과 같으나 성질은 짐승과 같아 무척 난폭하였다. 그 아이들은 무럭무럭 자라 어느덧 나이가 스물이 되었다. 특히 싱하바후는 힘이 강하여 맨손으로도 맹수들을 때려잡을 수 있게 되었다. 하루는 싱하바후가 자신들이 어떻게 해서 태어났는지에 관해 궁금해하면서 "왜 저희들의 아버지는 사자이고 어머니는 사람이십니까? 어머니와 아버지는 같은 종류의 생명체가 아닌데 어떻게 결혼하여 사실 수 있었습니까"라고 물었다. 그러자 어머니는 할 수 없이 과거에 있었던 일을 소상히 이야기해주었다. 어머니로부터 자신들의 출생의 내용을 다 들은 싱하바후는 "어머니, 인간과 사자는 겉모양도 다르고 사는 길도 다릅니다. 그러니 우리 이곳에서 살지 말고 도망가 사람들이 사는 마을로 내려가서 삽시다" 하고는 사자가 사냥을 나간 사이 몰래 어머니와 누이동생을 데리고 사람들이 사는 마을로 내려왔다. 마을로 내려온 어머니는 싱하바후와 싱하시바리에게 "너희들은 지금까지 알고 있는 너희들의 출생에 관한 비밀을 어느 누구에게도 말해선 안 된다. 아마 사람들이 너희들의 출생의 비밀을 알게 되면 너희들은 그들로부터 무시당하고 그들은 또 너희들을 죽이려들지도 모른다" 하고 단단히 주의를 주었다. 한편 자신의 아내와 자식들이 도망친 것을 알게 된 사자는 자식들을 그리워하며 지내다가 아내와 자식을 잊지 못하고 마을로 내려와서는 사람과 동물들을 마구 해쳤다. 사자의 횡포가 심해지자 마을 사람들은 혼자 다니면 사자로부터 화를 당하기 때문에 많은 사람이 모여 무리를 지어 북을 치거나 피리를 불며 무기를 갖고 다녀야 화를 면할 수 있게 되었다. 이에 왕은 자신의 덕이 부족하여 나라에 이렇게 상서롭지 못한 일이 생겼다고 생각하고는 사자를 직접 사로잡기 위해 병사를 동원하여 사자가 있을 만한 숲으로 갔다. 하지만 사자가 워낙 용감하기 때문에 사자를 사로잡을 수 없었다. 오히려 병사들도 사자가 가까이 오면 무서워 도망치기에 바빴다. 이에 국왕은 사자를 잡는 사람에게 후한 상을 주겠다고 포고하였다.

한편 도망을 쳤던 사자의 아들 싱하바후도 왕의 포고를 들었다. 그는 어머니가 말리는데도 불구하고 자신의 아버지인 그 사자를 죽이러 갔다. 싱하바후는 자신이 사자를 잡겠노라고 왕에게 이야기하고는 사자가 있는 곳으로 갔다. 멀리서 싱하바후가 자기를 죽이기 위해 가까이 오는 것을 본 사자는 아무런 저항도 하지 않고 아들 앞에 순순히 무릎을 꿇었다. 사자가 순순히 무릎을 꿇어주자 싱하바후는 사자를 칼로 찔러 죽였다. 왕은 그 사자의 아들이 가진 불가사의한 힘에 놀라서 그 젊은이에게 사연을 물었다. 하지만 그 젊은이는 처음에는 아무런 이야기도 하지 않다가 왕이 싱하바후를 감옥에 보내겠다고 협박하자 내용을 모두 이야기하지 않을 수 없었다. 싱하바후의 이야기를 다 들은 왕은 "자식이 아버지를 살해한다는 것은 인간은 물론 동물의 도리에도 어긋나는 것이다. 아버지를 살해하는 자가 부모와 자식 간이 아닐 때는 얼마나 더 포악해지겠는가? 무릇 모든 인간들은 짐승 같은 심성을 달래기 어려워 쉽게 포악해질 수 있다. 모든 사람들에게 인륜의 무서움을 깨닫게 해주기 위해서라도 너를 벌해야 마땅하다. 하지만 네가 나서서 나라의 어려운 일을 해결하였으므로 내 너에 대한 벌과 상을 상쇄하여 목숨만은 살려주마. 그러나 너를 배에 실어 멀리 다른 나라로 추방할 것이다"라고 말하며 어머니만 그 나라에 머물게 하고는 두 척의 배에 충분한 양식을 싣고 남매를 각각 다른 배에 태워 바다로 띄어 보냈다. 그들이 탄 배는 물결이 치는 대로 흘러 싱하바후가 탄 배는 표류하다가 어느 섬에 도착하였다. 도착해보니 그 섬에서는 아주 귀한 보석들이 많이 났다. 그래서 싱하바후는 그 섬에 머무르기로 작정하고는 그전부터 그 섬을 지배하던 야차들과 싸움을 하여 모두 물리쳤다. 그 싸움에서 이긴 싱하바후는 그 섬을 완전히 정복하여 스스로 왕이 되었다. 싱하바후가 그 나라를 다스리자 보석을 찾아 그 섬으로 오는 사람들이 늘어났다. 이 섬이 바로 오늘날의 스리랑카이다. 사람들은 그 이후에 사자와 같이 용감한 자의 후예가 사는 곳이라 하여 그곳을 집사자국執獅子國이라 불렀고 싱하바후가 야차를 물리치고 나라를 세웠기 때문에 그를 정복자라고 부른다. 한편 다른 배를 타고 같이 떠났던 동생 싱하시바리는 서쪽으로 흘러가서 페르시아에 닿아 그곳을 지배하는 신과 결혼하여 살았다고 한다.

첫 번째 설화에 대한 이야기는 차치하기로 하고 두 번째로 소개된 스리랑카의 개국 설화에서 우리는 어디선가 많이 들었던 이야기를 느낄 수 있다. 그것이 바로 『삼국유사』 감통편에 소개되고 있는 호원虎願의 이야기이다. 이 이야기는 경주의 흥륜사의 사원 건립과 관련된 이야기로 전해져오고 있는데 나오는 동물이 호랑이와 사자인 것은 다르나 그 동물이 일부러 무릎을 꿇어주는 등의 내용에서는 매우 비슷하다.

스리랑카인들의 주장을 그대로 따라 스리랑카의 개국을 기원전 543년으로 한다면 이 이야기는 2,500년 전의 이야기이고 『삼국유사』에 소개되었다는 것을 본다면 적어도 700~800년 이전부터 이런 이야기가 서로 오갈 수 있었음을 의미하는 것이다. 이렇듯 설화는 다양한 상상력을 주는 창조성에 더해 아무리 먼 거리라도 서로 찾아가 내용을 주고받는 교류성을 동시에 지니고 있는 것이다.

설화가 주는 교훈

이런 설화들을 통해서 확인할 수 있는 것은 설화가 지니는 상상의 내용이 우리의 현재 기본적인 생각, 즉 과거에는 교통, 통신 시설이 제대로 갖춰지지 않아 교류도 활발하지 않았으며 그로 인해 교류 역시 활발하지 못했을 것이라는 생각이 잘못되었다는 것이다. 이 확인은 신을 벗기 싫어 절에 들어가기를 거절했던 이의 오만함을 조용히 꾸짖는 것이며 나아가 우리에게 사고의 겸손함과 유연함을 요구하며 선입관에 사로잡힌 사고를 극복할 수 있는 단초를 제공해준다. 인간은 궁극적으로 평화를 지향한다. 그동안 인류 역사에서 보인 많은 전쟁은 발생 원인이 무엇이었던 간에 평화를 원하는 인간의 순수성을 거스르고 발생한 일들이다. 만일 인간이 궁극적으로 싸움을 원했다면 설화에 나타난 평화우호사상의 확립은 불가능하고 항상 약육강식의 논리에 함몰되어 있었을 것이다. 하지만 사회는 약육강식 패러다임이 지배하는 듯이 보이나 그 속에서도 바른 삶을 지향하는 의지가 있다. 이런 의지가 설화에 바탕을 두고 있음은 두말할 나위가 없다. 여기서 인류의 희망을 발견할 수 있다. 그래서 설화를 통해서 인간은 힘듦을 잊으려 하는 것인지도 모른다.

_〈설화〉 흰 거북이

옛날 숲 속에 언니와 동생이 사이좋게 살고 있었다. 어느 날 자매는 자신들의 신랑을 구해야 하겠다고 작정을 하고는 하루는 집을 떠나 마을로 갔다. 마을로 가던 길에 그들은 두 마리의 소를 만났다. 소들이 다가와 "어디들 가십니까" 하고 물었다. "우리를 입혀주고 먹여줄 사람을 찾으러 마을로 가는 길이야" 하고 언니가 말했다. 그러자 소 한 마리가 "저희들은 어떠신지요? 저희들도 입혀드리고 먹여드릴 수 있어요. 저희들은 힘도 세고요" 하고 말했다. "너희는 뭘 먹고 사는데" 하고 자매들이 소에게 물었다. "우리들은 숲 속에서 나는 풀들을 먹고 살아요. 숲 속에는 풀들이 무척 많이 있거든요" 하고 소들이 대답했다.

이 말을 들은 자매들은 "그럼 안 돼. 우리는 풀만 먹고 살 수는 없단 말이야" 하고 마을을 향해 다시 길을 떠났다. 길을 가다가 이번에는 자칼 두 마리를 만났다. "어디들 가십니까" 하고 자칼이 물었다. "우리는 지금 마을로 나가서 우리를 입혀주고 먹여줄 사람을 찾으러 가는 길이야" 하고 언니가 대답했다. 그러자 자칼 한 마리가 "우리는 어떠신지요? 저희들도 두 분을 입혀드리고 먹여드릴 수 있어요" 하고 말했다. "너희는 뭘 먹고 사는데" 하고 자매가 자칼에게 물었다. "우리들은 과일과 게를 먹고 살지요. 당신은 무얼 먹고 지내시는지요" 하고 쟈칼이 말했다. 자매는 "우리는 마른 생선을 먹고 살기 때문에 너희들이 필요하지 않은데" 라고 말하곤 길을 떠났다.

한참 길을 가고 있는데 이번에는 길을 가고 있던 남자 형제 둘을 만났다.

"어디들 가십니까" 하고 그 형제가 물었다. 언니가 소와 자칼에게 했던 것처럼 말하자 형제가 "그러면 우리는 어떠신지요? 저희들도 입혀드리고 먹여드릴 수 있어요" 하고 말했다. "댁들은 뭘 먹고 지내시는데요" 하고 자매가 묻자 형제는 "우리는 마른 생선을 먹고 지내지요" 하고 대답했다. "그러시다면 저희들하고 먹고 지내는 것이 같으시군요. 좋아요" 하고 자매가 말했다. 그러자 형제가 이렇게 대답했다. "그러세요? 당신들만 좋으시다면 저희 집으로 갑시다."

집에 도착하자, 형제는 자매들에게 집안의 열쇠를 주면서 "조리할 식량과 반찬거리들은 창고에 있으니 가서 찾아다가 우리가 돌아올 때까지 음식을 준비해놓으시오"라고 말하곤 논으로 일을 하러 떠났다. 자매들은 집 안으로 들어가서는 언니는 형의 집에서 동생은 남자 동생의 집에서 음식을 준비하였다. 한참 후 형제는 돌아와 자매들이 마련해놓은 음식을 잘 먹었다.

세월이 흘러 두 자매는 예쁜 딸들을 하나씩 낳았다. 그런데 그동안 동생은 마음씨도 착하고 물건도 아껴 써서 집안이 풍성해졌지만 언니는 반대로 낭비가 심하고 물건들을 함부로 사용하여 아무것도 모아둔 것이 없었다. 언니는 자기가 잘살지 못하는 것에 대해 질투하는 마음이 생겨 동생을 죽일 생각을 하고 있었다.

어느 날 여느 때처럼 그들 자매가 밥을 지어 가지고 논에서 일하는 형제들에게 주기 위해 논으로 향했다. 동생이 앞에 가고 언니가 뒤를 따랐다. 가는 길에 조그만 강가에 이르렀다. 그러자 언니가 "얘, 너 목욕하지 않을래? 네 등을 보니 때가 무척 많구나. 잠시 목욕이나 하고 가자" 하고 말했다. 동생도 그러자고 말하였다. 그들은 가지고 가던 밥그릇을 땅에 내려놓고 물속으로 들어가 목욕을 하기 시작했다. 목욕을 하던 중 언니는 동생에게 "얘야, 이리 와서 등 좀 밀어주렴" 하고 말했다. 동생이 언니의 등을 미는데 갑자기 언니가 동생을 강 한가운데 깊은 곳으로 밀어넣어 죽여버렸다. 그리고 강 밖으로 나온 언니는 아무 일도 없었다는 듯이 밥그릇을 가지고 논으로 나갔다. 언니 혼자 논에 가니 동생이 "왜 우리 집에선 아무도 오지 않지요" 하고 물었다.

"아니, 아무도 안 오다니요? 걔는 지금 집에서 놀고 있어요" 하고 언니가 시치미를 떼며 말했다.

형제가 식사를 마치자 언니는 다시 그릇을 챙겨 집으로 돌아갔다. 언니가 집에 돌아오니 동생이 낳은 딸이 "이모, 우리 엄마는 왜 안 오시죠" 하고 물었다. 그러자 언니는 "네 엄마는 아직 논에 있단다" 하고 말했다.

밤이 되어 형제도 논일을 마치고는 모두 집으로 돌아왔다. 동생이 부인이 보이지 않자 딸에게 물었다. "네 엄마는 어디 가셨니?" "엄마는 오후에 이모와 같이 아빠 드린다고 밥을 가지고 가서는 아직 돌아오지 않았어요." 딸의 말에 동생은 "아니, 네 엄마는 논에도 오지 않았는데" 하고 이상하다는 표정을 지으며 말했다. 딸은 "내가 이모한테 물어보니까 엄마가 논에 있다고 그러던데요" 하고 말했다.

동생은 자기 아내를 찾을 수 없었다. 여러 날을 찾아다녔으나 찾지 못하자 그들은 더 이상 찾는 것을 포기하고 말았다. 그후 형제는 한집에서 함께 살았다. 언니는 자신이 낳은 딸과 조카의 손에 밥을 들려 논으로 내보냈다.

두 소녀들이 밥을 가지고 가기 시작한 지 사흘 정도 지났을 때였다. 그 두 소녀가 강에서 얼굴을 내밀고 있는 하얀 거북이 한 마리를 발견하였다. 소녀들은 그 거북이를 잡으러 강으로 들어갔다. 그런데 신기하게도 언니가 낳은 딸이 잡으러 가면 거북이는 강 한가운데로 도망을 가서 잡을 수가 없었지만 죽은 동생의 딸이 잡으러 가면 거북이는 강둑으로 올라와 소녀의 몸에 자기의 몸을 비비곤 하였다.

소녀들이 집으로 돌아와 이 이상한 이야기를 했다. "엄마! 강에 하얀 거북이가 있어요. 그런데 쟤가 가까이 가면 거북이는 가까이 와서 막 비비고, 내가 가까이 가면 헤엄쳐 도망가잖아요, 글쎄." 그 이야기를 듣고 있던 언니가 "그래, 그렇다면 그 거북이를 잡아서 구워 먹어야겠구나"라고 말했다. 이 이야기를 듣고 있던 동생의 딸이 강가로 달려가 "흰 거북아, 흰 거북아! 우리 이모가 너를 잡아먹겠대" 하고 소리쳤다.

그러자 하얀 거북이가 말했다. "그러니? 그것 참 잘되었구나. 나는 전에 네 엄마였단다. 이제 내 말을 잘 들어라. 분명히 네 이모는 나를 잡아 요리를 할 거다. 그리곤 너한테도 국물을 조금 줄 거야. 그러면 넌 그 국물을 다 마시고 국물에 들어 있는 뼈를 가지고 외양간 앞으로 가서 '네가 만일 우리 엄마라면 너는 망고 나무로 다시 태어나거라' 하고 말하면서 그 뼈를 외양간 앞에 던져라."

저녁이 되자 논에 일하러 나갔던 형제들이 돌아왔다. 그런데도 부인은 누워서 꼼짝도 하지 않고 있었다. "아니, 우리가 논에서 일을 하고 돌아왔는데 누워서 뭐하는 거요" 하고 형제가 말했다. 그러자 "난 지금 아주 중한 병이 났어요. 그래서 이렇게 누워 있는 거란 말이에요. 내 병이 나으려면 강에 있는 하얀 거북이를 잡아먹어야 한대요" 하고 부인은 짜증난 듯이 말했다. 그 말을 듣고 그들 형제는 강가로 나가서 하얀 거북이를 잡아서 집으로 가져와 푹 삶아서 먹으라고 부인에게 주었다. 부인은 그 거북이 국을 후루룩거리며 맛있게 먹더니 국물과 뼈를 자기 동생이 낳은 소녀에게도 주었다. 그 소녀는 흰 거북이가 시킨 대로 그 국을 다 마시고 나서 뼈를 가지고 외양간 쪽으로 갔다. 그러고는 "네가 만일 우리 엄마라면 너는 망고 나무로 다시 태어나거라" 하고 말하면서 외양간 앞에 던졌다. 신기하게도 얼마 후 그곳에서는 망고 나무 한 그루가 자라났는데, 며칠 만에 아주 큰 망고 열매가 열렸다. 두 소녀는 망고 열매를 따기 위해 가까이 갔는데 신기하게도 언니가 낳은 딸이 망고를 따기 위해 가까이 가면 망고 나무는 더 높이 자라 망고를 딸 수가 없고 동생의 딸이 망고를 따러 가면 나뭇가지는 저절로 구부려져서 편하게 열매를 딸 수 있었다. 그렇게 그 동생의 딸이 자기가 원하는 만큼 망고를 따서 먹으면 망고는 금방 다시 자라서 풍성하게 열매를 맺는 것이었다. 언니의 딸이 또 엄마에게 그 이야기를 하였다. "엄마, 우리 외양간 앞에 망고 나무가 하나 새로 생겨났는데 내가 따려고 하면 나무가 막 더 자라서 따지 못하게 하고 동생이 따려고 하면 가지가 땅 쪽으로 구부려져 내려와 따기 쉽게 하잖아요." "그래, 그렇다면 내가 그 나무를 불로 몽땅 태워버리지, 뭐."

이 이야기를 들은 동생의 딸이 망고 나무 근처로 뛰어가 말했다. "엄마! 이모가 엄마를 넘어뜨려서 불로 태운데요."

"아, 그러니 얘야. 그것 참 잘됐구나. 나를 넘어뜨리면 여기에 밑동이 남지 않니? 그러면 그것을 집어서 '만일 네가 우리 엄마라면 캐기리 넝쿨이 되어 다시 태어나렴' 하고 말하면서 집 뒤에 갖다놓아라" 하고 망고 나무가 말했다. 캐기리 나무는 열매가 아주 맛있는 열대 식물이다.

잠시 후 형제가 집으로 돌아왔을 때 언니는 또 누워서 꼼짝도 하지 않고 있었다. "아니, 우리가 돌아왔는데 뭐 하는 거요" 하고 형제가 말했다. 그러자 그 부인은 "저기 외양간 앞에 망고 나무가 하나 새로 자라났는데 그 망고 나무 좀 없애주세요" 하고 말했다. 이 말을 들은 형제는 외양간 앞으로 가서 망고 나무를 도끼로 찍어 땔감으로 쓰기 위해 집으로 가져왔다. 언니는 언제 아파서 드러누웠었느냐는 듯이 자리에서 일어나 그 나무를 아궁이에 넣고는 다 태워버렸다.

이때 동생의 딸은 망고 나무가 있던 자리로 갔다. 그곳에는 정말로 조그만 밑동이 남아 있었다. 그것을 집어든 소녀는 망고 나무가 시킨 대로 밑동을 가지고 집 뒤로 가서는 그것을 집어던지며 말했다. "만일 네가 우리 엄마라면 캐기리 넝쿨이 되어 다시 태어나렴."

며칠이 지나자 그곳에는 캐기리 나무가 자라나서 열매가 맺히기 시작했다. 그런데 동생의 딸이 그 열매를 따러 가면 얼마든지 딸 수 있게 열매가 열리고 언니의 딸이 열매를 따러 가면 열매가 다 사라지는 것이었다. 집에 돌아온 언니의 딸이 엄마에게 그 일을 이야기했다. "엄마, 집 뒤에 케기리 나무가 하나 새로 생겨났는데 동생이 따려 하면 열매가 아주 많이 열려서 얼마든지 딸 수 있는데, 내가 따려고 하면 열매가 다 없어지잖아요." "아, 그래! 그러면 내가 그 케기리 나무를 다 캐서 먹어치우지 뭐. 그걸 카레에 섞어 먹으면 아주 맛있지." 이 이야기를 들은 동생의 딸은 케기리 나무 근처로 달려가 말했다. "엄마! 이모가 엄마를 따서 카레에 섞어서 먹어버린대요." "아, 그러니 얘야. 그것 참 잘됐구나. 그래 이모가 나를 다 먹게 내버려둬라. 네 이모가 나를 캐낸 자리 밑을 보면 케기리 뿌리가 남아 있을 거다. 그것을 가지고 강가로 가서 '만일 네가 나의 엄마라면 푸른 연꽃으로 태어나거라' 하면서 뿌리를 강속으로 던져넣으렴." 언니는 케기리 나무를 뽑아 집으로 가져가 카레에 섞어서 먹었다. 동생의 딸은 캐기리 나무가 있던 곳으로 가서 뿌리를 집어 들고는 강가로 나가 엄마가 시킨 대로 '만일 네가 나의 엄마라면 푸른 연꽃으로 태어나거라' 하면서 뿌리를 강물에 던졌다. 그러자 그곳에선 금방 푸른 연꽃이 아름답게 자라났다.

　언니가 낳은 딸과 동생이 낳은 딸이 강가로 목욕을 하러 가니 강에는 푸른 연꽃이 피어 있었다. 그 연꽃을 본 동생의 딸이 연꽃을 만지러 가까이 갔다. 그러자 강 중간에 있던 연꽃이 강가로 나와 소녀의 손안에 들어오는 것이었다. 그런데 언니의 딸이 연꽃을 만지러 가면 연꽃은 강 가운데로 들어가버리는 것이었다. 언니의 딸은 집으로 돌아가 강가에서 있었던 일을 엄마에게 말했다. "엄마! 강에 연꽃이 한 송이 피어 있는데 동생이 만지러 가면 강가로 나와 쉽게 만질 수 있는데, 내가 만지러 가면 강 가운데로 들어가버려 도저히 만질 수가 없어요." 그러자 언니는 "그래, 그것 잘되었구나. 그 연꽃을 뽑아버려야겠다" 하고 말했다. 이 이야기를 들은 동생의 딸이 강가로 달려가 "엄마! 이모가 엄마를 뽑으러 온대요" 하고 말했다. 그러자 푸른 연꽃이 말했다. "얘야, 걱정말아라. 네 이모는 나를 절대 뽑을 수 없으니까."

　저녁이 되자 논에 일하러 나갔던 형제가 돌아왔다. 부인은 또 누워서 꼼짝도 않고 있었다. 그러면서 강가에 있는 푸른 연꽃을 뽑아달라는 부탁을 하였다. 형제는 연꽃을 뽑으러 강으로 갔지만 뽑을 수가 없었다. 연꽃을 뽑으려고 하면 강 한가운데로 들어가버렸기 때문이었다. 그러자 형제는 강에서 일어난 일을 왕에게 가서 이야기했다. 이 이야기를 들은 왕도 뭔가 이상하다는 생각이 들어 시종들을 데리고 코끼리를 타고 강가로 나왔다. 사람들은 강 양쪽에 서서 그 연꽃을 뽑으려고 애를 썼다. 하지만 이상하게도 가까이 가면 연꽃도 강 가운데로 들어가버려 뽑을 수가 없었다. 그 장면을 보고 있던 동생의 딸이 자기라면 뽑을 수 있을 것이라고 생각하고는 왕에게 자기가 그 연꽃을 뽑겠노라고 이야기했다. 왕은 미덥지 않았지만 한번 해보라고 하였다. 동생의 딸이 연꽃을 향해 손을 뻗자 연꽃은 마치 기다리기라도 했다는 듯이 손 안으로 흘러들었다. 동생의 딸이 연꽃을 뽑아 강가로 나오자 그 광경을 보고 있던 왕은 도대체 어떻게 해서 연꽃을 뽑을 수 있었느냐고 물었다. 그러자 동생의 딸은 그동안 있었던 일을 왕에게 모두 이야기하였다. 그 이야기를 들은 왕이 언니를 불러다 동생을 죽였느냐고 추궁하였다. 처음에는 아니라고 하던 언니도 나중에는 모든 것을 실토했다. 왕은 동생을 죽인 언니를 감옥에 가두라고 명령하고는 동생의 딸을 자기가 타고 온 코끼리 등에 태우고서는 궁전으로 데리고 갔다.

【 중국 】
평화를 위협하는 존재를
물리친 영웅들

김명신 고려대학교 연구전임강사

평화의 의미 | 평화의 문화Culture of Peace란 살아 움직이는 평화를 의미하는 것이다. 그것은 일상생활 속의 인권 존중을 의미하며, 평화, 발전, 민주주의라는 세 요소가 상호 작용하여 만들어내는 힘이다. 삶의 문화로서 평화의 문화는 서로 다른 개인이 더불어 살아갈 수 있게 하고, 서로 나누고 경청하며 보살피는 새로운 삶의 의미와, '빈곤과 배타적인 태도에 맞서 싸울 수 있는 민주주의에 바탕을 둔 사회적 책임감으로 이루어지는 것이다. 동시에 정치적·사회적 평등과 문화적 다양성을 보장하는 것이다.*

현대사회뿐만 아니라 고대사회에서도 평화를 유지하는 것은 대단히 중요한 문제였다. 중국 설화를 살펴보면 평화로운 질서를 유지하기 위해서 상당히 고심한 흔적들이 보인다. 비록 그 결과가 현실적인 논리와 위배되는 일도 있었지만 그만큼 고대 사람들도 정의와 평화를 실현하기 위해 노력하고 있었다는 것을 알 수 있다. 중국 설화에서 평화를 위협하는 존재는 몇 가지로 분류될 수 있는데, 괴물, 전제군주, 권력자, 전쟁, 차별주의 등을 들 수 있다. 중국 설화에는 이러한 위협적인 존재가 어떤 식으로 처리되고 있는지 차례대로 살펴보기

---
* 유네스코 아시아·태평양 국제이해교육원 편, 『함께 사는 세상 만들기』(일조각, 2004), 110쪽 참조.

로 하겠다.

괴물을 물리친 소녀와 소년

이기李寄라는 소녀가 있었다. 이기는 딸만 여섯 명이 있는 집안의 막내딸로 대단히 씩씩한 성품을 가졌다. 이기가 살고 있는 마을에는 커다란 뱀이 있어서 사람들에게 엄청난 피해를 입히고 있었다. 뱀은 처음에는 동물을 제물로 바치라고 하더니 나중에는 무당을 통하여 계집아이를 먹고 싶으니 계집아이를 바치라고 했다. 그리하여 매년 제사를 지내며 계집아이를 제물로 바치곤 했다. 그렇게 아홉 명의 계집아이가 희생되었다. 이번에는 이기가 자원하여 제물이 되기로 하였다. 부모님들은 허락하지 않았지만 이기는 기어이 자신의 의지를 관철시켰다. 이기는 다른 계집아이들과는 달리 떡을 미리 준비하고 칼을 몸에 숨겼으며 개를 데리고 뱀이 사는 굴로 들어갔다. 이기는 뱀이 떡을 먹고 있는 사이에 개에게 뱀을 물게 하고 자신도 뒤에서 칼로 찌르는 기지를 발휘한다. 이기는 결국 괴물을 물리치고 마을에 평화를 가져오게 되었다. 이 이야기는 간보干寶의 『수신기搜神記』에 수록되어 있다. 『수신기』는 주로 기이한 내용을 수록하고 있지만 사람들에게 놀라움과 교훈을 주고 있다.

중국 설화에는 괴물을 퇴치함으로써 마을을 구제한 소녀만 있는 것이 아니라 소년도 있다. 바로 주처周處라는 소년이다. 이기와는 달리 주처는 사람들에게 손가락질을 받는 말썽꾸러기였다. 주처는 힘이 세서 남들에게 으스대기를 좋아했는데, 남에게 피해를 입히는 수준이었기 때문에 문제였다. 그러나 주처는 자신이 마을 사람들에게 기피와 공포의 대상인줄 전혀 알지 못했다.

어느 날, 주처가 사람들이 괴물에게 피해를 입는 것을 보고 괴물을 무찌르기 위해 스스로 나선다. 주처가 괴물을 죽이고 돌아와보니 뜻밖에도 사람들은 주처를 보고 오히려 두려워하며 슬금슬금 도망치는 것이었다. 똑같이 괴물을 물리쳤음에도 불구하고 이기는 사람들에게 환영을 받은 반면에 주처는 왜 두려워 피하는 대상이 되었을까? 그제서야 주처는 자신도 마을 사람들에게는 공포의 대상이자 퇴치의 대상이었음을 알게 되었다. 그 뒤로 주처는 자신의 난폭한 행동을 돌아보고 끊임없이 노력하여 사람들에게 인정받는 사람으로 거듭나게 된다.

평화를 위협하는 대상은 미지의 괴물만이 아니라 현존하는 인간의 속성에서도 나타날 수 있다. 같은 인간이라 할지라도 폭력은 사람들에게 공포를 불러일으키는 행위이다. 주처는 자신의 능력을 과신하고 사람들의 생각을 읽지 못했기에 남들에게 피해를 주었던 것이다. 주처에 대한 이야기는 유의경劉義慶의 『세설신어世說新語』에 수록되어 있다.

실패로 끝난 영웅

평화를 이루고자 하는 노력은 현대인들만이 한 것은 아니다. 고대에도 평화와 인권을 추구하고 성취하고자 노력한 사람들이 있었다. 그중의 하나가 형가荊軻라는 인물이다. 현대에 와서 형가에 대한 평가는 실패한 자객에서 시대를 읽는 영웅으로 그려지고 있다. 형가라는 캐릭터에 대해서는 이미 영화로도 여러 번 시도되었다. 얼마 전에 개봉된 〈영웅〉이라는 영화는 형가를 대단히 훌륭한 인물로 해석하고 있다. 다만 진시황을 상당히 미화하고 있다는 점에서는 어느 정도 문제가 있지만 나름대로 새로운 시각으로 영화를 완성했다는 장점을 가지고 있다.

진시황은 업적도 상당히 있지만 그의 전제성은 사람들의 원성을 사기도 했다. 특히 만리장성을 축조하여 수많은 사람들이 억울하게 죽어갔고 피해를 보았다. 진시황의 가혹함으로 인하여 연燕나라 태자 단丹은 진시황을 살해하기로 결심한다. 태자 단은 진시황이 황제가 되기 이전에는 친구 사이였지만 그가 황제가 된 이후로 자신에 대한 태도가 돌변하자 그를 죽이려고 계획하였다. 태자 단이 진시황을 죽이려는 목적에 적합한 사람을 찾던 중에 알게 된 사람이 형가였다. 형가 자신은 자객으로 뛰어난 능력을 가지고 있었지만 결국 진시황을 암살하는 목적을 달성하지 못한다. 형가는 자신의 능력을 과신했고 보조인을 잘못 선택하였던 것이다. 어떤 일이든 성사시키려고 했다면 주도면

밀하게 처리해야 한다. 형가는 자신의 보조인이 적합하지 못한 인물이라고 느꼈다면 즉시 교체했어야 했고 시기가 좀 늦어지더라도 좀 뒤에 암살을 시도하는 게 나았을 것이다. 하지만 그는 너무 교만했기에 그대로 강행했고 결국 진시황의 암살에 실패했다.

  형가는 당시 민중에게 고통을 주고 있는 오만한 황제를 살해하고자 시도함으로써 인권을 수호하고자 노력했던 것이지만 그의 행위는 단순히 연 태자에 대한 호의에서 시작된 것으로 평가할 수 있다. 그것은 '나를 알아주는 사람을 위해서 죽는' 중국 고대인의 관념에서 나온 것이다. 그렇게 본다면 형가의 진시황 암살 기도는 결국 지기知己를 위한 죽음에 지나지 않는다.

  비록 그가 진시황을 암살하는 데 실패하긴 했지만 인민을 압제하고 고통을 주었던 황제를 제거하려는 노력은 높이 사야 할 것이다. 그래서 현대에는 그의 용감한 행위를 높이 평가하여 영웅의 칭호까지 주고 있는 것이리라.

  형가에 대한 내용은 사마천司馬遷의 『사기史記』 「자객열전刺客列傳」으로부터 「연단자燕丹子」 등에 이르기까지 자세하게 기록되어 있으며 현대에 와서도 영화 등의 소재로 활용되고 있다. 그의 삶에 대한 극적인 전개와 결말이 영화나 드라마로 사용되는 데 매우 적합하기 때문이다.

약자를 위해 돕는 협객

황제를 암살하려 했던 인물에는 무명의 협객이 또 하나 있다. 간장干將과 막야莫耶 이야기에 출현한 협객이다. 초楚나라 왕은 간장과 막야에게 보검을 제작하라고 하였다. 간장은 3년이나 걸려서 보검 한 쌍을 완성했지만 너무 시간이 오래 걸린 탓에 왕이 자신을 죽일 것을 예감하고 부인 막야에게 아들을 낳으면 나머지 웅검을 찾으라고 당부한다. 간장의 예언대로 초나라 왕은 간장은 자검만을 가지고 온 사실을 알고 그를 처형하고 만다. 간장과 막야의 아들 적赤은 간장의 암시에 따라서 보검을 찾았지만 어떻게 아버지의 복수를 해야 할지 모르고 온 나라를 헤매고 다닌다. 그러던 중에 무명의 협객을 만나게 된다. 무명의 협객은 그에게 복수를 해주겠다고 하면서 본인의 머리를 요구한다. 협객의 말에 적은 흔쾌히 자신의 머리를 베어서 건네주고 협객은 그 머리를 가지고 초나라 왕을 만나러 간다. 초나라 왕은 적의 머리를 솥 안에 넣고 삶도록 지시하지만 적의 머리는 아무리 끓여도 물러지지 않았다. 왕이 이상하게 생각하자 협객은 왕에게 가까이 가서 솥 안을 들여다보면 삶아질 것이라고 속인다. 왕이 가마솥 근처로 다가가서 적의 머리를 자세히 들여다보자 협객은 왕의 머리와 자신의 머리를 함께 베고 뜨거운 솥 안으로 뛰어들어 세 명의 머리가 뒤엉키며 싸우다가 푹 삶아지게 되는 결과를 가져온다.

이 무명의 협객은 약자인 적을 돕기 위하여 서슴없이 나서고 있고 적 역시 협객의 말을 전적으로 신뢰한다. 서로가 서로의 안목을 깊이 믿고 목적을 달성하는 경우이다. 고대에는 황제나 귀족들의 권리는 인정되었지만 일반 백성들의 인권은 전혀 없었다. 힘없는 백성들에게 편들어주고 도움을 줄 수 있는 인물은 아주 드물었다. 이 협객의 경우도 그의 내력에 대해서 아무것도 알 수가 없는데, 이 점은 후환의 두려움이 작용했을 것으로 여겨진다. 이 협객은 미천한 위치에 있는 약자의 인권을 수호하기 위해 힘썼지만 형가와 마찬가지로 폭력으로써 폭력을 제거하려는 행위를 드러내고 있다. 이처럼 약자를 돕는 행위는 자신의 목숨까지도 걸어야 하는 중대한 일이었다. 그렇기 때문에 협객이 약자를 돕는 행위는 미화되어 알려지기도 하였다. 정의와 법질서가 명확하게 규정되어 있지 않은 사회에서 행해질 수 있는 자그마한 인권 보호의 형태라고 해야 할까? 어쨌든 이러한 행위는 오늘날에 와서는 전혀 용납될 수 없는 사안이지만 고대에는 협객들이 무명인으로 활동하면서 황실과 권력층에게 공포를 주는 존재였다.

이 이야기에서 협객은 주요인물이라 보기 어렵다. 성명을 알 수 없는 데다가 근거가 전혀 드러나지 않기 때문이다. 그중에서 간장과 막야는 두 자루 명검의 대명사로 알려져 있다. 이 이야기는 간장과 막야에 얽힌 원한을 엮어냄으로써 명검에 대한 신비감을 더욱 고취시키고 있으며 협객은 그 신비감을 더해주는 양념적인 역할을 한다. 이 이야기는 현재 『수신기』에 수록되어 전해지고 있다.

권세에 굴하지 않는 판관

포청천包靑天은 우리나라에 많이 알려진 인물이다. 그는 송나라 인종 시기에 유명한 판관이다. 그에 대한 일화는 상당히 여러 가지가 있어서 그의 행적을 중심으로 후대에 소설, 희곡, 드라마 등으로 개편되었다. 포청천은 본래 이름이 포증包拯인데 그의 청렴함을 칭송하여 청천靑天이라는 별명이 붙었다. 고대에 중국은 왕과 귀족들이 모든 일을 결정하는 경우가 많았다. 이것은 우리나라도 마찬가지 상황이었다. 특히 왕과 귀족들은 자기 멋대로 일을 벌이고 심지어 백성들의 목숨을 경시하기도 했다.

포청천은 권세가나 황실에 대해서도 단호한 태도를 나타낸다. 유비劉妃가 관련된 사안에 대한 처리에서도 그 점이 드러난다. 유비는 자신의 아들을 황태자로 옹립시키고 싶었다. 유비는 이비李妃도 아들을 낳았고 자신도 아들을 낳았지만 황제가 먼저 아들을 낳은 사람에게 황태자의 자리를 물려준다는 말에 이비의 아들을 살해하려고 마음먹고 곽태감郭太監의 도움으로 황태자를 다른 곳으로 빼돌리고는 이비가 고양이를 낳았다고 참소하였다. 그 말을 믿은 황제는 이비를 유폐하라는 명령을 내린다. 그래도 불안함을 느낀 유비는 이비를 모해하여 자결하라는 명을 받아낸다. 우여곡절 끝에 이비 대신에 다른 궁녀가 죽고 이비는 오랫동안 숨어 살게 된다. 세월이 흘러 황제가 붕어하고 새로운 황제가 등극하였다. 바로 이비의 아들이 황제가 되었던 것이다. 후에 할머니가 된 이비는 포청천을 만나 자신의 억울함을 호소하였다. 포청천은 관련자들을 심문하여 진실을 밝혀내고 하수인인 곽태감을 능지처참한다. 그가 이처럼 철저하게 사실을 밝혀낼 수 있었던 것은 공명정대한 마음이 작용했기 때문이기도 하지만 황제라는 배경이 뒷받침되어 있었기 때문이기도 하다.

포청천이 이렇게 신념을 가지고 일을 처리할 수 있었던 것은 황제의 절대적인 신뢰가 있었기 때문에 가능하였다. 만약 황제가 그를 신임하지 않았다면 백성들의 인권을 위해서 노력할 수 없었을 것으로 보인다.

포청천에 대한 신성성은 그의 외모 및 탄생에서 드러난다. 그는 태어날 적에도 박해를 받고 버려졌으며 특이한 용모를 가지고 있었다. 그는 아버지의 외면과 둘째 형의 시기심으로 인하여 죽을 고비를 맞이한다. 아버지는 너무 늦게 태어난 불길한 아이라는 생각을 가지고 있었고, 둘째 형에게 동생의 등장은 재산 분배의 위협이 되었다. 아버지와 둘째 형 두 사람은 포청천의 탄생을 공통적으로 혐오하였으므로 그를 죽이고자 하는 음모를 꾸며내기에 이른다. 다행히 큰형과 형수가 그에 대해 주의를 기울이고 있었기에 그들의 아들로 위장되어 자라날 수 있었다. 특히 그의 새까만 얼굴빛은 매우 불길한 색깔이었으며 황인종에게는 어울리지 않은 것이었다. 이러한 차별성은 포청천을 더욱 돋보이게 만드는 효과를 가지고 있다. 옛날부터 사람들은 자기와 다른 것에 대한 배타적인 생각을 가지고 있었던 것으로 보인다. 이러한 차별주의는 상대방에게 곤경을 안겨주는 것이다. 여기에서 본인의 극복 의지 여부는 논외로 하고 인간에 대한 차별주의는 평화로움을 저해하는 요인이라 볼 수 있다.

그의 신성성은 빛이 나는 이마의 반달점에서 알 수가 있는데 이것은 포청천에 대한 민중의 숭배를 단적으로 나타낸 것이라 볼 수 있다. 따라서 포청천은 인간에게 도움을 주는 보통 인간으로서가 아니라 거의 신이나 영웅적인 존재로 인식되었던 것이다.

그는 이승에서도 공안을 판결하는 판관이었지만 저승까지도 제어할 수 있는 능력을 가지고 있었다. 포청천이 유선침遊仙枕을 베고 음양보전陰陽寶殿을 드나드는 모습은 범죄인이 어떠한 죄를 짓더라도 결코 빠져나갈 수 없음을 표현하는 동시에 그의 초월적인 능력을 드러내고 있다.

포청천에 대한 기록은 여러 곳에서 찾을 수 있는데 청대清代의 『삼협오의三俠五義』나 『칠협오의七俠五義』 같은 공안협의소설公案俠義小說류의 작품에 많이 수록되어 있다. 현대에 와서 포청천에 대한 내용은 드라마로 제작되어 방영되기도 하였다. 우리나라에는 1990년대 중반에 수입되어 〈판관 포청천〉과 〈칠협오의〉라는 제목으로 방영되었다. 영웅을 그리워하는 사람들의 심리를 만족시키는 내용이 많아서인지 상당히 인기를 끌었다.

전쟁을 평정한 여성

전쟁이란 동서고금을 막론하고 사람들에게 고통을

주는 사건이다. 전쟁으로 인해 평화를 위협받는 것은 물론 사람들은 정신적·육체적인 고통을 감내해야 한다. 특히 고대에 있어서 전쟁은 인민들을 수렁에 빠지게 하는 커다란 사건이었다.

전쟁에 나가 군대를 지휘한 유명한 장수들은 매우 많다. 그중에서 여성으로서 그 역할을 수행한 내용을 보기로 하자.

여성이 남장을 하여 군대에 참가하고 개선한 경우는 목란木蘭이라는 이름이 세계적으로 상당히 알려져 있다. 목란은 본래 화목란花木蘭*인데 그녀에 대해서는 서양에까지 전해져서 현대에는 미국의 디즈니사에서 〈뮬란〉이라는 애니메이션영화로도 제작하였고 이후에 또 〈뮬란 2〉가 제작되기도 하였다. 목란은 효녀의 표상으로 유명한 여인이다. 목란의 아버지는 나이가 너무 많아서 군대에 갈 수 없었다. 당시에는 남자가 아니면 군대에 갈 수 없었다. 집안의 누군가가 군대에 가야 했는데 목란이 남장을 하고 아버지를 대신해서 군대에 간다. 그런데 아무도 그녀가 남성이 아니라고 의심한 적이 없었다. 전쟁에서 혁혁한 공을 세우고 돌아오고 나서야 사람들은 그녀가 여성임을 알게 된다. 목란은 평화에 대한 의식이 있었던 것이 아니라 효도에 중점을 두고 있다. 그러나 그녀가 평화에 기여한 것만은 틀림없는 사실인 것이다.

화추영華秋英은 숭명성崇明城에 있는 부호의 양녀로 담력과 지혜가 보통 사람보다 뛰어났다. 왜구가 대거 침입하여 노략질을 일삼을 때에 그녀는 다른 부녀들과 함께 잡혀가 왜구의 소굴에 들어가게 된다. 그녀는 굳게 마음을 먹고 몸에 작고 날카로운 칼을 숨겨두고 왜구와 함께 죽을 각오를 하였다. 우리나라의 논개가 처했던 상황과 마찬가지로 죽음을 결심했던 것이다. 왜구가 그녀를 강간하려고 하자 그녀는 냉정하고 침착하게 기지를 발휘해 왜구를 찔러버린다. 다행히 그녀는 야밤에 백 리를 걸어서 왜적의 소굴을 탈출하게 된다. 이후에 화추영은 남성 영웅 은용殷勇과 부부가 되고 난 후에도 규방에만 머물러 있지 않으며 갑옷과 투구를 입고 친히 전선에 나가 왜구를 물리치고 병졸

---

* 화목란은 연로한 아버지를 대신하여 군대에 종군한 여자로 어느 시대 사람인지 의견이 분분하다. 청대淸代의 『충효용렬목란전忠孝勇烈木蘭傳』은 민간에 전해지는 화목란 고사를 근거로 하여 재창작한 작품이다.

들보다 선봉에 선다. 그녀는 진지 앞에서 지휘하는 모습은 용기와 지혜를 함께 드러내고 있어서 조정의 대장들로 하여금 대경실색하게 만들고 있다. 그녀는 왜구와의 전투 중에서 대단히 많은 공을 세운다. 그녀는 화목란의 풍채를 지니고 있는 여성으로 외래 세력에 대한 저항정신과 무력에도 굴하지 않는 영웅의 기백을 잘 드러내고 있다.

화추영은 전쟁의 발발로 인해 어쩔 수 없이 참가했지만 송보주松寶珠는 자발적으로 전쟁에 참가하게 된다. 송보주는 어려서부터 총명하고 지혜로웠으며 남자로 길러졌다. 아버지 송학사宋學士는 보주가 13살 때 준俊이라는 이름을 지어주고 향시鄕試를 보게 하였다. 보주는 연달아 시험에 합격하여 관리 생활을 하게 되었다. 그녀는 관직 생활을 청정하게 하여 평판이 매우 좋았다. 당시 변경 지방의 묘족苗族이 난을 일으키자 보주가 평정할 계책을 올렸다. 황제는 그녀를 병부대신으로 봉하여 군대를 총지휘하도록 하였다. 그녀는 10만 대군을 통솔하여 묘족의 난을 평정하고 돌아온다.

황제는 개선 소식을 듣고 크게 기뻐하며 정벌에 참가하였던 모든 장병들에게 상을 내렸다. 보주는 이때 자신이 남장으로 군주를 기만한 사실을 상주한다. 황제는 그녀에게 여성으로 돌아가게 하고 허문경許文卿과 결혼하도록 명하였다. 처음에는 두 사람의 사이가 그런대로 좋았으나 허문경이 늘 보주의 능력을 시기하여 그녀를 박대하게 된다. 보주는 그것을 견디지 못하고 자신의 처지를 비관하며 항상 우울해하다가 일찍 죽고 만다. 여성으로서 최고 대신의 위치에까지 올랐지만 가부장적 질서에 억압을 받은 경우라고 하겠다.

화추영과 송보주에 대한 이야기는 각각 청대의 『설월매雪月梅』와 『난화몽蘭花夢』이라는 작품에 수록되어 있다.

맺는 말

중국의 설화를 보면 인권은 황제나 권력층에게만 있는 것으로 여겨졌다. 하층민에게는 아무런 권리도 주어지지 않았다. 다만 이들의 인권을 보호해줄 수 있는 사람은 포청천 같은 청렴한 관리나 왕법을 무시하는 협객들이었다. 포청천도 수많은 백성들의 권리를 다 인정해줄 수는 없었고 황제가 인정하는 범위 내에서만 그들의 인권을 보호할 수 있었다. 따라서 일반 사람들을 위한 완벽한 보호는 도저히 이루어질 수 없는 상황이다. 좀더 과격하게 일반인의 인권을 보호했던 사람들이 자객과 같은 이들이다. 자객들은 왕법의 통제를 받지 않았고 자신들만의 규칙에 따라서 행동하였다. 그래서 자신의 목숨을 던져서 지기를 위해 죽는 경우가 허다했다. 다만 이들의 해결 방법은 주로 복수를 통해서 이루어졌기에 현대적인 관점에서도 이해하기 어렵게 느껴진다.

평화를 유지하기 위한 인간의 노력은 정말 눈물겹다. 처음에는 나약한 심성을 가지고 있어서 괴물에게 인간 자신을 희생물로 삼아 제사를 지내기도 하지만 결국은 괴물과의 싸움을 통하여 극복해나간다. 평화를 위협하는 전쟁의 평정은 한 사람만의 힘으로 해결될 수 있는 것이 아니다. 군대를 지휘하는 장군도 자신의 역할을 온전히 수행하고 말단의 병졸들도 자신의 임무를 제대로 수행해야만 한다. 많은 군중들의 힘을 통하여 평화로운 세계를 만들 수 있는 것이다. 예전에는 앞에 나선 유명 인물에게만 이목이 집중되었지만 근래에는 각자의 역할을 중시하는 시대가 되었다. 이제 전 세계의 평화를 유지하는 것은 개개인의 몫으로 돌아온 것으로 보인다.

_〈설화〉 커다란 뱀을 물리친 소녀 이기 이야기

동월국東越國 민중군閩中郡*에 있는 용령庸嶺이라는 고개는 높이가 수십 리나 되었다. 그 서북쪽의 움푹 팬 곳에는 커다란 뱀이 살고 있었다. 그 뱀의 길이는 칠팔 길에 굵기가 십여 아름이나 되어 그 크기만으로도 사람들이 항상 두렵게 여기고 있었다. 동야도위東冶都尉와 그가 다스리는 성의 아전 가운데 많은 사람들이 그 뱀에게 잡아먹혔는데, 소와 양으로 제사를 지내면 그 화를 면할 수 있었다.

그러던 어느 날 뱀은 사람들의 꿈과 무당의 입을 빌려 열두세 살 정도의 계집아

---

* 동월국은 서한西漢시대의 작은 나라로 월왕 구천句踐의 후예가 되며 현재 저장성浙江省 동남쪽 및 푸젠성福建省 일대이다. 민중군은 현재 푸젠성 일대이다.

이를 먹고 싶다는 말을 전했다. 도위와 영장들은 걱정이 태산과 같았다. 그러나 뱀의 횡포는 그치지 않았다.

그래서 모두가 나서서 남의 집에 사는 하녀나 죄인의 딸을 데려와 기른 뒤에 8월 초에 제물을 바칠 때 그 계집아이를 뱀이 사는 굴에 넣어줄 수밖에 없었다. 그러면 뱀이 기어 나와 집어삼키는 것이었다. 이러한 일이 해마다 계속되어 벌써 아홉 명의 계집아이가 희생되었다.

그해에도 미리 제물로 바쳐질 계집아이를 모집하였으나 더 이상 구할 대상이 없었다. 한편 장락현將樂縣의 이탄李誕이라는 사람의 집에는 딸만 여섯이 있고 아들이 없었다. 그 집 막내딸의 이름이 기寄였는데, 이기가 모집에 응하고자 하였다. 그렇지만 부모가 그 말을 들어줄 리 없었다. 그러자 이기가 설득하였다. "부모님께서는 좋은 상을 타고나지 못하셔서 딸만 여섯을 두었고, 아들은 한 명도 없습니다. 딸이란 비록 있다고 해도 자식이 아닌 것이나 마찬가지입니다. 저는 딸로서 제영緹縈*처럼 아버지를 구제해낼 공도 없고 아직 나이도 어려 능히 공양해 드리지도 못하면서 그저 밥과 옷이나 축내고 있습니다. 살아 있다 해도 부모님께 아무런 도움이 되지 않으니 일찍 죽는 것만 못합니다. 그러니 이 몸을 희생하여 작은 돈이나마 생긴다면 그것으로 부모님을 공양할 수 있을 것입니다. 이것이 어찌 훌륭한 일이 아니겠습니까?"

부모는 이를 불쌍히 여기며 끝내 허락하지 않았다. 그러자 이기는 몰래 집을 빠져나가 사라져버렸다. 그녀의 가족들도 더 이상 어쩔 도리가 없었다.

이기는 좋은 검과 뱀과 싸워 이길 수 있는 개를 한 마리 준비해달라고 하였다. 그리고 8월 초가 되자, 뱀이 사는 굴 앞의 사당으로 갔다. 이기는 검을 몸에 숨기고 개를 데리고 먼저 쌀떡 수십 개를 조청을 발라 굴 앞에 놓았다.

드디어 뱀이 나타났는데 머리는 큰 곡식 창고만큼 컸고 눈은 두 자쯤 되는 거울만 하였다. 뱀은 쌀떡에서 나는 냄새를 맡고서 먼저 떡부터 먹어치웠다.

이기가 때를 놓치지 않고 개를 풀어놓자 개가 뱀에게 달려들어 물고 늘어졌다.

---

* 제영은 한漢나라 문제文帝 때 무고를 당한 아버지를 대신하여 노비가 되겠다고 자청하였던 효녀이다. 제영이 잘못을 고칠 기회를 주지 않고 장애인으로 만드는 육형 제도를 개선해달라고 요청하자 황제는 그녀의 효성에 감동하여 부친의 죄를 사면했을 뿐만 아니라 대신들과 상의하여 육형 대신 장형을 새로 만들었다.

이기는 뱀의 뒤로 가서 칼로 마구 찔렀다. 뱀은 온몸을 뒤틀며 날뛰더니 사당의 마당에 굴러 나와 죽어버렸다.

이기가 굴 안을 들여다보았더니 이미 죽은 아홉 명의 계집아이 뼈가 남아 있었다. 이를 모두 거두어 나온 이기가 고함을 쳤다.

"그대들은 겁도 많고 약하였구나. 뱀에게 물려 밥이 되다니. 슬프고 불쌍하도다."

그러고는 느릿느릿 걸어서 되돌아왔다.

월왕越王이 이를 듣고 이기를 왕후로 삼았고, 이기의 아버지를 장락령將樂令으로 임명하였으며, 어머니와 언니들에게도 모두 상을 내렸다.

이로부터 동야東冶에는 더 이상 뱀과 같은 요사스런 물건이 나타나지 않았다. 이기를 칭송하는 노래가 지금도 전해지고 있다.

【 우즈베키스탄 】

바이순 평원에서
평화를 노래하다

장준희 우즈베키스탄 국립 동방학대학교 중앙아시아 역사학과 교수

우즈베키스탄의 구술문화 오늘날 우즈베키스탄 민간에서 구술되어 전승되는 서술 형식의 이야기들은 다양한 종족들의 경험들이 재치 있는 이야기꾼들에 의해 일정한 이야기 구조를 형성하면서, 여기에 전통적인 음률과 서사적 시적 요소를 더해 예술적 특성을 갖춘 구술문화로 발전해온 것들이다. 현재 중앙아시아에는 투르크계 및 페르시아계 종족들이 혼거하거나 때로는 혼혈을 거듭하면서 자신들의 종족적·역사적·문화적 경험을 구술문화로 창안하여 다듬고, 다양하게 발전시키면서 전승시켜왔다. 이러한 민간의 이야기들은 구 소련 시절에 억압과 무시를 당하면서 단절에 가까운 경험을 하기도 하였으나, 전문 이야기꾼 '바흐쉬'에 의해서 지금까지도 계승되고 있으며, 구소련에서 독립한 이후 국가의 지원을 받아 더욱 발전하고 있다.

중앙아시아 우즈베키스탄의 구술문화는 여타 투르크계 구술문화와 비슷한 양상을 보인다. 우즈베키스탄 민족만의 구술문화라고 꼬집어 언급할 수 없을 만큼, 얽히고설킨 우즈베키스탄의 구술문화는 여러 종족들이 어울려 살면서 자신들의 역사와 신화를 이야기 형식을 빌려 전개하는 전통을 가졌다. 주로 신화적·서사적·설화적 요건들을 두루 갖춘 구술문화는 구비문학이기 이전에 음률과 시적 특징을 가진 문화적 복합체라고 할 수 있다. 구술문화가 발달

하면서 현실과 과장된 세계를 이야기의 중요 구성요건으로 삼았다. 내용적으로는 종족의 과거를 이야기 형식을 빌려 연대기적으로, 역사적으로 후손들에게 전해주는 감계주의鑑戒主義적 세계관을 보여주고 있다.

우즈베키스탄의 민담은 주로 신화적 형식과 서사적 형식으로 구술되면서, 의례적·유희적·교훈적인 구술문화의 정수를 보여주고 있다. 유목적 전통을 오늘날까지도 깊숙이 간직하고 있는 우즈베키스탄 민족들에게 농경문화의 생활양식으로 전환되어가고 있음에도 불구하고, 기록문화보다는 아직까지 구술문화에 의존하는 경향이 더 크다. 이는 보고 읽고 쓰는 능력보다는 듣고 말하는 재능이 더 발달되어 있는 오늘날의 우즈베키스탄 민족들의 특성에서도 나타난다.

아직까지 중앙아시아에서 집시집단들이 가장 많이 거주하는 국가는 우즈베키스탄이며, 악기를 동반한 이야기 전개 과정이 음악적 특성을 갖고 있다. 민담과 음악을 생활의 방편으로 삼고 있는 집시가 특정 집단에 의한 민간의 비공식적 이야기꾼이라면, 바흐쉬는 국가와 민간에서 공식적으로 인정받아 특정 지역에서 활동하는 이야기꾼에 해당한다. 이들은 공히 민담 전달자로서의 역할을 수행하는데, 구술자의 성악적 특성과 동반 악기의 음악적 특성이 함께 어울려 내는 문화적 패턴을 보여주고 있다.

민속문화의 보고, 바이순

우즈베키스탄에서 가장 풍부한 구술문화 전통을 가진 지역은 남부에 위치한 '바이순Boysun'이다. 바이순은 고대의 역사적 전통과 문화가 살아 있는 민속문화의 보고이기도 하다. 무엇보다 바이순은 구술문화가 발달할 수 있는 지리적·생태적 조건을 그대로 갖고 있다. 바이순 라이온을 중심으로 보면, 뒤쪽으로는 바이순따우 산맥이 마치 병풍처럼 기암절벽으로 펼쳐져 있고, 바이순 라이온 앞쪽으로는 천산산맥에서 흘러내려오는 수르한다르야강이 아무다르야강을 만나기까지 비옥한 계곡의 역사와 문화를 파노라마처럼 창출하고 있다.

쿠기땅따우 산맥과 바이순따우 산맥이 접하는 지역은 소위 '철의 문'이라 일컬어지는 '데르벤트'가 자리잡고 있다. 바이순 지역의 뒷배경이 되고 있는 산악지대로, 고대로부터 자연국경을 이루면서, 쿠샨왕조, 에프탈리트, 고대 투르크족, 아랍, 이스마일 샤마니, 가즈네비, 호레즘 샤흐, 칭기즈칸, 아미르 티무르 등에 의해서 방어진지로 사용되었던 전략적 지역이기도 하다. 또한 바이순은 옛날부터 아무다르야강에서 소그드로 가는 길목이었을 뿐만 아니라, 비옥한 평원을 가진 곡물 생산지이자 실크로드의 중간 거점지역이었다.

현재 바이순에는 우즈베키스탄과 타직 민족이 60% 대 39%의 비율로 적절한 우호관계를 맺고 살고 있다. 언어적으로도 우즈베키스탄어와 타직어 두 가지 언어를 구사한다. 다른 지역에 비해 이중언어 구사 정도가 높아 두 개의 모국어 수준에 이른다. 이들은 투르크계와 페르시아계의 언어적·문화적 전통을 동시에 간직하고 있다고 할 수 있을 만큼 두 언어와 두 문화의 풍부한 유산을 간직하고 있으며, 이들 두 민족은 언어적 차이 이외의 어떠한 민족적 차이를 찾기 어려울 만큼 체질적·문화적 유사성을 갖고 있다.

바이순은 우즈베키스탄의 여타 지역보다 농경문화와 유목문화에 대한 경제적 조화를 이루면서 구술문화가 발전할 수 있는 배경이 조성된 지역이다. 이러한 역사적·문화적 배경을 바탕으로 다채롭고 풍성한 장편 서사문학과 민담, 민요가 발전되어왔다. 오늘날 바이순 지역의 총인구는 8만 4천 명을 헤아린다. 바이순 라이온은 바이순시를 포함하여 7개의 도시와 56개의 농촌지역으로 구성되어 있다.

우즈베키스탄 남부 수르한다르야 계곡 내에서도 바이순 지역이 갖는 지리적·문화적 특색으로 인해, '민족지적 섬ethnographical island'으로 언급될 수 있을 만큼, 우즈베키스탄 남부 여타 지역과도 구별되고 있다. 바이순의 어원에 대해서는 여러 가지 주장들이 있는데, 페르시아의 지명 '보이산Boysan'에서 유래했다, 울루그 토그Ulug tog로서 '큰 산great mountain'에서 유래했다, 셴 보이sen boi, 보이 울카boi ulka에서 유래하여 '당신은 부자다', '비옥한 지역'이란 뜻을 갖고 있다는 주장도 있다. 어떤 연구자들은 우즈베키스탄 민족 내에서도 쿵그라트족의 종족정신을 언급하면서, 바이순이 '곧은 부족', '유순스Usuns 부족'이란 뜻을 갖고 있다고 주장하기도 한다.

도스콘과 평화

우즈베키스탄 민족의 민담은 영웅호걸에 대한 서사적 구술 혹은 서사시적인 형태를 갖춘 도스톤과 우화, 동화, 설화, 전설 등의 형태를 갖춘 에르탁으로 대별할 수 있다. 이를 전달하는 전문 이야기꾼을 '도스톤치' 혹은 바흐쉬, '에르탁치'라고 부른다. 여기에는 집시들 중에서 유랑생활을 하면서 이야기를 전문으로 해주면서 살아가는 만담꾼도 포함시킬 수 있다. 특히, 바이순 지역에서 발달된 것은 영웅호걸의 영웅담을 구술하는 서사적 도스톤이다. 바이순의 대표적 영웅 서사시는 '알빠미쉬Alpamysh'이다.

영웅 서사적인 도스톤은 주로 중앙아시아 민족들의 정체성을 주제로 하고 있으며, 중앙아시아 투르크계 민족들의 연합 연맹전통을 강조하고 있다. 따라서 외부의 적에 대항한 투르크계 종족들의 연합과 연맹을 촉구하고 이를 바탕으로 영웅이 등장하여 적들을 물리친다는 내용이다. 이처럼 중앙아시아는 일찍이 외부의 적들에 대항하기 위하여 중앙아시아 종족들끼리 연합하는 전통을 갖고 있었다. 비록 각각의 종족들이 각자의 영웅 서사시를 갖고 있으나, 이야기의 전개 방식이나 내용, 구성 등에 있어서는 비슷한 양상을 보여주고 있다. 이는 오늘날의 중앙아시아 민족들이 언어적으로나 문화적으로나 동일한 문화적 전통을 갖고 있었고, 공통의 조상을 갖고 있었을 가능성이 농후하다는 것을 반증하고 있다.

그렇다고 우즈베키스탄 민족의 도스톤이 투쟁적이고 저항적인 것만 있는 것은 아니다. 외부적으로는 투쟁적이고 연맹이나 연합하여 저항하는 측면이 있으나 중앙아시아 종족들 내부적으로는 그렇지 않다. 도스톤이나 에르탁은 평화, 친선, 화합을 가장 소중한 가치로 여긴다.

우즈베키스탄 민족은 중앙아시아의 여러 투르크계 민족들처럼 전통적으로 평온하고 평화로운 것을 소중히 여긴다. 우즈베키스탄 민족은 "평화로운 민족은 꽃피는 정원을 가질 수 있다", "평화와 화합 속에서는 아무리 많은 여러 종족들일지라도 상호의견을 일치시킬 수 있다"라고 할 수 있을 만큼 평화를 전통적 가치로 간주한다. 가정이나 국가의 평화는 우즈베키스탄 민족의 정신적인 풍요를 만드는 밑바탕으로서 아주 중요한 의미를 지닌다고 여긴다. 또한 평화로운 생활은 종족적 입장에서 안정과 행복이 반드시 동반하게 된다고 믿고 있다.

우즈베키스탄 민족의 현명함과 지혜로움은 "하루 다툼이 있으면, 결과적으로 40일 동안 안녕과 성공을 이룰 수 없다"는 속담에서 찾을 수 있다. 여러 가지 논쟁과 상반된 질문은 작은 공동체의 울타리 속에서, 그리고 국가라는 큰 틀 안에서도 우즈베키스탄 민족들은 전통적으로 조급하거나 급진적이지 않으며, 기본적으로는 상호간 화합하는 데 열중하면서 상식적인 틀을 벗어나려 하지 않는다. 우즈베키스탄 민족은 사회경제적으로 또, 정치적으로 어려운 시기에도 보통 민족의 중요한 가치인 평화와 화합을 먼저 생각하고, 이와 관련된 모든 수단과 가치를 지키고 보존하기 위해 힘쓴다. 우즈베키스탄 민족에게 있어 평화와 인내는 민족적 심리 저편에 남아 있는 중요한 자산이자 민족성이라고 할 수 있다.

이러한 우즈베키스탄 민족의 특성은 구술문화에서 다양한 흔적을 찾아볼 수 있다. 유목적 특성이 그대로 남아 있는 우즈베키스탄 민족의 구술, 구전, 구비문학은 많이 발달해 있다. 여기서 필자는 우즈베키스탄의 구술문화 역시 결국 많은 부분이 평화와 화합을 주제로 하고 있다는 것을 밝히고 싶다.

에르탁라르

우즈베키스탄 민족의 구술문화 속에는 수많은 민족적 경험이 녹아 있을 뿐 아니라, 민족의 역사적 경험, 철학, 미학적 전통, 정신세계, 심리학적인 것들도 담겨있다. 우즈베키스탄 구술문화는 아직까지 비문학적인 것으로 간주되는 경향이 있으나, 여러 특징적인 장르로 나눌 수 있다. 예를 들면, 설화, 민요, 전설, 속담, 수수께끼 등이다. 이를 영웅 서사시와는 달리 '에르탁라르(설화)'라고 부른다. 우즈베키스탄 민족의 영구적인 발전 과정은 세대에서 세대로 넘어가면서 각 장르에서 나타나고 있는데, 이러한 과정을 거쳐서 특징적인 장르로 풍부하게 발전해오면서, 몇 가지 상이한 내용의 장르를 구성하게 되었다.

우즈베키스탄의 구술문화 중에서 가장 인기 있는 장르 중의 하나는 '에르탁라르'이다. 에르탁라르는 매일의 일상생활과 관계있는 현실적인 것과 공상적인 사건들이 결합된 양상을 보여주고 있다. 우즈베키스탄 민족의 설화는 이야기로만 구성된 것이 아니라, 음악과 결합되어 음률에 따라 설화가 이어진다. 대표적인 바이순 지역의 악기는 두 줄짜리 현악기 '둠바르'이다. 같은 우즈베키스탄 영토 안에서도 서부지역 호레즘에서는 두 줄짜리 현악기 '투타르'를, 남부 우즈베키스탄에서는 역시 두 줄짜리 현악기 '돔부라'를 가지고 연주하듯 구술을 한다.

둠바르를 연주하며, 에르탁라르는 끝없이 이어지며, 시각보다 청각에 익숙한 우즈베키스탄 민족들의 정신세계를 적셔주고 형성시켜준다. 우즈베키스탄 민족의 에르탁라르는 이야기 형식을 빌려 우즈베키스탄 민족의 역사, 역사적 관점, 정신적인 지향을 구술해주고 있다. 에르탁라르는 비교적 쉬운 설명으로 다양한 계층의 우즈베키스탄 민족들에게 쉽게 접근하여, 연령과 지적 수준에 따라서 대중적인 눈높이를 맞추며 발전하였다.

에르탁라르의 기본적인 주제는 선과 악의 투쟁에 기반을 두었고, 항상 선이 승리하는 권선징악적 특징을 갖고 있다. 분명한 사건 전개와 영웅의 활약, 과장된 묘사는 사람들에게 가르침을 주고, 선의 범주 내에서 생각하게 하고, 항상 정의로운 힘이 승리함을 듣는 사람들은 공정함에 대해서 믿음을 가지게 된다. 이렇게 하여 우즈베키스탄 민족은 설화를 통하여 정신세계의 완전함에 대한 갈망을 자극하고 충족하게 된다.

에르탁라르에 기본적으로 내재된 사상은 마술적이며, 신화적인 것이다. 이는 여러 가지 다양한 가정적 사회적 분쟁으로 야기된 이야기의 독특한 서술체계를 가지고 있다. 이러한 이야기에는 보통 영웅이 등장하며, 용의 발톱에서 아름다운 아가씨를 구하거나 혹은 먼 나라에까지 가서 시련과 고난을 당하는 아름답고 착한 아가씨를 구하기 위해 험한 길을 가며, 결국에는 평화로운 행복의 순간을 맞이하게 된다. 이러한 이야기의 특징은 생생하고, 살아 있는 비현실적인 신화나 마술의 힘을 빌린 것이다. 또한 동물들이 등장하여 에르탁라르는 보다 풍부하게 주제를 전개시키며, 일반적인 사고의 틀 안에서 서술되고 있다. 여기서 자주 등장하는 것은 칼, 마력을 가진 반지, 불타는 돌, 유리, 빗 등이다. 마녀나 용과 같은 신화적 존재로부터 구조를 하며, 망치, 호박, 나무, 칼, 마술의 새(세무르그, 꾀꼬리, 안코, 후모)가 등장하여 선의 편에 서서 영웅과 함께 승리를 거두고 종국에는 평화를 세우고 지켜나가게 된다.

에르탁라르에 담겨 있는 평화와 화합

전체적으로 우즈베키스탄 민족의 설화인 에르탁라르는 여타 민족의 평화에 관한 이야기처럼, 내용적인 측면에서 칭찬, 지식, 노동, 우정(친선), 영웅주의, 선, 자기희생, 사랑 등을 이용하여 평화와 화합에 궁극적으로 도달하게 된다. 에르탁라르의 주인공은 대대적인 전투와 대규모 충돌을 피하게 하고, 개인적인 결투나 시합을 통해서 노래를 하고, 여러 다양한 조건과 희망을 만들어나간다. 어떤 경우는 신화의 등장인물들인 괴물, 용, 마녀 등과 결투를 하기도 한다.

에르탁라르의 결말은 젊은 가족은 평화와 화합 속에서 행복하게 살았다는 것이다. 전체적으로 이와 같은 주제는 영웅이 등장하여, 여러 가지 험난한 과정을 거쳐서 사건을 해결하게 되고, 급기야 나라와 민족의 평화와 화합을 가져다준다. 이러한 내용과 구조를 가진 에르탁라르는 "호걸 루스탐", "작은 영웅", "호걸 벡티미르", "자파르왕", "현명한 아가씨", "파르핫과 쉬린", "호걸 키란" 등등이다.

파르핫과 쉬린의 이야기에서 파르핫 왕자는 아름다운 공주 쉬린의 사랑을 받기 위해 산을 가르고, 땅에 물을 부어 마침내 아름다운 공주의 사랑을 받게 된다는 내용으로 호걸과 사랑이 함께 펼쳐져 아름다운 평화를 이룩하게 된다.

호걸 루스탐의 에르탁라르에서는, 아프라시압의 호걸 루스탐과 자빌리스탄 군대의 '수흐롭' 장군 사이에 사적인 분쟁이 생겨 두 나라 간의 큰 전투가 벌어질 뻔했으나 루스탐의 활약으로 예방할 수 있었다.

알빠미쉬 이야기는 우즈베키스탄에서 가장 유명한 장편 서사시를 구성하고 있다. 바이순의 알빠미쉬는 칼믹의 나라로 가서 '바르친'이라는 미인을 구해 온다. 이 과정에서 알빠미쉬에 대해 적대적인 '코라존'은 90여 명의 군인들과 함께 귀가하는 알빠미쉬를 죽이기 위해 길에서 기다린다. 이 두 영웅은 결투를 하게 되는데, 결국 알빠미쉬가 승리를 거둔다. 승리한 알빠미쉬는 코라존에게 친구가 될 것을 제안했고, 이를 수락한 두 영웅은 함께 연합하여 악을 물리친다.

또 다른 우즈베키스탄 민족의 에르탁라르 "현명한 아가씨"는 가난한 할아버지와 살아가는 손녀가 난폭한 통치자의 난해한 질문에 기지와 지혜로써 대답하여, 종족의 평화와 안녕을 지킬 수 있었다는 내용이다.

난폭한 통치자는 주변의 사람들에게 이상한 질문을 던졌다. '세상에서 가장 단 것은 무엇인가', '세상에서 가장 매운 것은 무엇인가.' 그는 40일간의 시간을 주어 이 질문에 대한 답을 찾게 하였다. 그러나 통치자 주변의 사람들은 현명하고, 고위 관리들이었음에도 불구하고 통치자를 만족시키는 답변을 찾지 못했다. 심지어 통치자의 보복이 두려워 일부는 도망을 가기도 하였다. 가난한 할아버지의 손녀딸은 "세상에서 가장 단 것은 '아이들", "세상에서 가장 매운 것은 죽음"이라고 대답하였다. 이 대답에 매혹된 통치자는 이 종족에게 평화와 안녕을 선사하였다. "현명한 아가씨"에서 필자는 두 가지의 구성 요소를 찾을 수 있다. 첫 번째는 통치자의 질문에 기지 있는 대답으로 종족의 평화와 안녕을 선사하게 되었다는 것이고, 둘째는 이 질문에 대한 답은 궁전의 고위 관리자도 현명한 학자도 아닌 일반 평민의 신분인 여성에게서 나왔다는 것이다. 이는 우즈베키스탄 유목사회에서는 전통적으로 여성의 지위가 높았는데, 이는 가정에서뿐만 아니라, 사회 전반에 걸친 것이었다는 것을 알 수 있다.

여성에 대한 존경과 평화에 관한 내용은 "현명한 어머니"에서도 찾아볼 수 있다. '수흐로브'라는 공주는 어려서부터 전쟁을 좋아하고, 성장해서는 능숙한 전사가 되었다. 이웃 나라의 통치자는 수흐로브 공주와 의견 충돌을 빚어 군사를 이끌고 공주의 나라를 침략하게 되었다. 수흐로브 공주의 어머니는 전쟁을 막기 위해서 전투가 벌어질 장소로 찾아갔다. 전쟁이 시작되기 직전에 이웃 나라의 군대 앞으로 다가가, 자신이 쓰고 있던 두건을 군인들에게 던졌다. 이는 아들을 사랑하는 어머니의 슬픔을 표현하는 우즈베키스탄 민족의 방식이다. '이 전쟁을 통해 수많은 어머니들이 슬퍼할 것이다'라고 말했다. 이를 본 군인들은 전쟁을 멈추고, 통치자들은 강화조약을 체결하여 평화와 친선을 나누게 되었다. 이와 관련하여 여성—어머니의 모습뿐만 아니라, 여성과 관련된 말과 물건은 우즈베키스탄 민족에게 전통적으로 거룩하고 신성한 것으로 받아들여졌다.

한편 '굴두르순'은 외세의 침략에 대항하는 과정에서 배신자의 모습으로 나타난다. 옛날 호레즘의 굴두르순이라는 폐허가 된 지역이 있었는데, 몽골 침입 이전에는 이 지역에 '굴리스탄'이라는 도시가 있었다. 몽골군이 이 지역을 공격해왔을 때, 지역 통치자와 주민들은 끝까지 저항을 했다. 도시에 접근한 몽골군은 점령에 성공할 가능성이 없자, 도시를 포위하였다. 도시에 기아와 질병이 발생하였음에도 불구하고, 도시의 주민들은 끄떡없이 지탱하였다. 이 가운데, 도시를 포위한 몽골군 진영에서도 식량이 떨어졌다. 도시의 주민들은 가축에게 충분한 곡물을 주어 먹인 다음, 도시 밖으로 쫓아내었다. 이를 본 몽골군 대장은 도시 안에는 충분한 음식이 있다고 판단해 점령을 포기하고는 군사들에게 포위망을 풀 것을 명하였다. 그러나 몽골군이 포위망을 풀기 직전에 통치자의 딸 '굴두르순'은 자기 민족을 배신하고, 적군인 몽골군에게 다가가 도시로 통하는 비밀통로를 폭로하였다. 결과적으로 굴리스톤은 점령당하고, 나라는 무너졌다. 이 이야기에서 얻을 수 있는 것은 영웅적인 주민들의 활약상을 충분히 감지할 수 있고, 한편으로는 한 여성의 배신이 민족과 나라와 가정의 파멸을 초래할 수 있다는 것이다.

자기희생을 통해 민족의 안녕과 평화를 달성한 '쉬락'이라는 목동에 관한 이야기도 있다. 이 이야기는 중앙아시아의 사카족을 정복하기 위해 원정길에 오른 당대 강국 페르시아의 다리우스 1세 때의 일이다. 사카족 진영에서 삭스포르, 오마르그, 타마리스 등과 함께 다리우스 1세의 침략을 막기 위해 전략을 세우고 있을 때, 사카족 진영으로 '쉬락'이라는 목동이 찾아왔다. 쉬락은 자신이 죽으면 사카족 군대장이 자신의 가정에 가장 필요한 것을 주겠다는 약속을 받은 다음, 다리우스 1세의 군대를 무력화시키는 방법을 설명하였다.

쉬락은 자신의 코와 귀를 자르고 몸에 상처를 낸 다음, 다리우스 1세의 숙영지로 가 자신의 몸에 상처를 낸 사카족들에게 복수하고 싶다는 뜻을 밝혔다. 쉬락은 자신이 직접 페르시아 군대를 안내하여 7일 동안 물 한 모금 없는 사막으로 끌고 다녔다. 결국 다리우스 1세의 군대를 자멸시키고 스스로 죽음을 택한 쉬락은 자신을 희생하여 전쟁을 막고, 민족과 나라를 구한 것이었다.

민족 통합의 역할

우즈베키스탄 민족의 설화는 일반적으로 어떤 사건이나 사고를 통해 여러 부족으로 나뉘어졌던 나라들을 연합시키는 역할을 했다. 간략하게 요점을 말하면, 부족을 통합하는 역할을 에르탁라르를 통해 동기를 부여받은 셈이다. 이들 부족들이 연합하는 가장 일반적인 원인은 사랑과 결혼으로 지역적 통치자들의 젊은 대표자들이 연합하는 것이다. 구술문화 중에서 이러한 특성을 가진 대표적인 것으로는 "굴과 나브루즈" 이야기이다. '굴'이라는 이름을 가진 공주와 '나브루즈'라는 이름을 가진 왕자가 서로 사랑하게 되어 '아단', '야만', '굴', '나브루즈' 네 나라가 연합하였다는 줄거리를 갖고 있다. 이러한 점에서 우즈베키스탄 민족은 '두 개의 깨끗한 심장(마음)이 진심 어린 사랑으로 나라와 민족을 연합시켰다'고 말하곤 한다.

우즈베키스탄 민족의 구술문화에서 가장 일반적이고 중요한 주제는 선과 악, 좋은 것과 나쁜 것의 투쟁이 발생하나 궁극적으로는 선과 좋은 것이 항상 승리하게 된다는 것이다. 구술문화에 나타난 중요한 사상은 평화를 이루고, 무사안녕을 지향하는 것으로, 이는 자신의 가정과 민족을 위한 것이다. 이와 관련하여 우즈베키스탄 민족의 구술문화에는 민족애, 인내심, 휴머니즘 등이 내재되어 있으며, 교육을 통해 세대를 통해 전해지게 된다. 따라서 우즈베키스탄 민족은 어린 시절부터 민족의 온갖 구술문화를 접하면서 민족의 모든 도덕적 규범을 익히게 되며, 미래에 모든 사람들의 생활에서 지켜질 것을 배우고, 도덕과 전통, 심리적 저변을 형성하게 된다.
　전체적으로 우즈베키스탄 민족에게 있어 평화의 의미는 생활의 안녕과 평화로운 하늘을 갖는 것이며, 부모와 자식의 건강과 무사를 기원하는 것이다. 그래서 매일 아침 평화와 화합으로 시작하며, 사람들을 만날 때 감사하는 마음으로 대하는 것이다. 우즈베키스탄 민족의 공동체 전통은 가정, 친인척, 종족, 민족의 행복은 자신의 행복 위에서 가능한 것이다. 그래서 민족과 나라의 평화와 화합은 전통적으로 가장 가치 있는 것으로 여겨진다.

〈설화〉 호걸 루스탐

　자빌리스톤 나라의 카요니족 '소무 나리몬왕'이 살고 있었다. 왕에게는 부인이 17명이나 되었으나, 아이가 없었다. 그래서 그는 코히코프 출신 '말리카'라는 여인과 다시 결혼했는데, 얼마 지나지 않아 부인이 아기를 가지게 되었다. 카니작이란 신하가 소무 나리몬왕에게 이렇게 말했다.
　"왕이시여! 전하께서는 아직까지 왕자가 없습니다. 만약 왕비께서 왕자를 낳는다면, 40일 동안 아무에게도 보여주어서는 안 되옵니다. 전하께서 보는 것도 안 됩니다."
　"알겠소이다. 아들을 낳는다면, 보여주지 않겠소. 아무에게도 보여주지 않을 것이오."
　출산일이 되어 말리카는 아들을 낳았다. 카니작은 아들을 다른 사람에게 보여주면 아들은 개가 될 것이라고 말했다. 카니작과 말리카는 왕이 아들을 본다면, 우리 모두는 죽을 수밖에 없다는 생각을 했다.
　마침내 날이 밝았다. 소무 나리몬왕은 카니작에게 상을 내리며 40일 동안 아들을 보지 않겠다고 약속했다.
　말리카와 카니작은 신하를 불러 이렇게 말했다.
　"그대는 이 며칠 사이에 아들을 낳은 부인을 찾아 데려오시오. 그러면 금을 상금으로 주겠소."
　신하는 빵 만드는 사람의 부인이 며칠 전에 아들을 낳았다는 것을 알게 되어 그 아들을 데려오려 했다. 그러자 빵 만드는 사람의 부인은 금을 먼저 줘야 아들을 주겠다고 했다. 신하는 카니작에게서 금을 받아 빵 만드는 사람에게 주고 카니작에게 그 아이을 건네주었고, 카니작은 그 아이를 말리카에게 데려갔다. 그러자 말리카는 자신의 아들 '졸'을 땅에 내동댕이쳤다. 카니작은 신하를 시켜 졸을 닐강에 버리게 했다. 말리카와 카니작은 문제의 아기를 강에 버려 자신들의 문제를 해결하려고 한 것이었다.

　신하는 졸을 가슴에 안고 강강로 가다가 어린아이를 어떻게 버린단 말인가 하고 불쌍한 생각이 들어 강 옆에 있는 작은 나무숲에 놓아두었다. 어린아이는 울음을 터뜨리자 암사슴이 나타나더니 아침이 될 때까지 아이에게 젖을 먹였다.

　코히코프에 살고 있는 '세무르그'는 언젠가 천사들의 모임에 있을 때, 졸이라는 아이가 생각났다. 세무르그는 모든 일을 미리 알 수 있는 능력을 갖고 있는 새로, 졸의 생일날에 10년의 일들과 천 년 동안 살 일들에 대해서 잘 알고 있었다. 세무르그는 숫자를 세어서 졸이 7일에 태어날 것도 알고 있었다. 또 졸이 어머니의 젖을 먹지 못하고 작은 나무숲에서 암사슴의 젖을 먹고 자랄 것이란 것도 이미 알고 있었다.

　세무르그는 급히 작은 나무숲으로 가서 졸을 찾아 집으로 데리고 와 사슴과 염소의 젖을 주고 키웠다. 졸은 14살이 되었을 때, 교육을 받기 시작했는데, 보통 사람들이 40년 동안 공부한 것과 비슷한 공부량을 숙달했습니다.

　소무 나리몬왕은 빵 만드는 사람의 아들을 자신의 아들로 알고 14년 동안이나 키웠다. 그러던 어느 날, 왕은 회의를 소집했는데, 그 회의에 참석한 세무르그는 왕에게 고백했다.

　"왕이시여! 이 아이는 전하의 아이가 아니라 빵 만드는 사람의 아들입니다."

　그러나 세무르그의 말을 믿는 사람은 아무도 없었다. 왕이 화를 내자, 세무르그가 다시 왕에게 말했다.

　"이 아이에게 빵이 담긴 그릇을 주고 집으로 데리고 가십시오. 이 아이가 손으로 그릇을 들고 집으로 가면 전하의 아들이고, 머리에 이고 가면 빵 만드는 사람의 아들입니다."

　왕이 아이에게 빵을 주며 집으로 가져가라고 말하자, 아이는 손으로 빵을 가지고 가다가 집에 거의 도착할 무렵에 머리에 이었다.

세무르그는 왕에게 말했다.

"이 아이가 빵 만드는 사람의 아이라고 믿을 수 있습니까? 전하의 아들 졸은 저희 집에 있습니다. 지금 그 아이는 14살입니다. 믿지 못하시겠다면 왕비께 물어보세요. 이 일이 사실이라 해도 벌을 주지 않겠다고 약속하신다면 왕비는 진실을 말할 것입니다."

그러자 왕은 말리카 왕비와 카니작을 불러놓고 질문을 했다.

"말리카, 카니작. 그대들에게 묻겠노라. 거짓말을 하면 엄한 벌을 내릴 테니 진실만을 이야기하라. 이 아이는 누구의 아이냐?"

말리카와 카니작은 거짓말을 하면 죽을 수도 있다고 생각하고, 땅에 머리를 조아리며 카니작이 말했습니다.

"왕이시여! 말리카는 개를 낳았습니다. 그래서 닐강에 버렸으며, 우리는 그 아이가 살았는지 죽었는지 모릅니다. 그러고 나서 빵 만드는 사람의 아들과 바꾸었습니다."

왕이 세무르그에게 당신의 말은 모두 사실었다고 말하자 세무르그는 졸이 있는 곳으로 날아가 이렇게 말했다.

"졸! 타거라. 이제 너를 네 아버지에게로 데리고 가겠다."

그러나 졸은 아버지의 존재를 몰랐다. 세무르그는 졸을 아버지가 있는 곳으로 데리고 갔다. 사람들을 본 적이 없는 졸은 두려움에 떨었고, 회의에 참석한 사람들도 졸을 무서워하였다. 그렇게 하여 졸은 아버지와 20살이 될 때까지 함께 살았다.

말리카는 아들 졸에게 짝을 찾아주었습니다. 결혼을 한 졸은 곧 부인이 임신을 하게 되었다. 임신 7개월째 되면서 부인의 몸이 점차 무거워지면서 그녀의 다리가 땅으로 들어갔다. 8개월째 되었을 때에는 더욱 깊이 몸이 땅 속으로 들어가 아예 걸을 수조차 없었다. 아이가 태어나던 날, 세무르그와 40명의 신하가 아이를 받았다. 아들 루스탐이 태어났다. 세무르그와 40명의 신하는 졸 부인의 자궁을 사슴의 우유로 씻어내고, 실로 꿰맸다. 세무르그는 자신의 몸에서 피를 내어 졸 부인에게 먹였다. 루스탐은 어머니의 젖을 먹었다.

소무 나리몬왕이 죽자 그의 삼촌 카이코우스가 왕이 되었다. 졸은 나라의 일을 맡아보았다. 루스탐이 성장하여 카이코우스왕과 함께 일을 하였다. 그는 언젠가 한 달간의 휴가를 받아 사냥을 하러 나갔다.

모잔단 지역에 있는 강가에 어떤 늙은이가 19살의 어린 딸과 함께 살고 있었다. 이 늙은 아버지는 딸을 불러 차를 한 잔 가져다달라고 부탁했다. 딸은 아버지에게 차를 주고 나갔다. 늙은 아버지는 이제 딸이 다 컸다며 '빵이 따뜻할 때 맛있듯이, 여자도 나이가 차면 남편을 찾아야 한다'고 생각했다.

이때, 루스탐은 사냥을 위해 닐강 앞에 있는 모잔단 지역으로 들어왔다. 바로 앞에 사슴 한 마리가 보여 활을 쏘았지만 맞추진 못했다. 화가 난 루스탐은 사슴을 쫓아 숲으로 들어갔는데, 너무 깊이 들어가서 길을 찾을 수가 없었다. 루스탐은 가까운 곳에 마을이 있는 것을 보고는 하룻밤 유숙하기로 하였다. 루스탐은 할아버지 한 명이 강가에 앉아 있는 것을 보고 인사를 하자 그 할아버지도 루스탐에게 인사를 했다.

"할아버지, 제가 사냥을 나왔다가 길을 잃었는데, 오늘 하룻밤 할아버지 댁에서 묵을 수 있겠습니까?"

"그런데 당신은 어느 종족 사람입니까?"

"저는 카요니족 사람 루스탐으로, 졸의 아들이며, 소무 나리몬왕의 손자입니다."

"예, 그렇군요. 우리 집에서 묵어가도록 하시오."

할아버지는 루스탐을 집으로 데리고 가 양을 한 마리 잡고 이웃을 초대해 잔치를 벌이고는 이렇게 말했다.

"루스탐 장군! 장군에게 부탁이 하나 있습니다."

"무슨 부탁입니까?"

"나에게는 딸이 하나 있습니다. 루스탐 장군, 당신에게 내 딸을 주고 싶습니다."

루스탐이 손을 가슴에 대고 감사의 마음을 표시하자 할아버지는 이런 말을 덧붙였다.

"그런데 문제가 있습니다. 내 딸아이는 눈이 없고, 손이 없고, 다리가 없습니다."

"그래도 괜찮습니다. 할아버지의 딸과 결혼하겠습니다."

루스탐은 할아버지의 딸 굴체흐라와 결혼을 하기로 했다. 그러나 굴체흐라를 본 루스탐은 할아버지가 거짓말을 했다는 것을 알게 되었다. 세상에 굴체흐라보다 아름다운 아가씨는 없을 것 같았기 때문이었다. 한 달의 휴가가 끝나갈 무렵, 할아버지에게 집에 다녀오겠다고 하고 주머니에서 목걸이를 꺼내 할아버지에게 주었다.

"굴체흐라가 딸을 낳으면 이 목걸이를 왼쪽 허리에 묶고, 아들을 낳으면 오른쪽 허리에 묶으세요. 저희 종족은 이 목걸이를 착용합니다. 이렇게 함으로써 같은 종족이라는 것을 알 수 있습니다."

루스탐이 작별 인사를 하고 말에 올라타자 굴체흐라는 눈물을 흘렸다. 나중에 굴체흐라는 아이를 낳고 수흐로브라는 이름을 지어 주었다. 어느덧 14살이 된 수흐로브는 어느 날 아버지가 없다고 놀려댄 아이와 싸움을 하고는 눈물을 흘리며 집으로 돌아왔다. 할아버지는 곧 아버지가 올 것이라며 수흐로브를 달랬다.

그러던 어느 날, 수흐로브는 아이들과 함께 돌놀이를 하다가 그만 일을 하고 있던 할머니에게 던지고 말았다. 할머니는 매를 들고, 아이들에게 다가와 누가 돌을 던졌는지 물었다.

아이들은 모두 수흐로브가 던졌다고 고자질했다. 그러자 할머니는 수흐로브를 때리며, 아버지가 없는 자식이라고 꾸짖었다. 수흐로브는 눈물을 흘리며 어머니를 졸랐다.

"어머니, 아버지를 찾아주세요!"

"아들아! 너는 카요니족이며, 소무 나리몬왕의 손자이자, 졸의 아들인 루스탐의 아들이란다. 네 아버지는 자빌리스톤과 시이스톤 나라에 계신단다."

수흐로브는 어머니의 말을 듣고 나자 더욱더 아버지를 찾고 싶어졌다. 굴체흐라는 아들에게 아버지와 같이 태어난 '락시' 라는 말을 주었습니다. 수흐로브는 어머니와 할아버지에게 인사를 하고 자빌리스톤으로 갔습니다. 수흐로브는 길을 제대로 찾지 못해 오후드강을 지나 부라하로 갔게 되었는데, 소와 염소를 많이 키우는 카작 민족과 마주치게 되었다. 아리따운 아가씨가 우물 옆에서 양들에게 물을 주고 있는 것을 본 수흐로브는 말을 몰아 아가씨에게 다가갔다.

"아가씨, 물 좀 주세요!"

아가씨는 수흐로브를 보고 사랑을 느꼈으나 우물 속으로 두레박을 던지며 퉁명스럽게 말했다.

"장군이시여! 직접 물을 길으세요. 왜 다른 사람에게 부탁을 합니까?"

그 말을 들은 수흐로브는 화가 나 말에게 채찍질을 하며 우물로 다가갔다. 수흐로브는 한 손으로 물을 뜨려 했지만 뜨지 못하고, 두 손으로 뜨려 했지만, 역시 뜨지 못했다. 이번에는 사다리를 이용해서 물을 뜨려 했지만, 역시 뜰 수 없었다. 아가씨가 그 광경을 지켜보고 있었기 때문에 수흐로브는 매우 부끄러웠다. 수흐로브는 말에서 내려 온 힘을 다해 겨우 물을 뜰 수 있었다. 수흐로브는 물을 마시고 나서 아가씨에게 농담을 했습니다.

"아가씨, 내게 시집을 오지 않겠소?"

아가씨의 이름은 '자브보라' 였는데, 이렇게 대꾸했다.

"당신이 저와 씨름을 해서 이기면 당신과 결혼하겠습니다."

수흐로브는 허락을 하고 씨름을 할 준비를 했다. 아가씨는 허리에 띠를 매고 씨름을 할 준비를 재빨리 마쳤다. 씨름이 시작되자 아가씨는 일부러 넘어지더니 이렇게 말했다.

"저는 이제 당신의 아내입니다."

자브보라가 어머니에게 수흐로브와 결혼하겠다고 하자 흔쾌히 수흐로브를 사위로 맞이하였다. 그곳에서 40일 동안 산 수흐로브는 아가씨에게 아버지를 찾아 다시 돌아오겠다고 말하고는 주머니에서 목걸이를 끄집어내어 장인에게 주었다.

"장인어른, 자브보라가 딸을 낳으면 목걸이를 왼쪽으로 묶고, 아들을 낳으면 오른쪽으로 묶으세요."

수흐로브는 작별 인사를 길을 떠나 '발륵치' 라는 마을로 가게 되었다. 이때 친다 아프라시압왕이 강 옆으로 이동하던 수흐로브를 발견하고 신하를 보내 누군지 알아보게 하였다. 신하가 수흐로브에게 다가와 이렇게 말했다.

"이 땅은 투론 땅이자 친다왕의 땅입니다. 허락도 없이 이곳에서 무엇을 하고 있습니까?"

"저는 창갈리 모잔다론에서 왔습니다. 제 아버지 루스탐을 찾기 위해 자빌리스톤으로 가는 중입니다."

　신하는 수흐로브의 말을 듣고, 아프라시압왕에게 그대로 전했다. 아프라시압왕은 수흐로브에게 도움을 줄 수 있을 것이라는 생각을 하고 다시 신하를 보내 수흐로브를 데리고 와서는 성대한 잔치를 벌였다. 아프라시압왕은 수흐로브에게 6개월 동안 훌륭한 음식을 먹였다. 7개월째 되던 어느 날, 자빌리스톤과 카이코부스 간에 전쟁이 벌어져 수흐로브은 전쟁터로 같이 나갔다. 자빌리스톤에서는 전쟁터로 루스탐이 나왔다. 루스탐은 어린 장군을 보고 화가 났다. 수흐로브는 루스탐과 씨름을 해서 이겨서 그를 무릎 꿇게 하였다. 수흐로브는 루스탐을 묶었으나, 늙은 노인이라 그냥 보내주었다.

　루스탐은 분해서 이런 맹세를 하였다.

　"태어나 전쟁에서 진 적이 없었는데, 왜 이런 어린애에게 졌단 말인가. 내일 다시 그 어린 장군과 씨름을 하고 싶다. 그의 피를 먹지 않으면 나는 루스탐이 아니다."

　다음 날 두 사람은 다시 씨름을 하였는데, 이번에는 루스탐이 수흐로브를 넘어뜨렸다. 그러자 수흐로브가 루스탐에게 이렇게 말했다.

　"어제 제가 당신을 존중해서 묶지 않고 바로 보내드렸습니다. 그런데 왜 저에게 화를 내십니까?"

　루스탐이 화를 내며 수흐로브의 가슴을 한 대 치자, 수흐로브는 피를 흘렸다.

　"저는 당신을 한 번도 때리지 않았습니다. 게다가 나는 어린 사람인데, 왜 저에게 욕을 합니까? 제 아버지는 카요니족이고, 졸의 아들 루스탐입니다. 제 아버지가 이 사실을 안다면, 당신을 가만히 두지 않을 겁니다."

　그러자 루스탐은 깜짝 놀라며 수흐로브에게 루스탐의 아들인지 어떻게 증명할 수 있느냐고 물었다.

　"저는 잔갈리 모잔다론 마을에 있는 굴체흐라의 아들 수흐로브입니다."

　"그 사실을 어떻게 증명할 수 있느냐?"

　수흐로브는 오른쪽 주머니에 목걸이가 있다고 말하며 이를 보여주었다. 루스탐은 그 목걸이를 보고 깜짝 놀랐다. 루스탐의 목소리를 세무르그가 알아듣고, 카요니족 졸과 함께 수흐로브에게 왔다. 세무르그는 루스탐에게 이렇게 말했다.

"제 깃털에서 피가 일곱 방울 나오면, 수흐로브에게 먹이세요."

루스탐은 세무르그의 피를 받아 수흐로브에게 먹이고 상처를 씻고 치료해주었다. 그때 한 현자가 보물의 방에서 약을 가져와 바르면 수흐로브는 죽지 않을 것이라고 했다. 그 말을 들은 루스탐은 사람들을 보내 약을 가져오게 했다. 사람들은 카이코부스에게 약을 달라고 부탁했지만, 카이코부스는 '수흐로브가 죽지 않으면, 좋이 왕이 될 것이고, 세무르그는 성인이 될 것이다. 그러면 온 나라가 수흐로브와 루스탐의 것이 될 것이라'고 생각하고는 약을 주지 않기로 했다. 약을 구하러 간 사람들이 빈손으로 돌아오자 루스탐은 애마 락시를 몰고 보물의 방으로 가서 약을 가져왔다. 그러나 수흐로브에게 그 약을 먹이기 직전에 그만 수흐로브가 죽고 말았다. 이를 본 루스탐과 사람들은 땅을 치며 울었다. 세무르그와 다른 성인들이 수흐로브를 살리려고 노력했지만, 허사로 끝나고 말았다. 그러자 세무르그가 이렇게 말했다.

"코히코프 지역 맞은쪽에 꾸이사란디프라는 마을이 있는데, 그 마을에 장의사가 있습니다. 그 장의사를 데리고 와서 수흐로브를 씻겨 관 속에 넣고, 루스탐이 그 관을 머리에 이고, 오른손에 묶고, 왼손은 허리에 묶고, 이렇게 하여 루스탐이 40일 동안 지낸다면, 40일 후에 수흐로브는 다시 살아날 수 있습니다."

세무르그의 말에 성인들은 그러자고 했다. 세무르그는 관에 수흐로브를 넣고, 루스탐을 머리에 올려놓았다. 루스탐은 '아, 수흐로브'라고 외치며 39일 동안 다녔다. 마침내 하루를 남겨둔 상태에서 나쁜 사람들이 나쁜 할머니를 꾀어서 뇌물을 줄 것을 약속하고 그 할머니를 루스탐에게 보냈다. 할머니는 강가에 와서 솥을 놓고, 검은 양탄자를 빨았다. 루스탐은 할머니 앞으로 다가가 왜 검은 양탄자를 빠는지 물었다.

"아, 루스탐. 어떻게 죽은 사람을 살릴 수 있나요? 40일 동안 관을 들고 다닌다고 죽은 사람이 살아나나요? 수흐로브를 괴롭히지 말고, 관을 '소혼'넣으세요."

"네, 맞습니다. 40일 동안 관을 들고 다녔습니다만, 수흐로브는 살아날 수 없습니다."

루스탐이 관을 땅에 놓자 세무르그가 와서 할머니를 강으로 던졌다. 수흐로브가 든 관은 '소혼'이라는 곳에 놓여졌다. 세상 사람들은 루스탐이 자기 아들을 때려

죽게 했다고 수근거렸다.

갈리 모잔다론에 살고 있는 수흐로브의 어머니 굴체흐라는 자기 아들이 죽었다는 소식을 듣고, 투론 나라로 갔다. 수흐로브의 부인 자브보라가 낳은 아들 '바르조'는 7살이 되었다. 자브보라는 계속해서 우물에서 물을 길러 동물들에게 주는 일을 하였다. 굴체흐라도 자브보라의 집으로 왔다. 그녀는 자브보라의 곁에 있는 작은 소년을 보았다. 굴체흐라는 그녀에게 물을 좀 달라고 부탁했다. 자브보라는 굴체흐라를 여행 중인 여자로 생각하고, 물을 주었다. 굴체흐라는 바르조를 보고 자기 아들 수흐로브가 생각나 한숨을 쉬었다. 그러자 자브보라가 왜 한숨을 쉬냐고 물었다.

"내게는 수흐로브라는 아들이 하나 있었는데, 아프라시압에 살고 있는 루스탐이라는 아버지가 자기 아들을 죽여서……. 당신 아들을 보니, 내 아들아 똑같아 한숨이 나왔습니다."

"아, 어머니! 저의 이름은 자브보라, 수흐로브의 부인입니다. 바르조는 수흐로브의 아들입니다. 어서 오세요!"

두 사람은 서로 부둥켜안고 눈물을 흘렸다. 그들은 같이 살면서 바르조를 훌륭하게 키웠다. 어느덧 바르조가 16살이 되었다. 어느 날, 굴체흐라는 자브보라에게 이렇게 말했다.

"자브보라, 앞으로 바르조에게 농부의 일을 가르쳐주자. 아버지가 죽은 것을 보았으나, 아들이 죽는 것을 볼 수는 없단다. 동물과 새들에게 먹이를 주고, 우리는 식량을 얻을 수 있단다. 땅에서는 멜론을 키울 수 있단다."

이렇게 하여, 바르조는 멜론을 키우면서 농부의 일을 배워나갔다. 마을 사람들은 항상 이들에게 멜론을 사서 먹었는데, 마을 사람들은 그들을 '코분치(멜론을 키우는 사람)'라고 불렀다.

어느 날, 바르조는 멜론 밭에 물을 댈 수가 없어서 마을 사람들과 싸우고는 집으로 돌아왔다.

"손자야, 괜찮다. 너는 멜론을 재배해 '코분치'라는 이름을 얻었지 않느냐? 앞으로 타슈켄트로 가서 물을 길어 오너라."

바르조는 타슈켄트로 가서 물 관리자를 만났다. 물 관리자는 약간의 물을 주었으며, 바르조는 물길을 만들어 다시 멜론을 재배할 수 있게 되었다.

얼마 후에 아프라시압과 루스탐 간에 전쟁이 시작되었다. 병사들이 말을 타고 바르조가 멜론을 재배하는 곳으로 들어왔다. 화가 난 바르조가 병사 한 명을 몽둥이로 때려죽이는 바람에 그곳에서 큰 싸움이 일어났다. 바르조는 큰 칼로 병사 20명을 죽였다. 병사들이 아프라시압에게 가서 불만을 토로하자 아프라시압 역시 화를 냈다.

"투론 나라에 나보다 힘 있는 사람은 없다. 그놈은 대체 누구냐?"

아프라시압은 굴체흐라와 자브보라가 살고 있는 마을로 직접 말을 타고 달려가 바르조를 내놓으라고 했다. 굴체흐라와 자브보라는 바르조를 데려오자 아프라시압은 이렇게 말했다.

"이 녀석을 내게 주세요. 훌륭한 놈으로 만들 것입니다."

그러자 굴체흐라는 아프라시압에게 애원했다.

"바르조와 함께 있도록 해주세요. 제발 부탁입니다."

아프라시압은 그렇게 하라고 승락했다. 두 여인과 바르조는 오무드강의 수호로브가 자란 곳으로 가서 6개월간 살았다. 7개월째 되던 날에 루스탐에 대항한 전쟁이 시작되었다. 자불에서 온 루스탐은 전쟁을 시작했다. 굴체흐라는 자브보라에게 이렇게 말했다.

"이제 아프라시압과 루스탐에게 복수를 하자."

아프라시압은 바르조를 루스탐에게 대항하도록 싸움터로 보냈다. 루스탐은 바르조를 보고 화가 났다.

"아프라시압, 너는 지난번 싸움에서도 어린애를 보내더니……. 이번에도 어린애를 보냈구나."

이 말을 들은 바르조는 화가 나서, 루스탐을 쳤는데, 뒤로 일곱 걸음 물러났다. 루스탐도 화가 나서 싸움을 시작했다. 루스탐은 바르조의 다리를 잡고, 묶기 시작했다. 이때 굴체흐라가 나타나 루스탐의 허리띠를 낚아채고, 얼굴을 때렸다. 그러자 루스탐이 굴체흐라에게 호통을 쳤다.

"아니, 이년아! 너는 이 싸움터에서 무엇을 하느냐?"

"이 나쁜 놈아! 너는 바르조의 아버지를 죽이고, 이제는 자식마저 죽일 작정이냐?"

"이년아, 넌 누구냐? 빨리 대답하거라."

이에 굴체흐라는 얼굴을 가린 천을 올리고 말했다.

"나는 창갈리 모잔다론에 있는 할아버지의 딸 굴체흐라입니다. 눈을 크게 뜨고 보세요! 이 아이는 수흐로브의 아들 바르조입니다."

굴체흐라의 말을 들은 자브보라가 이렇게 말했다.

"어머니, 왜 지난번에 그 말을 하지 않으셨습니까? 그때 말씀해주셨다면, 아프라시압으로 가서 군대를 호코니친으로 쫓아냈을 텐데요……."

그래서 모든 가족들이 다 만나게 되었고, 코분치 마을에서 함께 살게 되었다. 그 마을은 커다란 도시로 발전하여 수도가 되었다.

【 필리핀 】

평화를 기원하는
알리구욘의 전설

엔리케 니뇨 P. 레비스테 Enrique Niño P. Leviste 필리핀 Ateneo de Manila대학교 사회학·문화인류학과 교수

어릴 적 들었던 이야기들

내가 어렸을 때 아버지와 어머니는 실제나 상상의 인물에 관한 이야기를 거의 매일 밤마다 들려주었다. 우리가 8시 반쯤 집 앞 잔디밭에 편한 자세로 모여 앉으면 이야기는 시작되었다. 아버지와 어머니는 서로 보태고 재미를 더해가면서 이야기를 나누었는데 신이나 신비의 인물, 영웅, 전설적인 인물은 물론 혐오스럽거나 고약한 주인공도 등장했다. 법률가이자 열정적인 역사 연구자인 아버지는 하나의 이야기가 끝날 때마다 자신의 생각을 말했고, 내가 이해했는지 또는 정말로 귀 기울여 들었는지 보려고 질문을 하곤 했다. 아버지는 언제나 필리핀 사람이든 다른 나라 사람이든 보통 사람이 이룬 위대한 업적을 이야기하길 즐겼고 또 수수께끼를 좋아했는데 가끔 직접 만들기도 했다. 어머니는 성경에 나오는 이야기를 더 좋아해서 어린아이의 몰두와 로켓 과학자의 정확성을 갖고 성모 마리아와 그리스도와 열두 사도에 대해 세세한 것까지 파고들었다. 은행원이자 교사인 어머니는 동화도 즐겼는데, 행복한 결말을 맺는 왕자와 공주의 이야기를 특히 좋아했다. 매일 밤 이야기를 듣고 생각에 잠기면서 나는 인물들의 훌륭함에 매료되고 그들의 삶에 큰 영향을 미친 사건들에 당혹하곤 했다.

나는 그 모든 이야기 가운데 설화가 가장 좋았다. 꾸며낸 이야기가 분명했

지만 가장 큰 감명을 주었고 지금까지도 내 마음속에 또렷이 남아 있다. 나를 매혹시킨 것은 설화를 지어낸 이의 놀라운 재능도, 이야기의 화려한 전개도 아니었다. 귀를 기울여 듣고 생각하고 감동하게 만든 것은 행복한 결말에 대한 순수한 열망, 결국엔 선이 악을 이긴다는 것을 알게 되는 환희였다. 짧고 단순하지만 화려하고 신비스러운 설화들은 나의 어린 시절에서 떼어낼 수 없는 일부분이다.

  나의 어릴 적 생활의 일부가 된 것은 그렇다고 하고, 설화는 대중문화의 중요한 요소로서 필리핀 사회에 깊숙이 뿌리를 내리고 있다. 오랜 세월에 걸쳐 설화는 여러 구실을 해왔다. 옛날이야기에 그쳤는가 하면 정치적 주장을 담기도 했고, 개인의 소일거리였는가 하면 민중의 열망이기도 했다. 신비스럽거나 알 수 없는 것에 대한 비공식적인 설명이었고, 나날의 현실에서 벗어나는 잠깐의 휴식이었으며, 정치사회적인 비판의 효과적이고도 교묘한 도구였다. 설화는 사회의 믿음과 가치관을 옹호하고 도덕적 경계를 규정지으며 변화를 부추기고 극심한 어려움 속에서 민중의 화합을 북돋워 필리핀 사회의 지탱을 도왔다. 요컨대 상황은 나아질 것이고 행복의 추구가 우리의 생각처럼 어림없는 것만은 아니며 평화의 촉진은 애쓸 가치가 분명히 있다는 한 가닥 희망을 우리 마음속에 심어주었다.

  감히 설화의 중요성에 대해 더 깊은 얘기를 시작하면서 나는 평화 의식의 촉진에 대한 설화의 기여에 초점을 맞추고자 한다. 아버지와 어머니가 나누었던 이야기들로 돌아가 생각할 때마다 나는 평화의 성취가 흔하고 끓임없이 되풀이되는 주제였다는 사실을 깨닫는다. 진정한 행복은 평화가 정착되었을 때, 서로 다른 배경과 믿음에도 불구하고 사람들 사이에 화합이 이루어졌을 때 비로소 얻어질 수 있다는 사실을 설화를 통해 배웠다. 또 평화의 성취는 결코 쉽지 않지만 불가능하지도 않기 때문에 굽힘이 없는 강한 의지를 유지해야 한다는 것도 배웠다. 평화는 의식적이고 헌신적인 노력을 통해 얻을 수 있는 상태이고 일치된 행동을 통해 이룰 수 있는 꿈이다. 내가 어릴 적 부모에게서 들었던 설화 가운데 하나인 알리구욘의 무용담에 몰두하는 것도 이 때문이다.

평화를 추구하는 알리구욘 전설

흥미롭고 의미 있는 알리구욘의 전설은 우리에게 평화의 추구와 관련하여 많은 교훈을 준다. 보다 구체적으로 말하자면 평화를 위한 노력을 방해하거나 해치는 요소들을 상기시킨다. 먼저 알리구욘의 전설은 어떻게 권력에 대한 욕구가 종종 사람들로 하여금 다른 사람에게 부당한 행동을 하게 이끌고, 더 나아가 집단 간의 증오를 만들어내며 그럼으로써 평화를 위한 노력을 가로막는가를 보여준다. 사실 우리는 개인의 목적을 이루기 위한 권력의 남용이나 폭력의 행사를 신문이나 영화에서 너무나 흔하게 볼 수 있다. 예를 들어 반테러 캠페인이라는 미명 아래 시작된 군사 개입은 또 다른 폭력을 정당화시켰을 뿐이다. 강대국들의 전략적 동맹은 확신과 신뢰가 아니라 불신과 증오를 낳았다. 힘센 나라들이 사회적 발전은 아랑곳하지 않고 정치·경제적으로 제 주장만을 고집함에 따라 힘없는 나라들이 전술적 제휴를 맺을 수 있는 여지는 더 작아졌다. 부유한 나라와 가난한 나라의 불균형이 갈수록 커져 절망적인 수준에 이르면서 사회 안정을 위한 빈국들의 모든 노력이 스러지고 있다. 개인적 차원에서 이야기하자면 알리구욘의 전설은 나 자신이 권력과 위신과 부를 지나치게 미화하는 사회의 일부였다는 것을 깨닫게 해주었다. 또 나를 냉담과 이기의 깊은 잠에서 깨워주고 여전히 위협받고 있는 사회에 더 큰 관심을 갖고 참여하라고 다그쳤다.

알리구욘의 이야기는 또한 사회가 일부는 나머지보다 더 큰 힘을 갖게 만들어져 있는 현실을 조명한다. 누군가가 부자로 태어나든 아니면 가난뱅이로 태어나든, 인척관계의 힘으로 큰돈을 벌든 아니면 그런 힘이 없어서 재산을 잃든 사회적 지위의 극심한 불균형은 통합된 사회의 실현을 더욱더 어렵게 한다. 충분한 재정 자원과 정치적 정당성을 갖고 있는 나라들에서도 식량과 물, 주거, 교육, 건강, 위생과 같은 기본 서비스 혜택을 누릴 수 없는 개인과 공동체들이 많다. 정부들은 정권의 인기만을 생각하는가 하면 특정 집단들의 압력에 노골적으로 굴복하고, 빈곤 계층은 여전히 아무런 힘을 갖지 못한다. 수많은 평가들이 보여주듯이 사회적 불평등은 충돌의 주된 원인이다. 말할 필요도 없이 불평등은 사회적 통합을 매우 어렵게, 심지어 경우에 따라서는 불가능해

보이게 만든다. 다시 개인적인 이야기를 하자면, 나는 사회 불평등의 양극화 효과를 생각하여 평화의 가능성을 야멸치게 무시해버리는 냉소적인 부류에 속했다. 하지만 알리구욘의 위업은 그렇지 않다는 것을 증명했다. 자신의 사고를 바꾸겠다는 그의 의지와 다른 사람들도 그들 자신을 변화시킬 수 있다는 그의 확고한 믿음이 두 마을 사람들로 하여금 자신들의 차이를 조망하고 갈등을 빚어온 간격을 메울 수 있게 했다.

게다가 알리구욘의 전설은 문화적 다양성의 장점과 단점에 대해 암시한다. 지리적으로 떨어진 두 마을의 사람들은 사물을 달리 보고 서로 다르게 행동했다고 추측할 수 있다. 그들이 선, 명예, 용기 등에 대해 공통된 기준을 갖고 있었을 수도 있지만 이런 문화적 가치들의 옹호가 평화로운 공존이나 상호 존중을 보장하지는 못했다. 무엇보다 우선하는 개인적인 목표와 이해관계는 물론 위의 기준들에 대한 서로 다른 해석이 다른 태도를 자극했다고 말하는 것으로 충분하다. 이런 현실은 일상에 영원히 반영된다. 국제기구들은 자유와 인권과 평화에 대한 세계적 기준을 향상시키기 위해 끊임없이 노력해왔지만, 일부 국가는 그들의 정치 의제를 추구하기 위해 이런 노력을 줄곧 왜곡하고 저해하고 있다. 대화를 촉진하기 위한 많은 노력에도 불구하고 강대국들은 외교 대신 군사적 행동에 의지해왔다. 더욱 나쁜 것은 일부 정치가들이 야만적 행위와 무자비한 인권 무시를 정당화하기 위해 평화의 필요를 줄기차게 외쳐왔다는 사실이다. 우리는 '친선과 평화의 사절'을 자칭하는 자들이 그들의 선언을 성공적으로 뒤집어온 체제에 얽매여 있다. 우리는 편견과 차별의 세계에 갇혀 있다. 우리는 평화의 이름 아래 억압당해온 사람들의 구원의 외침에 귀를 기울이지 않는다. 알리구욘의 전설은 우리에게 단호하고 헌신적으로 행동하라고 다그친다. 특히 국제사회에 영향을 미칠 수 있는 나라와 시민사회 단체들이 광범한 위협에 맞서는 진정한 평화운동을 위해 힘을 결집하고 정치적 의지를 끌어낼 것을 호소한다. 또 종교 단체들이 교리의 차이를 떠나서 평화와 화합의 진정한 의미와 가치를 설득하는 데 힘을 합칠 것을 요구한다. 그리고 각 국가의 지도자들이 평화운동에 주의를 쏟고 책임성 있고 투명한 통치를 하도록 보통 시민들이 적극적으로 행동하고 끊임없이 감시할 것을 권한다.

평화의 추구는 끝없는 과정이다. 그것은 조약에 서명하거나 분쟁 지역에서 '평화유지군'을 철수시키는 것으로 끝나지 않는다. 평화는 단지 유혈의 참사가 없다는 것이나 자유를 찬양하고 인권을 보호하는 법이 있다는 것과 같지 않다. 그것은 현재 상태에 대한 단순한 묵인이나 동의 또는 집착이 아니다. 국가 지도자들이 한자리에 모여 세계 문제들을 토의하고 국제적 지지를 얻기 위해 다투는 것도 아니다. 평화는 의회에서 만들어지는 법률의 숫자에 달려 있지 않다. 부나 기술 발전에도 의존하지 않는다. 한 사람의 의지의 산물도 아니다. 그것에 관한 이야기를 주고받거나 글을 쓴다고 해서 얻을 수 있는 것도 아니다. 형태와 모습이 끊임없이 변하는 평화는 개념화를 초월한다. 알리구욘의 공적은 단지 광범위한 사업을 시작했다는 것이다. 그것은 뒤이은 행동과 계획의 계기가 되었다. 또 평화의 가능성을 키우기 위해 우리가 따라야 하는 근본 원리를 말해준다. 알리구욘의 전설은 평화의 추구에는 타인에 대한 헌신과 확고한 열정과 시간이 필요하다는 것을 보여줌으로써 우리에게 희망을 선사한다.

진정한 용기와 진정한 평화

어릴 적 소중한 경험을 돌이켜보면서 나는 그것의 중요함에 또 다시 놀란다. 우리는 부모와 노인들을 존경하고 이웃을 사랑하고 좋은 시민으로 행동해야 한다고 배웠다. 옳은 것을 옹호하고 나쁜 짓의 유혹에 빠져서는 안 된다고 배웠다. 우리는 설화와 시, 수수께끼, 노래를 통해 평화는 소망스러운 것이고 좋은 것이라는 믿음을 갖게 되었다. 우정을 키울 수 있는 행동이라면 주저 없이 해야 한다는 가르침과 용기를 얻었다. 제멋대로의 행동은 선함의 기본 자질에 어긋나는 것으로서 경멸과 비난을 받았다. 이기적인 행동은 용납되지 않았다. 자신이 가진 것을 갖지 못한 이나 원하는 이와 나누는 것은 칭찬을 받았다. 비록 허구와 신비의 인물이지만 알리구욘은 우리에게 어릴 적 배운 원칙과 가르침을 따라 살라고 요구한다. 또 그 길이 아무리 험하고 희생이 고통스러워도 평화를 찾아가는 자신의 여행에 함께

하라고 권한다. 평화는 칼 한 번 들지 않고 총 한 방 쏘지 않고 얻을 수 있다는 것을 우리에게 끊임없이 상기시켜준다. 그의 이야기는 증오와 이기심의 비천함과 전쟁의 사악함을 생각하게 하고 다양함 속의 화합의 중요함을 일깨워준다. 또 진정한 용기는 헌신에 있고 진정한 평화는 상호 존중에 있다는 것을 우리가 깨달을 수 있게 도와준다.

＿〈설화〉 알리구욘의 용감한 행동

정리: **F. 란다 조카노**F. Landa Jocano

먼 옛날 한낭가에 부유한 부부인 암툴라오와 두물라오가 살았다. 그들은 산허리를 뒤덮은 논에서 많은 쌀을 거둬들였고 이웃들 집보다 세 배나 큰 집에서 살았다. 뜰에 묻힌 항아리들에는 술이 그득했다. 암툴라오의 개들은 굶주려 비쩍 마른 이웃의 개들과는 달리 잘 먹어 살이 쪘다. 그러나 이 모든 부에도 불구하고 암툴라오와 두물라오는 불행했다. 자식이 없었기 때문이다. 그들은 신들에게 많은 제물을 바치면서 검소하게 살았다. 허식을 벗어던진 내핍 생활이 신들을 기쁘게 할 것 같았기 때문이다. 마침내 부부의 기원이 이루어져 두물라오는 튼튼하고 잘생긴 아들 알리구욘을 낳았다.

아이는 조숙했다. 어머니가 불러주는 자장가를 곧 따라하는가 하면 한낭가의 전사들이 노래하는 긴 기도문을 암송했다. 시원한 저녁이면 마을 노인들이 들려준 마을 전래의 지식이나 이야기를 한 구절 한 구절 다 외웠다. 하지만 아버지 암툴라오를 가장 기쁘게 한 것은 창과 방패를 다루는 아이의 솜씨였다. 아버지는 알리구욘에게 작은 창을 만들어주었고 아이는 세 살 때 벌써 창으로 물고기를 잡았다. 암툴라오는 감사의 표시로 돼지 한 마리를 신들에게 바쳤다. 다섯 살에는 창으로 새들을 잡았고 일곱 살 때 아버지의 사냥 동료로 인정받았다. 알리구욘은 놀이 친구들 사이에서도 인기가 좋았다. 언제나 우두머리로 뽑혔고 아무도 그에게 도전하지 않았다. 알리구욘이 누구보다도 팽이를 잘 돌리고 또 뾰족한 팽이 끝으로 쳐서 강적 팽이들을 죽일 수 있었기 때문이 아니겠는가? 암툴라오는 아들을 사랑했고 자신이 아는 모든 사냥 기술과 고기잡이 기술을 차근차근 가르쳐주었다. 또 용기와 영웅적인 행동에 관한 모든 이야기를 들려주었는데, 언제나 산 너머 마을에 사는 자신의 숙적에 대한 얘기로 끝을 맺었다. 암툴라오는 달리그디간 마을의 팡가이완을 굴복시켜야만 편안하게 죽을 수 있었다.

성인이 되자 알리구욘은 어엿한 일꾼이 된 어릴 적 친구들을 불러와서 전쟁의 영광에 대해 이야기하고 그들이 달리그디간 원정군에 참여하여 얻을 수 있는 전리품과 영예 그리고 그들을 기다리는 신나는 모험에 대해 말했다. 친구들은 집으로 달려가 창과 방패와 사흘 치 양식을 가져왔고, 알리구욘과 열 명의 전사는 출발했다. 적의 마을에 이르러 알리구욘은 팡가이완과의 싸움을 원했지만 그는 이미 늙어 싸울 수 없었다. 대신 그의 아들이자 알리구욘에 못지않은 숙련된 강인한 전사이고 눈빛이 날카로운 품바콰욘이 알리구욘을 대적했다.

두 사람은 무려 세 해 동안 싸웠다. 그들이 쉴 때는 동료들이 일대일로 싸웠다. 그러나 싸움 기술이 대등한 호적수였기 때문에 누구도 패하지 않았다. 싸움마다 비겼다. 누구도 심한 부상을 입지 않았다. 결국 알리구욘과 품바콰욘은 상대에게 감탄하기 시작했다. 달리그디간 마을 사람들은 적들의 예의 바른 행동과 정정당당한 싸움 태도 때문에 그들을 좋아하게 되었다. 그리고 한낭가 마을 전사들은 달리그디간 마을 처녀들이 수줍음이 많고 매력적이라는 것을 알게 되었다. 어느 날 격렬한 싸움을 벌이고 나서 쉬고 있다가 품바콰욘이 말했다. "이게 무슨 시간 낭비인가! 적이 아니라면 우리는 집에서 쌀로 빚은 술을 마시고 구운 생선과 익힌 고기를 먹을 수 있을 터인데. 하지만 서로에게 상처를 입히지 않았다고 해도 우리는 적이다." 이에 알리구욘은 말했다. "너의 말이 진실이다. 누구도 이기지 못하는 것을 보면 아마도 신들은 이 싸움을 찬성하지 않는 것 같다. 또 신들이 네게 그렇게 말하게 하고 나에게 이렇게 느끼게 하는 것 같다. 품바콰욘, 나는 이제 너를 죽이고 싶지 않다." 이 말을 들은 두 편의 전사들은 환호의 함성을 지르며 품바콰욘과 알리구욘을 늙은 팡가이완이 기다리는 품바콰욘의 집으로 데려갔다. 곧 큰 잔치가 벌어졌다. 돼지들이 비명을 지르며 죽어갔고 살찐 개들도 최후를 맞았다. 사람들은 강에서 고기를 잡고 들판에서 달팽이를 잡았다. 바이올렛과 오렌지와 고구마를 삶거나 구웠다. 바나나를 다발로 늘어놓고 구아바와 장과들을 높이 쌓아올렸다. 겉겨를 벗겨낸 쌀을 깨끗이 씻은 나무 그릇에 넣어 찌고 검은 밑바닥의

흙 단지에 향기로운 허브와 바나나 잎을 넣어 삶았다. 모든 이가 잔치를 즐겨 술독은 비어가고 한낭가 마을 전사들과 달리그디간 마을 사람들의 우정은 깊어갔다.

잔치 내내 알리구욘은 부강의 가벼운 몸놀림과 자태와 명랑함에 매료되었다. 사흘 동안 벌어진 잔치의 끝머리에 그는 팡가이완에게 다가가 말했다. "일찍이 내 아버지의 적이었지만 이제 그의 친구인 팡가이완, 바라오니 저의 청을 하나 들어주십시오. 죽음도 갈라놓을 수 없게 우리의 우정을 튼튼하게 하고자 합니다. 부디 당신의 딸 부강을 제게 아내로 주십시오. 저는 그녀를 사랑합니다. 저에게 부강은 땅에 온기를 주어 밤의 한기를 몰아내주는 빛나는 태양과 같습니다. 또 어둠을 밝혀 하루 노동의 피로를 씻어주는 소중한 달과 같습니다. 그녀와 함께 가지 못한다면 저는 제 마을로 돌아갈 수 없습니다. 나의 마음과 생각과 행복은 이미 그녀의 것이기 때문입니다." 그의 말을 들은 팡가이완은 조용히 생각에 잠겼다. 부강은 얼굴을 붉히고 고개를 숙였다. 그녀가 태어나고 나서 아버지 팡가이완은 열네 번 수확을 했는데, 두세 번 수확한 다음부터 아버지가 자신에게 말을 거는 사내아이들을 못마땅한 눈길로 쳐다본 것을 부강은 알고 있었다. 그러나 그토록 강하고 용감한 영웅이며 평판도 좋고 잘생긴 알리구욘이 아닌가! 과연 팡가이완은 부강이 알리구욘을 따라가도록 허락할 것인가? 팡가이완은 사랑이 가득 담긴 눈으로 딸을 바라보았다. 부끄러움에 반쯤 감긴 눈으로 말없이 자신을 바라보는 딸을 보며 그녀의 마음을 읽을 수 있었다. 그는 헛기침을 한 번 하고 나서 말했다. "알리구욘, 너는 내 아들이다. 신들은 너그럽다. 그들이 내게 훌륭한 사윗감을 선사했다. 부강을 데려가라. 내 딸이 너의 좋은 아내가 되고 암툴라오와 두물라오의 충실한 며느리가 되기를 신들에게 빌겠다." 알리구욘과 그의 동료들이 내지르는 기쁨의 함성이 팡가이완의 말을 삼켜버렸다. 알리구욘은 행복에 겨워 껑충껑충 뛰어오르며 소리를 지르고 그의 친구들은 청혼의 노래를 부르기 시작했다. 여자들은 청동 징과 속이 빈 통나무로 장단을 맞췄고 모든 이가 부강 앞에서 춤추며 수탉의 걸음걸이를 흉내 내는 알리구욘을 지켜보았다.

알리구욘은 의기양양하여 부강과 함께 한낭가 마을로 돌아왔다. 그는 암툴라오와 두물라오 앞에 무릎을 꿇고 말했다. "아버지, 이제 달리그디간 마을에는 당신의 적이 없습니다. 당신의 적인 팡가이완은 살아 있지 않습니다. 당신의 외아들 알리구욘의 장인인 팡가이완이 살아 있을 뿐입니다. 저를 사랑하신다면 제가 아내의 아버지로서 존경하기로 약속한 그분 또한 사랑해주십시오. 보십시오, 제가 팡가이완의 사랑하는 딸 부강을 아내로 데려왔습니다. 아버지, 당신이 배고플 때 말린 고기를 요리해줄 사람을 데려왔습니다. 어머니, 당신이 목마를 때 물을 떠다 줄 사람을 데려왔습니다. 아버지, 저는 당신의 적을 친구로 만들어 바로 당신의 적을 없앴습니다. 이제 당신은 편하게 눈을 감을 수 있습니다. 저는 부강에게 마음을 빼앗겼습니다. 이제 저는 그녀와 함께 편하게 살 수 있습니다."

이렇게 해서 암툴라오와 두물라오에게도 평화가 찾아왔다. 부강이 낳은 많은 아이들로 그들의 삶은 더욱 풍부해졌다. 그들은 종종 달리그디간 마을의 명예로운 손님으로서 팡가이완의 집을 방문했고, 팡가이완 또한 이따금 한낭가 마을을 방문해 손자들의 재롱을 즐기거나 암툴라오 부부와 함께 지난 세월의 이야기를 나누었다.

_번역 송대원(자유번역가)

【 통가 】

바다거북 상고네의 등딱지

오쿠시티노 마히나 Okusitino Mahina 뉴질랜드 오클랜드대학교 인류학과 교수
멜레 하아모아 마히나 알라티니 Mele Ha'amoa Mahina Alatini 뉴질랜드 오클랜드대학교 인류학과 강사

분쟁과 평화

분쟁은 사회 어느 곳에나 있고, 변하지 않는 것은 아무것도 없다. 분쟁이 해결되면 질서가 찾아온다. 부연하자면 분쟁과 질서는 동전의 양면이다. 즉, 질서는 그 자체로서 분쟁의 한 형태이다. 인간의 관점에서 다툼과 질서는 사회적 분쟁과 사회적 평화로 나타난다. 그러한 것으로서 사회 평화는 대립하는 사회 세력들이 동등해질 때 얻어진다. 보통 이 세력들이 서로 만나 끊임없이 변하는 하나의 균형을 만들어낸다. 사회 평화가 유지되려면 이 공유점이 균형을 잃지 않아야 한다.

바다거북 상고네Sangone의 신화와 이 이야기를 시로 읊은 살로테 왕비의 시 〈상고네〉는 사회적 분쟁이 인간 생존의 기본이라는 역사적 사실을 증명한다. 사회 평화의 근원은 사회적 분쟁의 지속적인 중재에 있다. 상고네의 신화에는 통가의 첫 번째 왕국인 투이통가의 가혹한 지배에서 벗어나기 위해 싸운 사모아 사람들의 계속된 투쟁을 포함한 자유의 이야기가 상징적으로 묘사되어 있다. 자유를 위한 사모아인들의 정치적 투쟁은 많은 분쟁을 가져오고, 분쟁들은 일련의 평화적 방법으로 해결된다. 이는 통가와 사모아의 평화적 관계의 정착을 가져온 결혼을 통한 동맹, 물품과 서비스의 교환, 특히 카바 의식을 통한 정치적 차이의 조정 등에 잘 나타나 있다.

신화와 역사

신화와 역사는 서로 다르지만 또 연관된 인류 현상이다. 역사는 사회의 인적 및 물적 자원의 통제권에 관한 다툼의 산물로 간주할 수 있다. 구비문화에서 역사는 주로 신화, 전설, 일화, 웅변, 시가 등의 장치에 의해서 기록된다. 역사 속 사건들은 공식적으로 사회적 상징에 의해서 기록된다. 역사적 사건들을 위한 상징들은 신화와 같은 장치 속에 암호화되어 있고, 인간 정신의 예술품이라고 할 수 있다. 신화 속에서 역사적 사건들은 상징들에 감싸여 현시점의 영역을 넘어 인과관계가 없는 세계로 들어간다. 시간과 공간에 걸쳐 사건들은 서서히 역사적 힘을 잃고 불가사의한 모습을 띠기 시작한다. 이러한 상징들을 역사적으로 이해하기 위해서는 그에 맞게 해석해야만 한다.

신화의 해석은 그것 속의 상징들을 실제의 역사적 사건의 지시자로서 간주할 때 가능해진다. 덧붙이자면 신화는 역사적 핵심들로 이루어져 있고, 이 핵심들이 함께 얽혀 연속성과 역사적 의미를 사건들에게 부여한다. 공식적으로 상징들을 그것들의 역사적 핵심들로 해석할 수 있는 능력이 신화 연구의 보편적인 시공이론의 토대가 된다. 시공이론은 신화를 이해할 때 상징적인 것과 역사적인 것, 일테면 비둘기와 여인의 상징으로서의 비둘기 또는 일몰과 죽음의 상징으로서의 일몰을 분명히 구별할 것을 요구한다. 실질적인 점에서 이러한 구별에는 관련된 두 대상이 지닌 속성의 교차, 즉 비둘기와 여인 또는 일몰과 죽음 사이의 질적이고 관념적인 주고받음이 포함된다.

신화 속의 역사

상고네의 신화는 통가의 옛 투이통가 왕조의 한 시대에 대한 우화적인 기록으로서 영토를 피지와 사모아 섬까지 넓힌 11대 왕 투이타투이의 통치를 이야기한다. 이 신화에서 피지는 상징적인 이름인 풀로투Pulotu로 사모아는 랑지Langi로 불리는데 모두 투이통가 왕국의 지배를 받는다. 피지 사람들과 힝나헨지와 그녀의 어머니 상고네와 왕 외에도 통가 사람인 로아우와 파지아풀, 사모아 전통의 수호자인 레카파이와 라파이파나가 주요 등장인물이다. 보통 통가의 전설에는 로아우와 하아메아의 왕 투이하아메아가 사회 조직에 관한 특별한 지식과 기술을 지닌 뛰어난 사회 개혁자로 등장한다. 투이타투이와 그의 의붓형제 파지아풀의 할아버지인 로아우는 위대한 행동으로도 널리 알려졌다. 투이타투이와 파지아풀은 할아버지 로아우의 능력과 특성을 그대로 물려받았는데 투이타투이는 로아우의 장녀 누아가 10대 왕인 모모와 결혼하여 낳은 아들이고 파지아풀은 전 남편에게서 얻은 아들이다.

어느 날 풀로투 출신의 아름다운 처녀 힝나헨지가 어머니인 바다거북 상고네와 함께 통가에 상륙했다. 모녀는 피지와 사모아와 이웃 섬들을 다스리는 11대 왕 투이타투이를 신민으로서 알현했다.

당시 사모아에서는 농작물을 망쳐버리는 남풍 때문에 레카파이가 골머리를 앓고 있었다. 불운에 화가 나고 절망한 그는 통가에서 불어오는 바람과 그 근원을 찾아내어 전쟁을 벌이기 위해 카누를 타고 떠났다.

통가에 도착한 그는 햇빛에 몸을 말리다가 잠든 힝나헨지를 발견했는데 그녀의 머리카락이 덤불에 엉켜 있었다. 레카파이는 머리카락을 풀어주고 그녀와 함께 살았다. 그는 바람과 그 근원이 힝나헨지의 아이들과 아이들의 아버지 투이타투이라는 것을 알게 되어 그들과 맞섰다. 그러나 아무 소용이 없었고 그는 단념했다.

레카파이는 자기가 사모아로 돌아가도 되는지 힝나헨지에게 물었고, 그녀는 허락하고 상고네에게 그를 데려다줄 준비를 시켰다. 그리고 사모아에 도착하면 상고네가 통가로 가져올 수 있게 코코넛 한 다발과 코코넛 잎으로 짠 돗자리 하나를 그녀에게 주라고 레카파이에게 일러주었다. 그러나 힝나헨지의 요청은 전혀 존중되지 않았고 사바이의 마을사람들은 상고네를 죽여서 먹어버리고 등딱지는 은밀한 곳에 묻었다.

이 일을 알게 된 이들 가운데 로아우도 끼여 있었다. 통가 왕의 최고 조언자인 그는 사모아에서 태양과 사모아 소년 라파이를 찾고 있었다. 그는 라파이를 찾아낸 다음 소년이 더 이상 자라지 않을 것이며 상고네의 등딱지를 찾기 전까지는 죽지도 않을 것이라고 말했다. 그래서 소년 라파이의 이름은 라파이파나(파나pana는 통가어로 발육부전을 가리키고 억압당하는 것을 상징한다)로 바뀌었다.

통가로 돌아온 로아우는 자신이 사모아에서 알게 된 것을 왕 투이타투이에게 보고했다. 왕은 자신의 의붓형제 파지아풀을 사모아로 보내 상고네의 등딱지를 찾게 했다. 파지아풀과 일행은 사모아에 도착하여 카바kava(구근식물의 일종. 옛 통가의 한 의례를 가리키기도 하는데 평화를 상징한다) 의식으로 환영을 받았고 파지아풀이 카바와 음식의 분배를 떠맡았다.

임무에 충실한 파지아풀은 카바 뿌리와 요리용 바나나, 어린 타로감자의 잎, 닭, 살진 돼지 등 의식에 베풀어진 많은 음식과 양념을 더 내놓으라고 은근히 요구하는 상징적인 연설을 했다. 상고네의 등딱지가 묻힌 곳을 알고 그의 일행의 말을 알아듣는 유일한 사람인 어린 라파이파나를 위해서였다.

사모아 사람들은 파지아풀의 요구를 알아듣지 못했지만 다름 아닌 라파이파나가 재치 있게 설명했다. 라파이파나는 파지아풀 무리를 상고네의 등껍질이 묻힌 곳으로 데려갔고, 그들은 그것을 캐냈다. 그러자 라파이파나는 그 자리에 쓰러져 곧 죽었다.

파지아풀과 일행은 상고네의 등껍질과 사모아의 우두머리들이 통가 왕에게 귀한 선물로 준 올 고운 돗자리를 갖고 통가로 돌아왔다. 사모아의 우두머리들은 통가 토착의 비둘기(여인을 상징한다)를 답례로 받았다.

분쟁에서 평화로

상고네의 이야기는 1200년경 왕국의 힘을 피지와 사모아까지 뻗치기 시작한 투이통가 왕조의 11대 왕 투이타투이의 통치를 서술한다. 투이타투이는 매우 억압적인 지배자로 유명했다. 그는 가장 큰 섬 통가타푸의 동쪽 끝머리에 왕국의 중심인 헤케타를 건설하기 위해 통가와 해외 신민들에게 고된 노동을 강요했다. 이는 유명한 아키헤우호가 이끈, 대양 멀리 항해할 수 있는 이중 선체의 카누 함대 때문에 가능했다. 노예노동자들이 체계적으로 충원되었고 다른 인적 및 물적 자원들이 곳곳의 외곽 섬들에서 공물로 공급되었다.

분쟁과 평화의 상호작용을 다룬 상고네의 이야기에서 통가와 사모아의 교환 관계의 긴장들이 계속 해결되고 그때마다 평화가 찾아온다. 이러한 제국의 교환 관계는 분쟁 또는 평화의 형태를 띨 수 있고 상고네의 이야기에서는 두 가지 모두가 나타난다. 모든 것이 힝나헨지와 그녀의 어머니 상고네가 왕을 알현하면서 시작되었는데 이는 아마도 피지 섬에서 두 여자를 공물로 바친 것을 의미할 것이다. 힝나헨지는 왕 투이타투이가 피지의 귀족 여인인 상고네에게서 낳은 딸이었을 수도 있다. 실제로 거북은 높은 지위를 지닌 사람의 상징이다. 투이타투이와 상고네의 육체적 결합이 사실이었다면, 충돌을 빚어내는 피지와 통가 사이의 공물 관계를 원만하게 만들기 위한 결연이었을 것이다.

농작물을 망치는 남풍에 의한 레카파이의 불행은 사모아와 통가의 공물 관계를 나타냈을 것이다. 실제로 통가는 사모아 남쪽에 있다. 바람을 억압의 비유라고 간주하면, 그것은 레카파이가 항거한 투이타투이의 압제를 가리킨다. 레카파이는 사모아와 통가의 긴장을 완화시키는 외교적 임무를 띠고 통가로 갔을 것이다. '왜소함'을 의미하는 레카파이라는 이름 자체가 도통가 왕의 압제가 가져온 불행한 결과를 상징한다. 사모아 사람들은 투이타투이의 억압적 지배에 짓눌려 자신들이 '난쟁이가 된 것' 같았을 것이다. 레카파이가 투이타투이의 딸일 수도 있는 힝나헨지와 결혼한 것은 사모아와 통가 사이의 평화를 추구하는 일종의 동맹이었을 것이다.

상고네의 이야기에서는 평화를 위한 많은 해결책이 합의되었는데 사모아로 돌아가게 해달라는 레카파이의 요청이 도착 즉시 힝나헨지를 위한 많은 재물과 함께 상고네를 통가로 돌려보내야 한다는 엄격한 조건 아래 받아들여진 것도 그 가운데 하나이다. 이러한 평화 협정이 존중되지 않을 때 또 다른 충돌이 빚어졌다. 상고네를 죽여서 먹어버린 것이 그것을 상징한다. 가치 기준에 있어서 '죽이다'와 '먹어버리다'는 글자 뜻으로나 상징적으로나 복수와 관련이 있고, 이 경우는 통가 왕의 야만적 지배에 대한 사모아 사람들의 앙갚음인 것이다. 또 상고네의 등딱지를 묻은 것은 복수심의 궁극적인 표현으로서 통가의 착취가 남긴 불행과 쓰라린 기억의 흔적을 지워버리는 것을 의미한다.

통가 왕의 정치 조언자이자 사회 계획자인 로아우가 그때 권력의 상징인 태양을 찾아 사모아에 와 있었다는 것은 사모아와의 힘의 관계를 바로잡는 데 있어서 그의 역할을 나타낸다. 로아우의 손자인 투이타투이가 제국의 정치적 질서를 본래의 모습으로 되돌리기 위해 그에게 외교적 임무를 주어 사모아로 보냈을 것이다. 로아우가 소년 라파이를 찾아낸 것은 두 가지를 가리킬 수 있다. 먼저 통가와 사모아의 훼손된 정치적 관계의 질서를 되찾아줄 성공적인 해결책을 찾았다는 것을 의미할 수 있다. 아울러 소년의 이름이 라파이파나로 바뀐 것도 같은 것을 의미할 수 있다. 아니면 라파이파나라는 이름이 암시하듯이 로아우의 노력이 실패했음을 상징할 수도 있다. 라파이파나는 '성장이 멈춘 라파이'를 뜻하는데 결과적으로 긴장이 커졌음을 가리킬 수도 있다. '왜소함'을 뜻하는 레카파이와 마찬가지로 라파이파나도 억압받는 삶이 가져온 굴종을 의미한다. 여하튼 성공이었든 실패였든 로아우는 통가로 돌아와 결과를 투이타투이에게 보고했다.

투이타투이는 협상을 더 진전시키기 위해 자신의 의붓형제 파지아풀이 이끄는 무리를 즉시 사모아로 보내야만 했다. 파지아풀 일행은 활발한 대화를 통해 분쟁을 해결하는 공식적 장치인 카바 의식에 초대되었다. 파지아풀이 내세운 협상 조건이 사모아 사람들을 곤혹스럽게 했지만 라파이파나가 중재하여 양쪽을 모두 만족시켰다. 그 결과 상고네의 등딱지를 찾을 수 있었고, 통가와 사모아의 평화 관계는 복구되었다.

이어서 사모아의 올 고운 돗자리 두 개와 통가의 토착 비둘기들의 교환으로 평화 관계는 더 튼튼해졌다. 비둘기가 여인을 상징한다는 것을 고려하면 이는 정략적 결혼을 상징하며 통가와 사모아가 마침내 평화 정착에 합의했음을 의미한다.

분쟁 해결과 평화 정착

통가와 사모아 사이의 일치하지 않는 교환 관계에서 시작된 일련의 비극적 사건들을 다룬 상고네의 이야기는 사회적 충돌과 평화에 관한 신화적이고 시적이지만 또한 역사적인 진술이다. 교환 관계는 때로는 평등하고 때로는 불평등하면서 사회 분쟁과 평화를 가져왔다. 모순된 제국적 관계는 평화의 정착으로 실현된 많은 해결책을 필요로 했다. 정치적 결연을 통한 인적 및 경제적 자원의 교환이 역사적 긴장상태의 해결을 촉진했다.

시가 속의 신화

신화와 마찬가지로 시가도 역사 기록의 한 장치이다. 신화와 시가는 인간의 이야기를 주제로 삼는 예술 형태이다. 신화와 시는 공통된 인간 주제로서 상고네의 자유의 이야기를 다루고 있다. 둘은 다른 모습을 띠고 있는데, 그 차이는 운율의 사용 정도로서 시가 한층 더 뚜렷하게 나타난다.

아래의 시는 세 번째 왕조 투이카노쿠폴루의 21대 왕으로 1918년에서 1965년까지 통치한 살로테 여왕의 작품으로서 통가의 가장 훌륭한 현대시로 평가받는다. 이 독특한 시에서 살로테 여왕은 두 예술 형태인 신화와 시가를 사용하여 공통된 주제인 다툼을 단순한 혼란 상태가 아닌 질서의 조건으로 변형시켰다.

상고네

바람이 남쪽에서 불어오는 것도
번개가 북서쪽에서 번쩍이며
우레 소리와 함께 페잉가코톤을 치고
오만한 상고네의 등딱지를 때리는 것도
놀랄 일이 아니다

라파이파나여 너의 잠 속에 쉬어라
하지만 네 솜씨를 내게 물려주렴
내가 오늘 옥좌 앞에서
춤춰서 이야기하며

앞에 앉은 이들과
팡가이를 배회하는 모든 이방인을 위로할 수 있게

나는 이제 귀중한 하우오모모를 펼친다
하아메아에서 사랑의 눈길로 바라보는
헤케타가 주관하는
우리 삶의 겉껍질을 보여주기 위해서

아아, 슬프다. 얼굴엔 주름이 졌지만 그래도 누아이구나
늙은 파쿨라를 위해 머리를 땋았구나
파지아풀아, 어서 와서 우리를 머물 수 있게 하렴
그리고 네 마음을 왕에게 이야기하여 감춰진 비밀을 보여주어라
또 말로는 보여주기가 어려워
허리춤에 넣어 가져온 진실된 사랑을 가늠해보아라

아, 능변의 시인 항해자 울라-모-레카야
너는 먼 바다들을 얘기했지만
나를 만족시키지 못한다
우리는 지금 더 가까워졌다
염원의 땅 카칼라도 내 곁에 있다
그들은 향내를 피우며 함께 어울렸다
카바 의식의 비밀이 제 껍질을 훌훌 벗어던지고
사모아로부터 퍼져나갔다

그들은 찰싹 때리기와 화내기
덤불 속에서 시든 다발
울음과 앵무새의 잎
솟아오른 날개
불평과 잠자기를 요구했다
그리고 왕의 카바 음식을 나눠주고

통가의 전통을 아우르는 보물
누구나 몸으로만 알 수 있는
고이 간직해온
지도자들을 위한 상징을 찾았다

태평양을 누비는 카누
타카-이-포마나가 오네에 도착하여
나는 서둘러 마카호코발루를 향해 떠났다
심해 물고기가 사는
시앙가후에서 가다랭이를 잡아
가득 싣고 포누아모투에 발을 디뎠다

그리고 하카우타푸에 조용히 다가가
하벨루에 닻을 내렸다
내가 말하지만 신성한 코카는 경쟁과 오만의 땅이다
이제 바하아콜로에 넘치는
잘 익은 팔라홀라를 끈에 꿰자

_번역 송대원(자유번역가)

* **페잉가코톤**: 투이통가 왕조가 의식을 치르던 곳
* **팡가이**: 투이카노쿠폴루 왕조가 의식을 치르던 곳
* **하우오모모**: 올 고운 돗자리, 평화의 상징
* **하아메아**: 로아우가 살던 곳
* **헤케타**: 투이통가 왕조의 궁전이 있던 곳
* **누아**: 로아우의 딸, 투이타투이 왕과 파지아풀의 어머니
* **타카-이-포마나**: 투이통가 왕조의 널리 알려진 이중 몸통의 원양 항해 카누
* **마카호코발루**: 투이통가 왕조와 관련된 곳
* **하카우타푸, 바하아콜로**: 투이카노쿠폴루 왕조와 관련된 곳들

【네팔】
누가 인형의 남편인가

바산타 마하르얀 Basanta Maharjan 트리뷰반대학교 네팔・아시아연구센터 연구원

교훈 없는 설화는 없다

어느 어린아이가 옛날이야기를 싫어하겠는가? 특히 사방에 어둠이 내려앉을 때면 아이들은 옛날이야기를 해달라고 졸라댄다. 할아버지나 할머니가 해주는 옛날이야기를 들으며 상상의 세계를 헤매다가 잠에 빠져들었던 것만큼 아름다운 추억이 있을까? 이것이 바로 옛날이야기들의 매력일 것이다.

어릴 때 어른 곁에 붙어서 재미있는 이야기를 듣다가 잠드는 것이 우리의 일상이었다. 우리의 어린 마음을 사로잡았을 뿐만 아니라 은연중에 도덕적인 가르침까지 준 그런 이야기들을 우리는 아주 좋아했다. 이야기의 등장인물들이 지금도 우리에게 친숙한 것은 그 때문이다. 그 이야기들을 되풀이해 들을 때만 해도 우리는 등장인물들을 어른들이 만들어냈다고 생각했다. 하지만 우리에게 이야기를 들려준 그들 역시 그들의 할아버지나 할머니에게서 똑같은 이야기를 들었다. 이처럼 이야기들은 세대에서 세대로 전해졌다. 그래서 우리는 그것들을 전설 또는 민간설화라고 부른다. 세계 모든 나라에는 나름의 형태를 지닌 설화들이 있다.

현대 통신기술과 활발한 번역 덕분에 우리는 이런 이야기들을 집이나 도서관에서 읽을 수 있게 되었다. 설화들의 사회적 환경은 나라에 따라 다르지만

인간의 특성에 관한 묘사는 거의 같다. 때로는 주제에서도 닮은 점이 발견되는데 우리는 이것을 어떻게 설명할 것인가?

인간은 본래 방랑벽을 갖고 있고 여행을 좋아한다. 설화들은 다른 지역사회와의 상호작용 과정에서 발전했고 또 서로 영향을 미친 것으로 보인다. 이야기가 사회적 환경과 문화와 가치기준을 토대로 하여 만들어졌으므로 우리는 설화를 '살아 있는 역사'라고 부를 수 있다. 무엇보다 분명한 사실은 가르침을 품지 않은 설화는 없다는 것이다. 가장 공통된 가르침의 하나는 남의 것을 훔치고 억지로 빼앗는 것은 나쁜 짓이고 모든 사람이 평화롭게 사는 게 좋다는 것이다.

설화의 보물창고 네팔

네팔은 설화의 보고 구실을 해왔다. 아시아의 두 대국인 인도와 중국 사이에 끼여 있는 네팔은 다양성이 풍부한 나라이다. 험준한 히말라야산맥에서 평원에 이르는 많은 지형적 특성으로 인해 기후 패턴도 다양하다. 마찬가지로 사회생활 또한 다양한데, 8백 개가 넘는 카스트의 사람들이 백여 개의 언어를 사용하며 함께 살아간다. 이 많은 부류가 나름의 문화와 역사를 간직하고 있다. 일부는 중국과 관계가 있는가 하면 일부는 인도와 많은 면에서 닮았다. 원주민 네와르족이 지배하는 수도 카트만두는 문화유산이 풍부하여 세계 문화유산 목록에 올라 있다. 용모의 특성상 몽골 인종에 속하는 네와르인들은 티베트버마어족의 언어를 사용한다. 그들은 수천 년에 걸쳐 다른 많은 지역사회의 언어와 문화를 받아들여 동화시키고 또 많은 영향을 받으면서 네와르인으로서의 정체성을 발전시켰다. 현재 그들의 공동체는 카트만두 분지에 국한되지 않고 네팔 곳곳에 자리잡고 있는데 그들의 언어와 문화를 간직하고 있어서 역시 네와르인으로 불린다. 이처럼 성공한 공동체이지만 네와르인들의 설화에 대한 포괄적인 연구는 이루어진 적이 없다. 근래 세계화의 영향으로 인해 생활양식의 극심한 변화를 겪고 있는 도시지역에 네와르인 대부분이 살고 있어서 그들의 설화 문화가 빠르게 쇠퇴하고 있다. 이것은 매우 우려스러운 일이다. 몇몇 학자들은 설화들을 모아 잡지에 싣고 책으로 출판해왔다. 또한 많은 설화를 여러 언어로 번역하기도 했다. 그러나 설화의 극히 일부만이 수집되었고 또 그것들의 극히 일부만이 또 다른 언어로 번역되었다.

네와르 공동체들은 평화로운 삶을 추구하는 감정적인 힘이 아주 강하다. 이것은 카트만두 분지에서 다양한 공동체 및 카스트와 동화된 결과일 것이다. 세계 평화를 위해 반드시 필요한 것이 바로 이러한 감정적인 힘이다. 어떠한 설화든 관련된 공동체의 정서를 강하게 반영하기 마련이다. 네와르 공동체가 세계 평화를 위한 교훈을 품은 많은 이야기를 갖고 있는 것은 이 때문이다.

권선징악의 설화

응징과 상찬은 사회가 법과 질서를 유지하는 중요한 수단이다. 정의에 대한 열망은 인간 사회의 전통적인 특성이다. 일찍이 한 사회의 정의를 실현하기 위해 영향력 있는 사람들이 모임을 갖곤 했다. 이것이 현대의 사법체제로 발전했다. 그 시대에는 왕의 측근이 재판관 구실을 하기도 했다.「인형과의 결혼」이야기에서는 누가 인형과 결혼할 것인가를 놓고 친구들 사이에 심각한 논쟁이 벌어졌다. 절친한 사이였던 그들은 적으로 변해 험악한 관계를 예고했다. 그 나라 왕은 모두가 받아들일 수 있는 판결을 내렸고 이야기는 행복하게 끝을 맺었다.

네와르 공동체의 설화들은 인간은 자신이 받는 벌을 감수해야 한다고 설파한다. 이와 관련하여 선한 행위는 상을 받는다. 네와르 공동체의 가장 유명한 설화인「소녀 푼차쿤의 이야기」는 응징 체제가 자연의 정의 체제에 기초하고 있음을 보여준다. 이야기에서는 자신의 의붓딸 푼차쿤의 행복을 질시하는 여인의 음모와 그런 나쁜 행위로 인해 그녀가 맞이하는 결말이 그려진다.

푼차쿤에게는 맛있는 음식이 주어지지 않는 것을 알고 있는 이상한 동물은 집에 머물며 소녀를 돌보아준다. 이것을 알게 된 소녀의 계모는 동물을 사원으로 데려가 제물로 바칠 궁리를 한다. 그녀의 계획을 눈치 챈 동물은 자기를 걱정하는 소녀에게 중요한 것들을 일러준다. 이 부분에서 이야기는 힘을 얻는다. 이야기를 따라가자면, 동물은 사원에서 죽음을 맞고 소녀는 그 고기는 입에 대지도 않고 뼈를 멀리 떨어진 곳에 묻어준다. 며칠 뒤 그곳에서 과실나무 한그루가 자라난다. 푼차쿤은 그 나무의 과일을 따서 먹었기 때문에 계모가 먹을 것을 주지 않아도 견딜 수 있었다. 어느 날 악한이 소녀를 납치하여 죽일 계획을 꾸민다. 악한이 자기를 죽이려 한다는 얘기를 쥐에게서 들은 소녀는 보물을 갖고 악한의 집에서 도망친다. 소녀의 계모는 자신의 친딸도 소녀처럼 보물을 가져오도록 악한이 자주 나타나는 곳으로 보낸다. 친딸도 악한에게 납치된다. 하지만 제 어머니와 똑같이 심술궂은 딸은 도움을 주려고 다가온 쥐를 죽인다. 결국 친딸은 괴물의 손에 죽고 계모는 슬픔에 빠진다. 이 이야기는 남의 행복을 질시하여 빼앗는 사람은 결국 자신이 불행에 빠진다는 교훈을 주는 많은 이야기들의 하나의 예일 뿐이다. 보통 이런 이야기들은 인간의 잔인성을 덮어 가리거나 얘기를 더 재미있게 하기 위해서 동물을 등장시킨다. 이야기에서 동물들이 인간과 대등한 등장인물로서 묘사되는 것 자체가 평화로운 공존을 의미한다고 볼 수 있다. 등장하는 동물들은 행동은 물론 말도 하며 종종 인간을 돕는 역할을 한다. 새도 인간과 자연스런 대화를 직접 나누는가 하면 신호를 주고받는다. 네와르 공동체에는 이런 이야기가 풍부하다.

의사소통의 중요성

새들의 말을 이해하는 한 여인에 관한 이야기도 있다. 어느 날 밤에 자칼이 한 집의 창문 밑에서 울었는데, 그 울음소리는 죽은 사람이 강둑으로 휩쓸려갔는데 목에 진주목걸이가 걸려 있어서 먹을 수가 없으니 목걸이를 없애달라는 뜻이었다. 그리고 자칼은 자기 말을 알아듣지 못하는 척하는 인간은 파멸할 것이라고 저주했다. 그 집의 며느리가 자칼의 말을 알아듣고는 돕겠다고 약속하고 자칼을 돌려보냈다. 아내의 말을 엿들은 남편이 몰래 따라갔다. 그리고 목걸이를 시체에서 떼어내기 위해 물어뜯고 있는 아내를 보았다. 그는 아내가 나쁜 사람이 아닌가 하고 의심했다. 이야기를 듣고 놀란 가족들은 여인을 친정으로 돌려보내자고 했다. 시아버지가 여인을 친정으로 데려다주기 위해 집을 나섰다. 그런데 가는 도중에 까마귀 한 마리가 날아와서 말했다. 보석이 가득 든 단지의 아가리를 응유 덩어리가 덮고 있는데 제 부리가 닿지 않는 곳에 단지가 있어서 응유를 먹지 못하겠으니 도와달라는 것이었다. 여인은 자칼의 말을 알아들었기 때문에 자신이 남편 집에서 쫓겨났으므로 자기에게 도움을 청하지 말라고 까마귀에게 부탁했다. 며느리의 말을 우연히 듣고 호기심이 인 시아버지가 무슨 일이냐고 물었고, 여인은 자기와 까마귀가 나눈 이야기를 설명했다. 그들은 단지가 있는 곳에 가서 보석을 찾았다. 시아버지는 공연히 며느리를 의심한 실수를 깨닫고 그녀를 데리고 다시 집으로 돌아왔다. 이 설화를 통해 언어는 의사소통의 효과적인 수단이며 오늘날 여러 언어에 대한 지식은 사업의 확장은 물론 친선의 유지에도 큰 역할을 한다는 사실을 알 수 있다. 친선은 사회 평화를 위한 훌륭한 자산이다.

살아 있는 박물관

설화는 과거 사람들 삶의 다양한 면모를 보여주는 살아 있는 박물관이다. 평민에서 왕에 이르기까지 그 시대 사람들이 생각하고 바랐던 것들을 말해준다. 오늘날 다양한 분야의 많은 학자들이 네와르 공동체를 지혜와 품위를 갖춘 사회라고 칭송했다. 역사를 살펴보아도 그들이 언제나 다툼을 버리고 평화롭게 살아왔음을 보여주는 많은 예를 찾을 수 있다. 설화는 그것을 증언한다.

〈설화〉 인형과의 결혼

먼 옛날 한 나라에 절친한 다섯 친구가 있었다. 그 나라의 왕자와 사제, 목수, 재단사, 화가로 이루어진 이 무리의 우두머리는 물론 왕자였다. 그 때문에 큰 힘을 가졌던 그들은 무뢰배로 널리 알려졌다. 사람들에게 그들은 악몽 같은 존재였다. 그들로 인해 온갖 고통을 받았다. 백성들을 매우 걱정한 왕은 아들과 그의 친구들을 다잡으려고 온 힘을 썼지만 그럴 수 없었다. 왕궁 밖으로 나가지 못하게 하려고 애도 썼지만 소용이 없었다. 마침내 왕은 왕자를 추방하기로 결정했다. 왕자는 친구들과 한동안 함께 지내며 가진 돈을 모두 써버렸다. 가족으로부터 한 푼의 도움도 받지 못하게 된 왕자는 큰 곤경에 빠졌다. 왕자가 왕궁에서 쫓겨난 것을 알게 된 사람들은 비록 그의 무리가 이따금 애꿎은 이들을 때리기는 했지만 그들을 이전처럼 두려워하지는 않았다. 그래서 왕자의 무리는 떠나기로 결정하고 다른 나라로 갔다.

다섯 친구들은 긴 여행을 했다. 그리던 어느 날 저녁 한 마을에 도착했다. 큰 집을 발견한 그들은 안으로 들어가 누가 있느냐고 소리쳤다. 대답이 없자 그들은 방마다 들여다보고 나서 빈집이라는 것을 알게 되었다. 그들은 누군가 와서 자기 집이라고 주장할 때까지는 그 집에서 살기로 결정했다. 또 힘껏 일해서 살아가기로 결정했다. 사실 그들은 좋은 직업을 갖고 있었다. 매일 집을 나서 일하러 갔다. 그들은 서로 다투지 않게 집안일도 잘 분배했다. 목수와 재단사와 화가가 낮에 일하러 가면 사제는 집을 청소하고 음식을 준비했으며 왕자는 집을 지켰다. 밤에는 공평하게 돌아가며 보초를 섰다. 이렇게 그들은 새로운 삶을 살아가면서 행복했다.

어느 날 밤에 보초를 서다가 지루해진 목수는 무언가 창조적인 일을 하고 싶었는데, 커다란 나무토막이 마루에 놓여 있는 것을 보고 그는 그것으로 인형을 만들어야겠다고 생각했다. 그리고 보초를 서는 동안에 자신의 연장으로 아름다운 인형을 만들었다. 교대 시간이 되어 화가가 보초를 서러 왔고 목수는 잠자러 갔다. 화가 또한 지루해져 무언가 심심풀이를 원했다. 그는 주위를 둘러보다가 놀랍게도 목수가 방금 조각한 인형을 발견했다.

그는 인형에 어울리는 색깔을 칠했다. 인형은 예쁜 처녀처럼 보였는데 당장이라도 말을 할 것 같았다. 화가는 너무 행복해서 잠시라도 인형 곁을 떠나기가 싫었다. 그러나 그의 근무 시간은 끝났고 시간을 잘 지키는 재단사가 제시간에 교대하러 왔다. 화가는 할 수 없이 잠자러 갔다. 재단사가 인형을 봤다. 인형의 아름다움에 넋을 잃은 그는 인형을 두 손으로 마냥 어루만졌다. 재단사는 인형이 정말 살아 있고 그 어떤 요정도 인형과 아름다움을 겨룰 수는 없다고 생각했다. 게다가 좋은 옷을 입히면 더 아름다워 보일 것이라고 생각한 그는 화려한 옷감으로 아름다운 옷을 만들었다. 옷을 입히자 인형은 눈부시게 아름다웠다. 재단사는 만족의 큰 숨을 내쉬고 자신의 일에 자부심을 느꼈다. 그리고 자신이 사랑하는 처녀이기라도 하듯이 바라봤다. 사제가 일어나 자기 일을 시작하는 소리가 들리자 재단사는 인형을 놔두고 잠자러 갔다.

　사제는 집을 청소하다가 인형을 보고 깜짝 놀랐다. 그는 인형을 실제로 살아 있는 처녀로 생각하여 자신에게 물었다. 저 처녀가 누구인가? 어디서 무엇 때문에 왔는가? 바로 그때 왕자가 방에 들어왔다. 그도 인형의 아름다움에 넋을 잃고 물었다. "누구십니까?" 대답이 없자 왕자는 서너 번 더 물었다. 그래도 아무 대답이 없자 왕자와 사제는 인형에게 다가가 살며시 만졌지만 아무 반응도 없었다. 그들은 인형을 서로 끌어당겼고 그 와중에 인형이 방바닥에 쓰러졌다. 그제야 그들은 살아 있는 처녀가 아니라 인형일 뿐이라는 것을 깨달았다. 나머지 세 친구가 방에 들어와서 자신들이 한 일을 얘기했다. 그들은 서로서로 솜씨를 칭찬해주었지만 사제는 인형에게 생명을 불어넣어줄 생각만 했다.

　여느 때처럼 사제는 깨끗한 물을 떠다놓고 신에게 참배한 다음 음식을 만들어 친구들을 먹였다. 그러나 자신은 아무것도 먹지 않았다(신에게 무언가를 기원할 때는 위를 비워야 한다). 그의 세 친구는 일하러 가고 왕자는 낮 보초를 서러 갔다. 사제는 데쿠치(신에게 참배하는 방)에 들어가 인형에게 생명을 달라고 기도했다. 그의 헌신적인 믿음에 만족한 신은 인형에게 생명을 주었다. 인형은 눈을 뜨고 팔다리를 움직이더니 사제에게 다가왔다. 그리고 예의를 갖춰 그의 발에 손을 얹고 절을 했다.

　처녀는 아주 아름다웠고 예절까지 발랐다. 그 누구도 그녀와 같은 처녀를 본 적은 없었다. 그녀는 다섯 친구 모두의 재능이 빚어낸 걸작이었다. 그들 모두 그녀를 좋아했고 그녀와 결혼하고 싶었다. 모두 그녀에 대한 자신의 권리를 큰 소리로 주장했다. 목수는 말했다. "내가 나무토막으로 인형을 만들었다. 내가 인형을 조각하지 않았다면 너희들이 무엇을 할 수 있었겠느냐? 그러므로 처녀는 내 것이고 내가 그녀와 결혼해야만 한다." 이에 화가가 말했다. "네가 인형을 만들었다는 말은 맞다. 하지만 그 인형은 평범했다. 내가 그것에 색칠을 해서 아름답게 만들었다. 그러므로 그녀는 내 것이며 나는 그녀와 결혼하고 싶다." 그러자 재단사가 참을 수 없다는 듯이 말했다. "나는 너희 두 사람이 한 일을 부인하지 않으며 고맙게 생각한다. 그러나 내가 그녀를 보았을 때 발가벗고 있었고 따라서 사람들 앞에 나설 수 없었다. 바로 내가 옷을 만들어 입혀주었다. 그녀가 사람들 앞에 설 수 있게 한 것이다. 그러므로 그녀와 결혼할 유일한 사람은 나임에 틀림없다."

사제도 지지 않고 말했다. "너희들이 저 한 일들만 자랑하고 있지만 나의 기여도 잊지 마라. 너희가 한 일은 기술적인 것일 뿐이다. 그것들에는 생명이 없다. 나는 나의 정신적 능력을 한껏 쏟아서 인형을 아름다운 처녀로 변하게 했다. 그러므로 처녀와 결혼할 권리는 내게 있다." 이때까지 왕자는 조용히 앉아 있었다. 사실 그가 직접 한 일은 없었기 때문에 자신이 처녀와 결혼해야 한다고 주장하기가 쑥스러웠다. 그러나 그는 처녀와 결혼하고 싶은 욕망이 너무 컸다. 그래서 말했다. "사랑하는 친구들아, 내가 너희들처럼 하지 못한 것은 사실이다. 하지만 너희에게 처녀를 만들 기회를 준 나의 역할을 무시할 수는 없을 것이다. 내가 낮에 집을 지켰기 때문에 너희가 밤에 일할 수 있었다. 또 내가 나무토막을 숲에서 가져왔기 때문에 너희들이 그것에 제 기술을 발휘할 수 있었다." 그는 또 자신은 왕자이며 아름다운 처녀는 보통 사람보다는 왕자와 더 잘 어울린다고 말했다.

처녀를 향한 사랑이 다섯 친구를 서로 다투게 만들었다. 그들은 스스로 문제를 해결할 수 없었다. 문제는 더욱더 커졌고 그들은 스스럼없이 대화를 나누기도 어려운 사이가 되어버렸다. 집의 분위기도 전처럼 편하고 행복하지 못했다. 언제라도 더 나쁜 일이 벌어질 것만 같았다. 처녀는 갈수록 나빠지는 상황을 아픈 마음으로 지켜보았다. 그녀는 모든 게 자기 때문이라는 것을 알고 있었기에 아주 슬펐다. 어느 날 그녀가 말했다. "나는 이 모든 것이 나 때문이라는 걸 알고 있고 그래서 이곳에 머물기가 싫습니다. 내가 생명을 잃고 다시 인형으로 돌아가서 이 집이 평화로워질 수 있다면 그게 더 나을 것 같습니다."

다섯 친구는 인형이나 그것의 아름다움이 문제가 아니라 누가 처녀와 결혼하느냐가 문제라는 사실을 잘 알고 있었기 때문에 그녀를 인형으로 되돌리지 않기로 결정했다. 그녀에게서 생명을 빼앗는 것은 좋은 일이 아니었다. 그들은 오랫동안 논의한 끝에 처녀가 자신과 결혼할 사람을 고르고 나머지 네 사람은 그녀의 선택을 따르기로 결론지었다. 그러나 처녀가 말했다. "당신들의 결정에 감사합니다.

나를 사람으로 살게 해준 당신들 모두에게 고마워하고 있습니다. 또 배우자를 선택할 수 있는 특권을 주신 것에도 감사드립니다. 그러나 한 가지 문제가 남았습니다. 내가 스스로 한 사람을 고른다면 나머지 네 사람은 마음에 상처를 입을 수 있습니다. 그것은 앞날을 위해 좋지 않은 일입니다. 그러므로 왕이 결정하는 게 나을 것입니다. 왕의 결정이라면 나도 받아들이겠습니다."

다섯 친구들은 처녀의 생각에 동의했고 모두 그 나라의 왕에게 갔다. 왕은 그들을 회의장에 불러들여 문제가 무엇이냐고 물었다. 그들은 모든 이야기를 하고 나서 제각기 처녀에 대한 자신의 권리를 힘껏 주장했다. 그들의 얘기를 다 듣고 난 왕은 회의장에 모인 신하들을 둘러보며 그들의 의견을 물었다. 귀족과 대신들은 각기 가장 좋다고 생각하는 해결책을 제시했다. 잠시 침묵을 지키던 왕이 입을 열었다. "오늘 우리는 매우 흥미로운 문제에 부닥쳐 많은 논의를 했다. 이제 나는 처녀가 누구의 사람인지를 선언하겠다. 너희들 모두 인형을 만들고 또 그것을 살아 있게 하는 데 똑같이 기여했다. 왕자가 숲에서 나무를 가져오지 않았다면 목수는 인형을 조각하지 못했을 것이다. 목수가 인형을 만들지 않았다면 화가는 그것에 색칠을 하지 못했을 것이다. 마찬가지로 아름다운 인형이 없었다면 재단사는 옷을 만들어 입힐 생각을 하지 못했을 것이다. 사제 또한 인형이 진짜 사람처럼 보였기 때문에 자신의 정신적 능력을 사용하여 그것에 생명을 불어넣었다. 너희들 모두 최선을 다했고 따라서 처녀에 대한 권리를 가질 만하다. 그러나……"

회의장은 쥐 죽은 듯이 조용해졌다. 모두 왕의 결정이 궁금해서 숨을 죽였다. 왕은 말을 이었다. "우리는 처녀가 누구의 사람인지를 결정하기 전에 우리의 자연과 사회의 실제 규범에 대해 생각해야만 한다. 우리의 삶에서는 서로 다른 사람들이 서로 다른 역할을 하면서 관계를 형성한다. 그리고 우리는 역할에 따라서 그 관계들에 서로 다른 이름을 붙인다. 나는 처녀가 누구의 사람이고 그와 어떤 관계이어야 하는가를 결정하겠다. 먼저 창조하는 자를 어머니라고 하므로 목수는 처녀의 어머니이다. 기르고 가꾸어주는 자를 유모라고 하므로 화가는 처녀의 유모이다. 생명을 주는 게 아버지의 역할이므로 사제는 처녀의 아버지이다. 왕자는 숲에서 나무를 가져오고 집의 모든 사람을 지켜주었으므로 처녀의 보호자이다. 재단사는 처녀에게 옷을 주어 사람들 앞에 나설 수 있게 했으므로 그녀의 남편일 것이다. 이렇게 처녀는 너희들 모두의 사람이지만 재단사가 그녀의 남편이 될 자격이 있고 그녀와 결혼해야 할 것이다."

모두 왕의 결정을 받아들이고 집으로 돌아와 재단사와 처녀의 결혼을 축하하기 위해 큰 잔치를 벌였다. 집에는 평화가 다시 찾아왔고 모두 사이가 더 좋아졌다.

_번역 송대원(자유번역가)

【인도네시아】
라라 종그랑의 슬픈 사랑

술리스티요와티 리스 Sulistyowati Lis 인도네시아 시인

다양성과 통일성

1만 7,000개가 넘는 인도네시아 군도의 보석 같은 섬들은 이리안주의 메라우케에서 북수마트라주의 아체에 이르기까지 줄지어 늘어서 있다. 33개 주로 이루어진 인도네시아는 300에 가까운 민족과 250개가 넘는 방언을 품고 있다. 2억 2,000만 명에 달하는 국민으로 아시아에서 중국과 인도 다음의 인구 대국이며 많은 세계 종교와 토착 신앙이 뿌리를 내린 믿음의 나라이다.

이처럼 잡다한 구성의 사회에서는 이해의 부족과 서로 다른 경제적 이해에 따른 충돌이 있을 수 있다. 인도네시아는 세 가지 커다란 문제를 안고 있다. 먼저 '과거의 문제'로서 종족과 언어 그리고 민족적 배경 및 종교에 따른 문화적 이질성이다. 다음은 '현재의 문제'로서 공공질서와 정치적 안정을 수립하는 일이다. 마지막으로 '미래의 문제'로서 국가적 목표인 공정하고 번영하며 진보적이고 현대적인 발전 사회를 만들기 위해 모든 구성원을 하나로 묶을 수 있는 적확한 이데올로기를 만들거나 찾아내는 것이다.

인도네시아의 공식 문장인 가루다 판카실라Garuda Pancasila에는 고대 자바어로 비네카 퉁갈 이카라고 씌어 있는데 '산산이 조각나 있지만 하나'라는 의미로서 흔히 '다양성 속의 조화'로 번역된다. 이 국가적 모토는 세계에서

가장 잡다한 것으로 간주되는 인도네시아 사회를 결합시키고자 하는 강력한 의지를 담고 있다.

인도네시아는 다양성과 통일성을 함께 갖고 있다. 이 둘은 떼어놓을 수 없다. 다양성만을 놓고 본다면 어째서 또 어떻게 그런 사회가 지금까지 하나로 살아남을 수 있었는지에 대한 설명은 없이 인도네시아를 혼돈 사회로 표현할 수밖에 없을 것이고, 통일성만을 놓고 본다면 현실에서는 찾아볼 수 없는 추상적인 사회로 말해질 것이다.

라라 종그랑 전설 속의 평화와 사랑

이제 라라 종그랑의 전설을 통해 인도네시아의 문화적 전통에 대해 이야기해보자. 라라 종그랑 전설은 인도 문화가 유입되기 전 인도네시아 문화의 실제 모습을 우리에게 말해준다. 두 나라의 교역은 인도 문화가 인도네시아 문화에 영향을 미치는 결과를 가져왔는데 사실상 인도네시아의 원래 문화를 파괴하기는커녕 더 튼튼하게 만들었다.

일반적으로 인도네시아에는 아래와 같이 설명할 수 있는 세 가지 기반이 있다. 첫 번째는 농경지(관개하거나 또는 빗물에만 의존하는 경작지)이며, 다음이 사회 구조 단위로서의 마을이고, 마지막이 믿음으로서의 애니미즘과 강한 전통에 지배되는 사회적 태도와 협동의 가치 그리고 한 집단 내의 사이좋은 관계를 유지시키는 의사결정이다.

일찍이 농경체제는 높은 수준의 협동을 고무했다. 또 기술체계, 특히 복잡한 관개에 대한 이해를 필요로 했다. 따라서 사람들은 서로 잘 협력해야 했고 또 그러기 위해서는 사이좋은 관계를 유지해야 했다.

마을은 결속된 이웃들로 이루어진 하나의 사회였고, 때로는 고립된 사회로 여겨지기도 했다. 마을 사람들은 함께 사이좋게 사는 것을 최고의 가치로 생각했다. 그들의 공동생활을 평화롭게 이끈 모든 것의 중심에는 오늘날에도 찾아볼 수 있는 도덕적 가치들이 있다. 예를 들어 협동을 강조한 고통 로룡 gotong royong, 사려 깊음과 동정을 강조한 테파 셀리라 tepa selira, 닮음을 강조한 파다padha가 그것들이다. 마을들은 자율적인 조직으로 만들어져 발전했다. 많은 일에 관한 의사결정이 무샤와라 운툭 무파카트musyawarah untuk mufakat라고 하는 절차에 의해 이루어졌는데, 무샤와라는 언제 어디서나 자기 의견을 말하고 또 존중받을 수 있는 권리를 모든 이에게 부여한 하나의 관습이다. 보통 의사결정은 긴 토의 과정을 거친 다음 절충을 통해 이루어진다. 하나의 의견이 완전히 받아들여지거나 무시되지 않는다. 자신의 뜻이 어느 정도 수용되기 때문에 모든 이가 자부심을 느낀다. 이러한 의사결정에서 지도자에게는 권위 있는 통제자의 역할뿐만 아니라 큰 가족의 '아버지' 구실도 요구된다. 그는 그 누구도 자신이 패했다고 생각하지 않고 모두가 승리감을 느끼도록 타협을 이끌어낼 수 있어야 한다. 마을은 또한 종교적인 공동체이다. 보통 조상을 신으로 간주하여 숭배하는데, 조상의 관습을 보존하는 것도 이 때문이다. 인간의 삶은 아주 많은 영혼에 둘러싸이고 문화와 의례에 지배되는 우주적 관계로 생각되었다. 자연의 모든 것은 이따금 꽃과 음식을 바치거나 또는 명상 등을 통해 달래주어야 하는 초자연적인 힘의 결과로 간주되었다.

　마을 사람들은 사이좋은 삶을 위해 서로 힘껏 도왔다. 그 시대에 사회를 위한 행동은 최고의 가치를 지닌 미덕이었다. 강제가 없는 자발적인 협동은 오늘날 도시에서는 사라지기 시작했지만 농촌 마을에서는 얼마든지 찾아볼 수 있는 인도네시아의 문화적 전통의 하나이다.

　라라 종그랑의 전설에는 흥미로운 사랑의 이야기들도 담겨 있다. 먼저 공주와 그녀 아버지 사이의 사랑인데, 보코는 지혜롭지 못한 왕으로 알려지고 용모도 흉측했지만 딸 라라 종그랑의 눈에는 아주 다정하고 사랑스러운 사람으로 보였다. 그녀는 자신을 진실로 사랑하는 아버지의 보살핌 아래서 더없이 행복했다. 그래서 그녀는 자기 아버지를 죽인 반둥 본도워소의 사랑 고백을 결코 받아들일 수 없었다. 그녀는 아버지를 죽인 자와 살기보다는 차라리 석상이 되기를 원했다. 다음은 라라 종그랑에 대한 반둥 본도워서의 사랑인데, 그는 공주를 너무나 사랑했기 때문에 하나의 우물과 천 개의 사원을 지어달라는 그녀의 요구를 의구심 없이 기꺼이 들어주었다. 또 석상으로 변한 공주를 궁전에 데려가 평생 동안 자신의 왕비로 삼았다.

라라 종그랑과 인도네시아 분쟁의 특성

인도네시아에 대한 이슬람교의 영향은 12세기 초로 거슬러 올라갈 수 있다. 이 새로운 종교는 구자라트에 발을 디딘 페르시아 상인들에 의해 유입되었다. 15세기 말과 16세기에 걸쳐 동쪽으로 뻗어나가 여러 사회계층을 장악하면서 인도네시아의 주요한 종교로 자리잡았다. 그러나 이슬람교의 발전 과정에서 새로운 문화가 만들어지지는 않았다. 농촌에서는 대체로 지역 문화에 조화되었고, 이로 인해 다른 나라에서는 찾아보기 힘든 인도네시아―이슬람적인 특성이 나타났다.

인도네시아에 대한 서구의 개입은 16세기 말 포르투갈, 스페인, 영국, 네덜란드 배들의 상륙과 함께 시작되었다. 350여 년에 걸친 서구문명과의 접촉은 새로운 문화층의 형성을 가져왔지만 사회를 급격하게 변화시키지는 않았다. 기본적으로 사람들은 서구문화와의 활발한 접촉이 없는 고립된 지역에서 살았다. 서구인들은 자신들의 영향력을 확장하기 위해, 달리 말하면 기독교의 복음을 전파하기 위해 노력하면서 지역 문화에 적응해야만 했다. 여하튼 그들의 노력은 새로운 가치관이 도입되는 통로 구실을 했으며 서구문화의 광범한 영향이 1945년 8월 17일의 인도네시아 독립의 한 배경을 형성했다.

라라 종그랑의 전설은 강력했던 두 왕국인 프람바난과 펭깅에 관한 이야기이다. 두 왕국은 오랜 숙적으로 사이가 좋았던 적이 없었다. 펭깅 왕국은 국민과 이웃 나라들을 위해 평화를 추구하는 현명한 왕이 다스린 반면, 프람바난 왕국은 무력으로 영토를 넓히는 데 몰두한 왕이 통치했다. 자신이 더 강하다고 생각한 프람바난 왕국은 펭깅 왕국을 침략했지만 패하고 말았다. 프람바난 왕국의 왕은 싸움터에서 죽고, 펭깅 왕국의 왕세자가 프람바난 왕국의 왕이 되어 지혜롭게 다스렸다. 이 두 왕국의 충돌은 잡다한 구성의 인도네시아 사회에서 언제라도 일어날 수 있는 분쟁을 상징한다.

독일과 영국, 프랑스, 이탈리아는 각기 언어 덕분에 하나의 나라가 되었고, 오스트레일리아와 인도, 실론, 싱가포르는 땅 덕분에 그리고 한국과 일본은 민족 덕분에 하나의 나라가 되었다. 인도네시아는 고유의 특성 덕분에 하나의 나라가 될 수 있었다. 수많은 섬과 언어, 다양한 종족과 종교에도 불구하고 한 나라가 되었다. 그래서 사회적 분쟁이 일어날 위험은 매우 크다. 서보르네오와 중앙보르네오, 몰루카제도, 포소, 아체, 파푸아 그리고 이제는 인도네시아의 일부가 아닌 동티모르 등 인도네시아 곳곳에서 분쟁이 일어났다는 것은 부인할 수 없는 사실이다. 많은 분쟁이 종족과 종교와 정치적 이해의 다름과 차이에서 비롯되었다.

식민지 시대와 독립 이후 현재에 이르기까지의 분쟁을 살펴보면 두 가지 형태, 즉 수직적 분쟁과 수평적 분쟁으로 구분할 수 있다. 수직적 분쟁은 보통 기관과 시민 사이에서 개별적으로 또는 집단적으로 일어난다. 또한 국가가 외진 지역에서 발발한 분쟁에 관심을 가짐으로써 일어나기도 하는데, 이는 거시적인 이해관계 때문에 의도적으로 분쟁을 일으킨다는 것을 의미한다. 수평적 분쟁은 인도네시아의 많은 지역사회에서 일어나는데, 통상 인종집단이나 종교의 뿌리 깊은 자기본위에 기인한다. 문화와 종족, 민족, 종교에 따른 가치의 차이에서 비롯하는 수평적 분쟁이 수직적 분쟁보다 훨씬 더 흔하다.

인도네시아공화국의 근본 원칙인 판카실라(산스크리트어로 판카Panca는 다섯을, 실라Sila는 원칙을 의미한다)는 이 나라의 통합 문화에서 태어나 뿌리를 내렸다. 그것은 모든 이에게 받아들여질 수 있을 뿐만 아니라 모든 문화층을 반영한다. 판카실라는 떼어낼 수 없게 서로 연결된 다섯 가지 원칙으로 이루어져 있다. 첫째, 유일신에 대한 믿음. 둘째, 올바르고 품위 있는 인간성. 셋째, 인도네시아의 통일성. 넷째, 국민 대표자들의 신중한 토의를 거친 지혜로운 합의에 의해 인도되는 민주주의. 다섯째, 인도네시아 모든 국민을 위한 사회 정의.

인도네시아 전통문화의 유산에 기초한 판카실라는 이 나라가 안고 있는 중요한 문제들에 답할 수 있는 동질성을 인도네시아 사회에 부여한다. 그것은 모든 사회 집단이 자신의 믿음과 종교를 간직하고 함께 살아가면서 공동의 미래를 설계할 수 있는 청사진을 제공한다. 그러나 판카실라 자체가 미래를 규정하지는 않는다. 인도네시아 사회가 힘을 합쳐 그들의 미래를 결정하고 건설할 수 있도록 이끌 뿐이다. 이것은 판카실라가 인도네시아의 통일성과 복합성을 역동적으로 유지시켜준다는 것을 의미한다. 독립에 뒤이어 판카실라가 만들어지고 나서 지금까지 인도네시아에서는 분쟁이 끊이지 않았다. 이것은 아직 모든 국민이 판카실라를 진지하게 받아들이지는 않았다는 것을 의미한다. 판카실라의 사회화는 인도네시아 사회의 절대적인 과제이다.

분쟁은 가치의 차이에서 비롯되기 때문에 그것의 해결책은 지역의 지혜로부터 나와야 한다. 지역의 지혜는 지역사회에서 발전하는 문화 자체의 폭과 깊이로서 사회의 유대를 강화할 수 있는 중요한 요소로 알려져 있다. 그것은 서로 다른 의견을 가진 집단들이 서로 닮은 점을 찾아냄으로써 얻어질 수 있다. 성공적인 화해와 분쟁의 예방은 기관들과 정부가 지역의 지혜를 지지하고 고무하며 도울 때 쉽게 이루어질 수 있다.

이제 인도네시아 사회와 정부는 분쟁 예방책을 깊이 생각하고 또 찾아야만 한다. 사회 평화는 인도네시아가 자신의 특성인 차이와 다양성을 번영하는 공정한 현대 사회를 건설하는 데 상승효과를 지닌 자극제로 이용할 수 있게 해 줄 것이다.

〈설화〉 라라 종그랑

먼 옛날 자바 섬에 자리한 프람바난에는 펭깅 왕국과 프람바난 왕국이 있었다. 지혜로운 왕 다르마자야가 통치한 펭깅 왕국은 땅이 매우 기름져서 번영을 누렸다. 다르마자야 왕은 나라의 앞날을 잘 설계했다. 그의 계획의 하나는 왕국을 물려받을 왕세자 조코 반둥이 신성한 힘을 지닌 현명한 왕이 될 수 있도록 가르치는 것이었다.

한편 프람바난 왕국은 힘은 세지만 지혜롭지는 못한 왕 보코가 다스렸다. 보코 왕은 키가 크고 거대한 몸통은 털투성이인 데다가 얼굴은 험상궂었다. 그에게는 라라 종그랑이라는 딸이 있었는데 아버지와 달리 아주 아름다운 처녀였다. 왕은 외동딸 라라 종그랑을 매우 사랑했고, 그에게 딸은 이 세상을 의미했다. 그래서 왕은 라라 종그랑을 위해서라면 무슨 일이든지 했다. 용모는 험상궂은 왕이지만 라라 종그랑에게는 아주 부드럽고 사랑스러운 아버지였다. 그리고 보코 왕에게는 충성스러운 재상 구폴로가 있었다.

프람바난 왕국과 펭깅 왕국은 아주 오랫동안 적이었다. 두 왕국은 결코 사이좋게 지낼 수 없었다.

　보코 왕의 엄청난 힘과 두 나라의 험악한 관계를 걱정한 다르마자야 왕은 나라의 앞날을 위해 왕세자 조코 반둥이 하루빨리 신성한 힘을 갖게 만들 궁리를 했다. 그는 왕세자에게 본도워소 정글로 가서 그곳을 지배하는 우두머리 악령을 찾아서 굴복시키라고 말했다.

　다음 날 아침 조코 반둥은 아버지의 축복을 받으며 본도워소 정글로 향했다. 정글에 도착한 그는 우두머리 악령을 만나기 위해 명상을 하며 마음과 혼을 집중시켰다. 그리고 되풀이해서 외쳤다. "본도워소 정글의 우두머리 악령은 나와라. 나는 너를 만나야만 한다!" 마침내 셋째 날 밤에 기다리던 악령이 나타났다. 우두머리 악령이 말했다. "젊은이, 무엇을 원하는가?" 조코 반둥은 용감하게 대답했다. "나는 너와 싸우러 왔다. 내가 진다면 나는 기꺼이 죽어서 너의 영원한 종이 될 것이다. 그러나 내가 이긴다면 너는 내가 시키는 것은 무엇이든 해야 한다."

　악령은 매우 화가 나서 즉시 도전을 받아들였다. 둘은 있는 힘을 다해 싸웠다. 그러나 한참을 싸웠지만 싸움이 끝날 기미가 보이지 않았다. 조코 반둥은 지쳐서 거의 모든 힘을 잃었다. 그는 악령을 이길 다른 방도를 찾기 시작했다. 조코 반둥은 생각했다. '그렇다! 놈은 유령이므로 해가 뜨면 아무것도 할 수 없을 것이다.' 그는 수탉의 아침 울음소리를 흉내 내서 "꼬끼오 꼬꼬!" 하고 외쳤다.

　악령은 아침이 온 줄 알고 당황하여 집중력을 잃어버렸다. 그 순간 조코 반둥이 쉽사리 공격했고, 악령은 무릎을 꿇었다. 그래서 악령은 그의 부하가 되었고, 조코 반둥은 의기양양하게 집으로 돌아왔다.

　조코 반둥은 자신의 신성한 힘으로 폭군 밑에서 신음하는 사람들을 돕고 많은 마을을 잔인한 약탈자들의 손아귀에서 구해냈다. 본도워소 정글의 우두머리 악령과 그의 부하들은 언제 어디서나 조코 반둥을 도왔다. 사람들은 조코 반둥을 반둥 본도워소라고 부르기 시작했고 그는 싫어하지 않았다.

　인근 왕국들의 왕으로부터 칭송을 받는 다르마자야 왕을 시기한 프람바난 왕국의 보코 왕은 재상 구폴로와 함께 펭깅 왕국을 공격할 계획을 세웠다. 그는 청년들을 소집하여 병사로 훈련을 시켰고, 세금을 거둬들여 비용으로 썼다.

　모든 준비가 끝나고 보코 왕은 자신이 직접 병사들을 이끌고 펭깅 왕국을 공격했다. 프람바난 왕국의 병력은 막강했지만 다르마자야 왕은 조금의 두려움도 보이지 않았다. 반둥 본도워소가 즉시 부하들을 이끌고 프람바난 왕국의 병사들과 맞섰다. 펭깅 왕국은 프람바난 왕국만큼 많은 병사를 갖지 못했지만, 반둥 본도워소가 본도워소 정글의 악령과 그의 부하들에게 도움을 요청했기 때문에 그 힘은 몇 배로 커졌다. 치열한 싸움이었지만 오래가지 않아서 프람바난 왕국의 병사들이 밀리기 시작했다. 보코 왕은 반둥 본도워소의 엄청난 힘에 놀랐다. 자기 병사들이 패하고 있다는 것을 안 그는 심복 구폴로를 불러 명령했다.

"구폴로 재상, 병사들을 철수시켜라. 내가 직접 반둥 본도워소를 상대하겠다. 나를 위해 내 딸 라라 종그랑을 돌봐주길 바란다." 구폴로는 "예, 폐하"라고 대답하고 명령을 따랐다.

프람바난 왕국의 병사들은 후퇴했다. 곧 보코 왕이 싸움터에 나타났다. 그의 거대하고 추한 모습을 처음 본 반둥 본도워소는 깜짝 놀랐다. 그러나 기가 죽진 않았고 자신이 이길 수 있다고 굳게 믿었다. 두 사람 모두 초자연적인 힘을 가졌기 때문에 보코 왕과 반둥 본도워소의 싸움은 무시무시했다. 해가 기울기 시작했지만 싸움의 승패가 가려질 조짐은 보이지 않았다. 이윽고 해가 지자 반둥 본도워소는 우두머리 악령을 부르기 위해 정신을 집중시켰다. 악령의 도움으로 그는 보코 왕을 쉽게 이길 수 있었다. 마침내 보코 왕은 땅에 쓰러져 죽었다. 펭깅 왕국의 병사들은 승리를 축하하며 반둥 본도워소를 소리 높여 칭송했다.

프람바난 왕국의 재상 구폴로와 살아남은 병사들은 왕의 죽음을 보고 곧 도망하여 제 나라로 돌아왔다. 구폴로는 라라 종그랑에게 그녀 아버지의 죽음을 알려주고 바로 반둥 본도워소가 그녀의 사랑하는 아버지를 죽였다고 말했다. 공주는 애처롭게 울었다. 그녀는 이 세상에 하나뿐인 자신의 사람이었던 아버지를 잃어서 너무나 슬펐다. 절망한 그녀는 제 몸을 단도로 찌르려고 했지만 구폴로가 가까스로 제지했다.

구폴로는 말했다. "공주, 왕은 내게 당신을 보호하라고 명령하셨다. 스스로 목숨을 끊는다고 해서 당신의 슬픔이 사라지는 것은 아니다."

라라 종그랑은 대답했다. "내가 무엇 때문에 살아야 하나요? 아버지는 돌아가셨습니다. 이제 반둥 본도워소가 와서 이 나라를 차지할 것입니다. 나는 전리품으로

취급되는 게 싫습니다."

구폴로는 말했다. "나를 믿으시오, 공주. 내가 몸과 마음을 다해 당신을 돌볼 것이오."

이윽고 반둥 본도워소가 프람바난 왕국의 왕이 되었다. 아름다운 라라 종그랑과의 만남은 그에게 더없는 놀라움이었다. 보코 왕처럼 못생긴 사람에게 비단결 같은 피부를 지닌 예쁜 딸이 있으리라고는 생각조차 할 수 없었기 때문이다. 반둥 본도워소는 그녀를 깊이 사랑하게 되었고 그녀는 언제나 그의 가슴속에서 떠나지 않았다.

반둥 본도워소는 큰 전쟁을 치르고 혼란 속에 빠져 있는 프람바난 왕국을 재정비하기 시작했다. 그는 왕국을 지혜롭게 다스렸고 사람들도 그를 사랑하기 시작했다.

어느 날 반둥 본도워소는 용기를 내서 라라 종그랑에게 청혼했다. 공주는 그가 프람바난 왕국을 훌륭하게 다스린다는 것은 인정했지만 또한 그가 자기 아버지를 죽인 사람이라는 사실을 잊지 않았다. 그래서 그녀는 응답을 미루고, 자신의 거절이 그의 마음을 상하지 않게 할 수 있는 묘책을 궁리했다. 라라 종그랑은 재상 구폴로를 불러 왕의 청혼에 대해 논의했다.

그녀는 흐느끼며 물었다. "숙부, 나는 지금 벌어지고 있는 일들이 두렵습니다. 내가 그의 청혼을 받아들여야 하나요? 내 아버지를 죽인 사람의 아내가 되어야 하나요? 이 왕국의 옥좌를 빼앗은 사람의 왕비가 되어야 하나요?"

얼마 뒤 그들은 청혼을 받아들이는 조건으로 하나의 요구를 들어줄 것을 왕에게 제의함으로써 곤경을 면할 길을 찾았다. 요구는 하나의 우물과 천 개의 사원을 하룻밤에 지어달라는 것이었다. 라라 종그랑과 구폴로는 왕이 하룻밤에 그들의 요구를 들어줄 수는 없을 것이며 따라서 왕의 청혼에서 벗어날 수 있다고 생각했다.

반둥 본도워소는 곤혹스러웠다. 그는 라라 종그랑이 자신의 초자연적인 힘을 시험하려 한다고 생각했지만 그녀에 대한 사랑 때문에 요구를 받아들였다. 그는 불현듯 자기를 기꺼이 도와줄 본도워소 정글의 우두머리 악령을 머리에 떠올렸다.

한편 재상 구폴로는 왕이 자신들의 요구를 이행하지 못하게 하기 위해 모든 가능성에 대비한 책략을 꾸몄다. 그는 왕궁 밖에 사는 사람들에게 자신의 심복을 보내서 신호가 떨어지면 일제히 행동하라고 지시했다.

예정한 날이 되자 반둥 본도워소는 공주가 직접 볼 수 있도록 궁전에서 멀지 않은 곳에 평평하고 널찍한 땅을 골랐다.

해가 지자 반둥 본도워소는 명상하기 시작했다. 우두머리 악령과 그의 부하들이 떼를 지어 몰려와 일을 시작했다. 한 무리는 우물을 파고 다른 무리는 사원을 세웠다. 밤이 깊어가면서 훌륭한 사원들이 하나하나 모습을 드러냈고, 한밤중이 되자 수백 개의 사원이 가지런히 세워졌다. 마침 보름달의 달빛이 그들을 도와주었다. 궁전에서 작업 광경을 바라보던 라라 종그랑은 사원이 하나하나 세워질 때마다 가슴을 졸였다. 그러나 그녀와 달리 구폴로는 조용히 지켜보기만 했다. 자신이 천 개의 사원을 지으려는 반둥 본도워소의 노력을 수포로 돌아가게 할 수 있다고 확신했기 때문이다.

그는 완성된 사원의 수를 세고 있던 자신의 호위병에게 물었다. "사원이 몇 개나 세워졌느냐?" 호위병이 대답했다. "9백 25개입니다, 각하." 그때 구폴로와 궁전 밖의 사람들 사이에서 연락 임무를 맡고 있던 또 다른 호위병이 전령을 보내서, 궁전 밖 마을 사람들은 도울 준비를 모두 끝내고 명령만 기다리고 있다고 그에게 보고했다.

여명이 다가오자 구폴로는 호위병에게 다시 물었다. "사원이 몇 개나 세워졌느냐?"

호위병이 대답했다. "9백 99개입니다, 각하."

구폴로가 혼잣말을 했다. "마지막 한 개가 남았구나."

라라 종그랑은 절망했다. 마지막 사원이 곧 세워질 터이고 반둥 본도워소가 하나의 우물과 천 개의 사원을 짓는 데 성공할 것이 분명했기 때문이다.

그녀는 말했다. "내일 아침이면 왕이 와서 약속을 지키라고 말할 것이다. 나는 내 아버지를 죽인 사람과는 결혼하기 싫다. 차라리 죽는 게 더 낫다." 그리고 단도를 높이 쳐들어 자신의 가슴을 찔렀다. 구폴로가 달려와 그녀의 목숨을 거의 앗아갈 뻔한 단도를 잡아채고 말했다. "공주, 왜 그렇게 절망하는가? 왕은 아직 제 일을 끝맺지 못했다. 진정하라. 이제 마지막 사원이 완성되지 못하도록 우리의 계획을 실천에 옮길 것이다."

구폴로는 명령했다. "호위병, 이제 때가 되었다. 신호를 보내라."

호위병은 활을 들고 시위를 당겨 불화살을 쏘았다. 불화살은 허공으로 날아올랐고, 그것은 궁전 밖에서도 분명히 보였다.

천 개의 사원이 조화롭게 보이도록 구획한 터에 마지막 사원이 세워지기 시작했다. 반둥 본도워소는 새벽이 오기 전에 한 개의 우물과 천 개의 사원이 완성될 것이라고 확신했다. 자신이 곧 공주를 만나 그녀가 요구한 한 개의 우물과 천 개의 사원을 자랑스럽게 보여줄 수 있을 것이라고 생각했다. 또 숭배하고 사랑하는 공주와 결혼할 것이라고 상상했다. 그러나 궁전에서 쏘아올린 불화살을 그가 보았을 때 이미 그의 행복한 상상은 백일몽으로 끝났다. 불화살이 허공을 가르고 난 뒤 벼를 절구에 넣고 공이로 힘차게 찧는 소리가 사방에 가득 찼다. 대체 궁전 밖에서 무슨 일이 벌어지고 있는 것인가?

누군가 끌어 모은 게 분명해 보이는 많은 사람들이 부지런히 움직이며 맡은 일을 하고 있었다. 여자들은 벼를 절구에 찧었는데 끊임없이 이어지는 요란한 소리가 동틀 녘의 정적을 삼켜버렸다. 또 동쪽 궁전에 모인 남자들은 모두 횃불을 만들어 치켜들었는데 그 빛이 하도 밝아서 마치 해가 솟은 것 같았다. 이내 여기저기서 수탉이 울기 시작했다.

마지막 사원을 거의 다 지어가던 유령들은 당황했다. 날이 샜다고 생각한 그들은 혼비백산하여 하던 일을 팽개치고 숲으로 달아났다. 우두머리 악령은 반둥 본도워소에게 와서 일을 끝마치지 못하게 된 것을 사과하고 돌아갔다.

반둥 본도워소는 슬펐다. 궁전 밖의 사정을 알아보라고 보낸 호위병이 돌아와서 보고 들은 모든 것을 보고했다. 반둥 본도워소는 공주의 요구가 자신의 초자연적인 힘을 시험하기 위한 것이 아니라 청혼을 거절하기 위한 구실이었다는 것을 비로소 깨달았다. 그녀 아버지의 죽음에 대한 그의 진정한 사과도 그녀에 대한 진실한 사랑도 받아들여지지 않았던 것이다. 그녀의 가슴속 원한은 지울 수가 없었다. 반둥 본도워소는 어찌할 줄을 모르고 말없이 앉아 있었다. 이제 그의 꿈은 사라져 버렸다.

날이 밝았다. 라라 종그랑과 구폴로는 사원 옆에서 반둥 본도워소를 만났다. 공주는 그에 대한 자신의 마음을 말했다. "폐하, 비록 하나의 사원은 완성되지 않았지만 한 개의 우물과 천 개의 사원을 지어달라는 저의 요구를 들어주셔서 감사합니다. 당신의 청혼을 받아들일 수 없었던 저를 용서해주십시오. 아버지에 대한 사랑과 연민이 너무 깊어 저는 그 누구도 사랑할 수 없습니다. 당신을 실망시키는 게 두려워 이 말을 할 수 없었습니다. 그래서 당신이 해내지 못하기를 바라면서 하나의 우물과 천 개의 사원을 하룻밤에 지어달라고 요구했던 것입니다. 당신이 일을 끝맺지 못하게 방해한 것도 사과드립니다. 폐하, 저는 당신과 결혼할 수 없었습니다. 제가 석상이 되어 완성되지 못한 마지막 사원을 대신할 수 있게 부디 허락해주십시오. 제게는 그것이 당신과 함께 사는 것보다 더 낫습니다."

 반둥 본도워소가 공주의 말을 듣고 입을 열려는 순간 그녀는 자신이 바란 대로 석상이 되어버렸다. 순식간의 일이라서 왕은 공주를 막지 못했다. 반둥 본도워소는 석상이 된 공주를 궁전으로 데려가 평생 동안 왕비로 삼았다.

 힌두교 세 주신의 하나인 시바 신의 개입으로 인해 라라 종그랑의 석상은 우상이 되어 현재 프람바난 사원의 북쪽 신전에 안치되어 있다. 근래에 라라 종그랑의 명성이 널리 퍼져 그녀의 작은 신전에는 참배자들이 줄을 잇지만 사원들이 세워진 연유에 대해서는 그들 대부분이 알지 못한다.

_번역 송대원(자유번역가)

【이란】
뜻밖에 찾아온 손님들

자흐라 바자르간 Zahra Bazargan 유네스코 이란위원회 교육부장

동양과 서양의 가교, 이란 | 이란은 평화와 친선의 오랜 전통을 지닌 나라이다. 서양과 동양의 문명을 잇는 가교로서 일찍부터 서로 다른 문화와 문명의 교역 및 교류의 중심지 구실을 해왔다. 2002년에 출판된『이란 어린이를 위한 문학사』의 앞머리에는 이렇게 기술되어 있다. "역사적으로 이란은 오랜 문화적 우월성과 전략적인 지리 조건에 힘입어 사고의 상호작용과 지식의 자유로운 흐름에 알맞은 장을 제공해왔다." 기원전 1200년경에 살았던 고대 이란의 예언자 조로아스터의 시대 이래의 문헌을 모은『아베스타』에 대한 연구를 살펴보면 조로아스터가 친족을 존중하여 서로를 해치는 어떠한 행위도 피하고 사이좋게 사는 것을 최고의 윤리적 가치로 강조했음을 알 수 있다. 그는 물과 자연, 동물과 식물도 존중하고, 다른 종족과 그들의 땅도 해치지 말라고 가르쳤다. 그 자신이 지은 것으로 추정되는 종교적인 시가들의 모음인『가사』에서 조로아스터는 화를 증오와 공격을 낳는 가장 혐오스럽고 악한 속성으로 묘사했다. 화의 악마를 길들여야만 억압과 폭력의 흔적을 땅에서 지워버릴 수 있다고 노래했다. 이러한 마음가짐은 고대 이란의 위대한 아케메네스 왕조의 통치 원칙에서도 찾아볼 수 있다.

고대 이란의 문학 속 평화

약 2,500년 전, 아케메네스 왕조의 탄생 이전에 이란의 광대한 땅에는 많은 부족이 이따금 서로 충돌하며 흩어져 살았다. 페르시아의 키루스 대왕은 혈통과 언어와 문화가 서로 다른 4백여 부족을 통합하여 아케메네스 왕국을 세워 키루스의 원통Cyrus's Cylinder으로 널리 알려진 헌장에 의거해 다스렸다. 통치와 인권에 관한 고대 선언의 하나인 키루스의 원통에는 이렇게 쓰여 있다. "나의 많은 병사들이 바빌론의 평화를 지켰다. 나는 수메르와 아카드 어느 곳에서도 약탈과 위협을 용납하지 않았다. 나는 바빌론을 비롯한 신성한 도시들의 안전을 보장하기 위해 온 힘을 다했다."

역사는 키루스 왕을 노예제도에 맞선 최초의 통치자라고 말한다. 그는 인간의 존엄성을 더없이 존중했으며 인권을 침해하는 모든 관습을 배척했다. 당연히 그는 노예제도를 옹호하는 모든 법을 그의 광활한 영토에서 몰아냈다. 모든 형태의 노예 소유를 금지하고 인간을 종교 의식의 제물로 바치지 못하게 한 그의 결단은 그리스를 포함한 다른 나라들에도 영향을 미쳤다. 파사르가다에에 있는 만국의 문Gate of All Nations 유적과 키루스 왕의 무덤은 아케메네스 왕국 사람들이 평화를 존중하여 종족의 다양성에도 불구하고 사이좋게 살았음을 보여주는 고고학적 증거이다. 페르세폴리스 궁전의 크고 작은 많은 홀의 입구이기도 한, 높다랗고 아름다웠던 만국의 문 꼭대기 석판에는 엘람과 페르시아, 바빌론의 말로 이렇게 새겨져 있었다. "내가 아후라 마즈다의 의지에 의해 모든 나라의 사람들이 지나다닐 이 문을 세웠다."

평화에 대한 이 같은 믿음이 점차 이란 사람들의 마음에 자리를 잡고 입으로 되뇌어지면서 문학에서 꽃을 피웠다. 고대 이란의 문학은 조로아스터의 세 가지 원칙(선한 말과 선한 행위, 선한 생각)에 뿌리를 두었다고 할 수 있다. 이란의 신화들은 입을 통해 세대에서 세대로 전해지다가 마침내 미래의 세대들을 위해 글로 다시 태어났다.

이슬람 문화 속의 평화

헤지라(622년에 예언자 마호메트가 메카의 보수적 특권 상인과 귀족의 박해로 소수의 신도와 함께 메디나로 이주한 일. 이 해를 이슬람력의 기원 원년으로 한다) 첫 세기의 처음 20년 동안에 아랍인의 이란 침략이 이루어졌다. 사산조 왕조는 자신의 허약함과 나라에 팽배한 불만 때문에 무릎을 꿇었고, 이란 사람들은 곧 이슬람교를 받아들였다. 인간적인 가치관을 품고 있고 종족 간의 평등을 강조하는 이슬람교는 이란 사람들을 매혹시켰다. 이슬람교는 한 사람을 다른 사람보다 우월하다고 말하는 것은 그가 다른 사람보다 자신의 세속적 열정을 더 잘 제어하기 때문이라고 설파했다. 코란에는 이렇게 씌어 있다. "가장 나은 너는 가장 경건한 너라는 것을 알라(호조라트, 14절)."

경건함을 권하고 다른 많은 종교와 다른 믿음을 가진 사람들에 대한 관용과 친절함 따위를 강조하면서 이슬람교는 서로서로 용서하고 적도 용서하는 인성의 세계로 사람들을 초대한다. "너희들끼리 그러듯이, 그들의 압제자들과 말할 때가 아니라면 유대교도와 기독교도, 조로아스터교도와도 편안하게 이야기하라. 우리는 코란을 믿으며 다른 신성한 종교들의 성스러운 책들도 믿는다고 그들에게 말해주어라. 그리고 우리는 우리가 절대로 복종하는 하나뿐인 신을 믿는다고 말해주어라(안카부트, 46절)."

피르다우시의 작품 속 평화

이슬람교를 받아들이면서 그것의 관념들이 이란 사람들의 옛 믿음들과 뒤섞여 독특한 문화, 즉 다른 이슬람 국가들의 것과는 매우 다른 문화의 탄생을 가져왔다. 헤지라 1세기에서 3세기까지의 이란 문학에서는 새로 나타난 종교적 관념들 외에 이슬람 이전 가르침들의 분명한 흔적을 종종 찾을 수 있다. 뛰어난 서사시적 작품인 피르다우시Hakim Abul Qasim Ferdowsi Tusi의 『샤나메(王書)』도 그런 책들 가운데 하나이다. 헤지라 329년에 태어난 피르다우시는 3개의 장(신화, 서사시, 역사)으로 꾸며진 이 책에서 신화와 영웅들의 이야기를 들려주면서 작은 역사 자료집의 구실도 덧붙였다. 화려한 문장으로 쓰인 이 책은 높은 예술적 가치를 지니고 있다. 흥미로운 점은 전쟁과 역사의 반목을 서술하면서 평화와 관용, 선행의 관념을 가장 아름다운 문장으로 강조하는 한편 물질적인 힘과 당당한 위풍 따위의 덧없음을 신랄하게 꼬집는다는 것이다. 페르시아 시의 아버지로도 불리는 피르다우시는 페르시아의 옛 신화들을 시로 짓기 위해 무려 30년 동안 온 힘을 다 쏟았다. 그의 책은 고대 페르시아 신화의 방대한 유산과 영웅들의 행위를 읊은 서사시들을 품고 있는데 모든 글들에 평화와 화해의 본질이 녹아들어 있다. 전쟁과 증오를 이야기하면서 그는 모든 악의의 근원으로서 탐욕과 부패와 인간 정신의 타락을 드러내 보이는 한편 평화와 친선의 고귀함을 역설한다. 페르시아 사람들에게 가장 널리 알려진 『샤나메』는 시대와 사회 계급과 종족을 초월하는 불멸의 작품이다. 피르다우시에게 세상은 사랑을 위해 창조되었다. 또 지리적인 경계와 서로 다른 문화에도 불구하고 모든 나라는 하나의 통일체로서 존재한다. 아래의 글은 『샤나메』에 실린 두 편의 시를 요약한 것이다.

시아바시의 전설

시아바시의 전설은 고대 페르시아의 책들에 묘사된 공존에 관한 이야기의 본보기라고 할 수 있다. 왕 카부스의 아들인 시아바시는 어릴 때 왕국의 의례와 지혜, 전쟁 기술을 배우도록 많은 엘리트를 거느린 유명한 영웅인 루스탐에게 보내졌다. 시아바시는 열여덟 살의 어엿한 성인이 되어 아버지의 궁전으로 돌아왔다. 그의 아름다운 마음과 육체에 궁전의 모든 여인들이 매혹되었는데 아버지의 아내이자 왕비인 소우다베도 예외는 아니었다. 소우다베는 열정의 서신을 보내고 사랑의 몸짓을 해보이며 시아바시를 유혹하려고 애썼지만 청년은 아버지를 결코 배반하지 않았다. 그의 무심함은 소우다베의 가슴에 분노와 복수의 불길을 일으켰고, 그녀는 왕에게 가서 시아바시가 왕과 자신의 사랑을 위협하고 있다고 거짓말하여 왕의 가슴에 질투심을 심어주었다. 결국 시아바시는 감옥에 갇혔다. 얼마 뒤 그는 위험한 시합에 나가 승리하면 풀어주겠다는 제의를 받았다. 그는 불붙은 고리 가운데를 말을 타고 무사히 통과하여 감옥에서 풀려났다. 왕은 그를 왕비에게서 떼어놓기 위해 아프라시아브가 다스리는 투란으로 보내 전쟁을 벌이게 했다. 시아바시는 아프라시아브와의 전쟁에서 이겼지만 살아남은 적들을 죽이지 않았다. 카부스 왕은 모든 전쟁 포로를 이란으로 보내라고 명령했지만 그들의 목숨을 걱정한 시아바시는 아버지의 명령을 따르지 않았다. 또 이란으로 돌아가지 않음으로써 왕위 계승의 권리를 스스로 버렸다. 뒤에 시아바시는 살해되었는데 그의 피로 적셔진 땅에서 시들지 않는 꽃 한 송이가 자라나 그의 올바름을 모든 사람에게 일깨워주었다. 시아바시는 인간애를 위해 권력을 내버린, 평화를 사랑하는 왕자로 영원히 남았다.

이라지의 전설

이란의 공정하고 자비로운 왕 페레이둔은 죽기 전에 세 아들에게 자신의 세계를 나눠주어 다스리게 하겠다고 결심한다. 그는 이란 북동쪽의 투란은 아들 투르에게, 로마의 땅은 아들 살름에게, 이란은 가장 어리지만 가장 현명한 아들 이라지에게 물려준다. 이것이 이라지의 두 형의 질투심을 불러일으켰는데 그들은 이란이 가장 좋은 땅이라고 생각했기 때문이다. 투르와 살름은 동생 이라지를 죽일 음모를 꾸민다. 어느 날 그들은 동생을 그들의 성으로 초대하고, 형들의 더러운 계획을 모르는 이라지는 기꺼이 응한다. 그들은 이라지가 가장 중요한 땅인 이란을 다스리기에 적합하지 않다고 말한다. 좋은 마음에서 초대에 응해 형들과의 만남을 즐기던 이라지는 마음의 상처를 입는다. 그는 한 나라를 다스리는 것이 불화와 증오의 씨앗을 뿌리는 것에 지나지 않는다면 자신은 서양도 이란도 중국도 원하지 않는다고 말한다. 그러나 그의 평화의 말들은 질투심에 불타는 형들의 귀에는 들리지 않았고, 그들은 이라지를 죽인다. 여러 해가 지나고 이라지의 아들 마노우체르가 이란의 왕위에 올라 평화롭고 공정하게 나라를 다스렸다.

피르다우시의 글에서 평화를 사랑하는 등장인물들은 죽어서도 사람들의 존경과 사랑을 받는다. 그들은 대개 압제자와 불화의 씨앗을 뿌리는 자들에 의해 죽임을 당한다. 피르다우시에게 이 세상에서 영원한 것은 선의와 사랑과 깊은 신앙심뿐이다. 그의 『샤나메』는 지혜와 정의를 통치의 근본으로 특히 강조하면서 이 두 요소가 한 나라를 전쟁과 증오의 불행으로부터 보호할 수 있다고 역설한다.

사디의 작품 속 평화

헤지라 580년(1184년)에 태어난 사디 또한 평화를 사랑한 대표적인 페르시아 시인이자 철학자이다. 시인과 작가들 사이에 '가장 감동적인 웅변가'로 알려진 그의 시와 산문은 페르시아 사람들의 많은 사랑을 받아왔다. 두 저서 『굴리스탄』과 『부스탄』에 특히 잘 나타나 있듯이 그의 추구하는 핵심 이념은 종족들의 통합과 화해, 관용 그리고 삶의 평정이다. 널리 알려진 시의 한 구절에서 그는 인간을 거대한 하나의 바다에 일렁이는 수많은 파도로 묘사한다.

　인간의 본질은
　이렇게 하나의 창조의 소산이라는 것이다

　세상 모든 이가 철퇴의 위력을 느끼기에는
　한 사람의 다리에 가해지는 충격으로 충분하다

사디가 자신의 글들에서 칭송하는 신은 자비로 모든 이를 품고 그의 품 안에서 친구와 적이 함께 사는 신이다. 그는 자비를 베풀어 폭력과 피를 흘리는 것을 피하라고 세상의 왕들에게 권고한다.

　신민을 당신 품 안에 두고
　신에 대한 불평이 당신을 향한 것임을 잊지 마라

온 세상도 땅에 떨어진 한 방울의 피만큼
값지지 않다는 것을 기억하라

또 다른 시에서는 이렇게 노래했다.

영화를 누리는 이여, 사람들에게 자비를 베풀어라
앞날에 신이 당신에게 냉혹하길 원하지 않는다면

사디에게 사람의 목숨을 구하기 위한 좋은 의도를 지닌 거짓말은 사람의 죽음을 가져오는 나쁜 결과를 낳는 진실보다 훨씬 낫다. 그의 세계관이 이란뿐만 아니라 많은 나라의 사람들에게 영향을 미친 것은 이 때문이다. 미국의 위대한 작가로서 '비폭력' 이념을 주창하여 톨스토이와 간디에게도 큰 영향을 준 소로Henry David Thoreau는 자신의 생각이 사디의 생각과 아주 닮았다고 말했다. 그가 사디에게서 큰 영향을 받은 것은 분명하다.

나는 사디와 나 자신의 큰 차이를 찾을 수 없다. 사디는 내게 페르시아 사람으로도 과거의 인물로도 낯선 사람이 아니다. 우리 둘의 생각의 같음이 그를 영원히 내 안에서 살게 만들었다.

루미의 작품 속 평화

피르다우시와 사디 외에도 이란의 많은 저술가들의 작품에서 평화와 관용에 대한 그들의 생각을 엿볼 수 있다. 13세기의 대표적인 시인이자 신비주의자이며 영어권 세계에는 루미Rumi라는 이름으로 알려진 무함마드 발히는 두 가지 개념에 저술의 초점을 맞췄다. 그의 사고의 한 축인 '사랑'은 그에게 허식과 자만의 병을 고치는 유일한 치료법으로 인식되었다. 그의 사랑은 이따금 이 세상의 사랑을 넘어 신에 대한 사랑으로 나아간다. 마지드 나이니 교수는 말한다. "루미의 삶은 모든 종교와 배경의 사람들이 평화롭고 사이좋게 함께 살 수 있다는 사실을 증언하고 증명한다. 그의 생각과 말과 삶은 우리가 어떻게 마음의 평화와 행복을 얻고, 그럼으로써 마침내 적대와 증오의 물길을 끊어 진정한 세계 평화와 화합을 이룰 수 있는지 우리에게 가르쳐준다." 우주적인 사랑에 관한 루미의 많음 메시지 가운데 하나는 이렇다.

> 사랑의 국적은 어떤 종교와도 관계가 없다
> 사랑하는 이의 종교와 국적은 신이다
> 사랑하는 이의 이유는 어떤 주의와도 관계가 없다
> 사랑은 신의 신비를 가늠하는 도구이다

그는 자신의 사고의 또 다른 축인 '존재의 모든 작은 조각들의 일치'를 '사랑'과 어깨를 나란히 하는 개념으로 생각한다. 이 작은 조각들은 존재의 하나의 혈관 속에서 함께 흘러간다고 그는 믿는다.

> 사랑하는 것은 더없이 훌륭한 일이다
> 사랑은 모든 이의 스승이고 수많은 이의 결합자이다

그는 살아 있는 모든 것은 공통된 하나의 본질을 갖고 있다고 믿는다. 이것은 "모든 인간은 하나의 몸과 하나의 본질로 이루어져 있다"라고 한 사디의 생각과 같다. 루미에게 나라와 종교들 간의 차이와 다툼은 '다른 이름'으로 인해 '공통의 개념'을 잘못 이해하는 데서 비롯한다. 그래서 그는 모두 포도를 원하지만 각기 다른 말을 사용하기 때문에 결국 서로 다투게 되는 한 무리의 사람들을 예로 들었다. 모든 종교는 공통된 하나의 토대를 갖고 있으며 모든 다툼은 인식의 부족이나 결여에서 비롯한다고 그는 생각한다.

우리는 문학을 문명 간의 효과적인 대화의 수단으로는 물론 평화와 친선을 고무하는 가장 중요한 도구로 생각할 수 있다. 이란의 문학을 살펴보면 우리를 인간답게 만드는 특성으로서 관용을 이야기한 많은 시인, 저술가, 특히 신비주의자들을 만날 수 있다. 시인 파스티Abul-fath Pasti는 이렇게 읊었다.

모두가 평화를 추구하고 관용을 베푼다
바로 관용이 인간을 만물의 앞에 설 수 있게 하기 때문이다

어린이를 위한 글들 속의 평화

이란 문화에서 어린이는 항상 존중된다. 이란의 고대 문학은 어린이와 그들의 교육과 양육에 큰 관심을 기울였다. 아이들이 생활환경과 세계의 요구를 만족시키고 도덕과 선한 삶의 원칙을 깨우칠 수 있도록 돕기 위해 애썼다. 다양한 문화들의 조화 속에 살면서 이란 아이들은 제 나라의 도덕적 가치와 태도에 대해 배웠다. 지난날 대부분 입에서 입으로 전해진 어린이 문학은 어른의 문학과 큰 차이가 없었지만 세대를 걸쳐 전해오면서 고쳐지고 덧붙여진 자장가와 옛날이야기를 품고 있다는 점에서 다르다고 할 수 있다. 이란의 아이들은 이것들을 통해 그들을 둘러싼 세계를 인식했고 공동체가 용인하는 가치와 관습에 대해 배웠다. 또 자연의 파괴적인 힘과 그에 맞선 인간의 노력도 알게 되었다.

이슬람 이후 시대의 페르시아 산문은 대부분 주제가 단순하고 문장이 부드러웠기 때문에 아이들도 이해할 수 있었다. 지켜야 할 것과 하지 말아야 할 것에 관한 이야기, 영웅들의 이야기, 동물의 가치와 고마움에 대한 이야기 등이 지금까지 남아 있는 이 시대의 주된 글들이다.

헤지라 6세기에 이르러 이슬람 문화가 팽창하고 점점 더 많은 아랍 어휘들이 페르시아어에 진입하면서 이란의 시와 산문은 복잡성을 띠었다. 언어의 유입에 덧붙여 아랍 문화의 영향이 확산되면서 이란 문학에 새로운 양식이 나타났다. 쓰라린 사회 현실을 희극적 작품을 통해 드러내 보이기 시작했다. 이란의 사회문화적 조건의 열악함을 묘사하고 사람들의 일상을 사실적으로 기술한 작품들이 출판되어 어린이들에게도 영향을 미쳤다.

아래에 약술한 이야기들은 평화, 우정, 평화로운 공존에 관한 널리 알려진

옛날이야기들 가운데 글쓴이가 고른 것들이다. 또 뜨거운 여름날 서늘한 곳에서 낮잠을 즐길 때 할머니가 우리에게 들려주곤 했던 이야기들이다. 할머니는 한사코 우리에게 잠들기 위해 눈을 꼭 감으라고 시켰고 우리는 보통 이야기 도중에 잠에 떨어졌다. 그러나 이야기가 너무나 매혹적이었기 때문에 잠이 깨면 얘기의 끝을 다시 들려달라고 졸랐다. 오늘날 냉혹과 편협과 난폭이 우리를 둘러싸고 있지만 나는 조상들이 우리에게 물려준 가치들을 전해주고픈 바람에서 어린 손자들에게 이 이야기들을 들려준다. 하지만 나는 아이들에게 눈을 감으라고 시키지 않는다. 나머지 이야기를 기다리며 내 입을 뚫어지게 바라보는 아이들의 모습이 너무나 사랑스럽고, 아이들의 창조적인 마음에 어떤 일이 일어나고 있는지 상상하는 게 너무나 재미있기 때문이다. 실제로 아이들의 모습을 보면 지금 그들이 있는 객관의 세계에서 벗어나 그들만의 신비스럽고 매혹적인 상상의 세계로 깊이 들어간 것처럼 보인다.

〈설화〉 뜻밖의 손님들

작은 마을에 살았던 친절한 작은 노파에 관한 이야기이다. 마을 사람들 특히 어린이들은 그녀를 사랑했다. 그녀는 매일 아이들에게 재미있는 이야기를 들려주고 어려울 때 도와주었다. 노파는 성냥개비만 한 아주 작은 나무 한그루가 자라는 아주 작은 마당이 딸린 소박한 집에서 간소하게 살았다.

어느 춥고 비오는 날 밤에 노파는 여느 때보다 아주 일찍 잠자리에 들어 누비이불 아래서 몸을 따뜻하게 하고 싶었다. 그러나 요란한 천둥소리와 번쩍이는 번갯불이 그녀의 작은 집을 뒤흔들었다. 막 잠자리에 든 순간 누군가 대문을 두드리는 소리가 들렸다. 깜짝 놀란 그녀는 이 밤에 누가 찾아왔을까 생각하며 일어나 머리카락이 젖지 않게 수건을 쓰고 문으로 다가가 물었다. "누구신데 우리 집 문을 두드리세요?"

문 뒤에서 가녀린 목소리가 들렸다. "저 참새예요. 비에 온몸이 흠뻑 젖었어요. 하룻밤 머물 수 있게 들여보내주세요."

작은 노파는 문을 열고 물방울을 뚝뚝 떨구며 한기에 몸을 떠는 참새를 집 안으로 데려갔다. 그리고 조각 천으로 참새 날개를 덮어주어 잠들게 했다.

노파가 겨우 잠자리에 다시 든 순간 문을 두드리는 소리가 또 들렸다. 노파는 마당으로 달려가 물었다. "누구신데 우리 집 문을 두드리세요?"

문 뒤에서 힘없는 목소리가 들렸다. "저 난쟁이 암탉이에요. 제가 흠뻑 젖었어요. 제발 문 좀 열어주세요."

노파는 문을 열고 맞아들여 젖은 몸을 말려준 다음 깨끗한 옷감으로 덮어주어 잠자게 했다.

암탉이 채 잠들기도 전에 또 다시 문을 두드리는 소리가 들렸다. 문을 열자 빗속에서 까만 작은 까마귀가 들어가게 해달라고 청했다. 까마귀 역시 노파의 집에 들어와 참새와 암탉 곁에 잠자리를 잡았다.

다시 누군가 문을 두드렸고, 울며 잠자리를 부탁하는 고양이 목소리가 들렸다. 노파는 고양이도 들어오게 했다.

참새와 암탉, 까마귀가 고양이를 보고 두려움에 몸을 떨면서 어쩔 줄 몰라 하자 고양이가 미소를 지으며 말했다. "친구들아, 겁내지 마라. 우리는 모두 이 집의 손님이므로 서로에게 친절해야 한다." 마음이 놓인 새들은 다시 꾸벅꾸벅 졸고 고양이는 제 손과 발을 핥았다.

작은 노파가 방문을 닫고 잠자리에 들려고 할 때 또 대문을 두드리는 소리가 들렸다. 이번에는 비에 젖은 작은 개가 꼬리를 흔들며 도움을 호소했다. 집을 지켜주는 고마운 개를 차가운 빗속에 놔두고 싶지 않은 노파는 들어오게 한 다음 스카프를 목에 둘러주고 다른 동물들과 함께 잠자게 했다.

밖에는 비가 퍼붓고 있었다. 마당의 작은 나무도 흠뻑 젖었다. 다시 누군가 문을 두드렸는데 전보다 소리가 훨씬 컸다. 또 다른 손님이 잠자리를 원한다는 것을 아는 노파가 문을 열어주자 명랑한 당나귀가 겅중겅중 걸어 들어왔다. 노파는 당나귀를 방으로 데려와 누비이불을 덮어주었다. 동물들은 모두 피곤해 꾸벅꾸벅 졸았다. 노파도 잠자리에 들었다. 그러나 막 잠들려는 순간 문을 두드리는 소리가 들렸다. 공연한 소란에 지친 노파가 마당으로 나가 말했다. "누구신데 내 집 문을 두드리나요?"

집 밖에는 암소가 도움을 청하고 있었다. 덩치 큰 암소를 작은 집에 들이기가 어려웠지만 노파는 들어오게 했고 암소는 스스로 다른 동물들 사이에 제 잠자리를 잡았다. 이제 모두 편안하게 자리를 잡은 동물들을 바라보며 노파는 오늘 밤에는 편하게 쉬고 내일 아침 일찍이 떠나달라고 말하고 몸을 움직일 공간도 없게 된 작은 방 한가운데서 잠들었다.

다음 날 아침 간밤의 소란에 녹초가 된 노파가 가장 늦게 잠이 깼다. 잠자리에서 일어난 노파는 동물들이 자신을 위해 아침밥을 지어 놓은 것을 알았다. 또 고양이는 차를 끓이고 당나귀는 마당을 쓸고 암소는 지붕을 수리하고 암탉은 암소를 돕고 있었다. 모든 동물이 친절한 집주인에게 감사의 마음을 표하기 위해 집안일을 나누어 했다. 언제나 혼자였던 작은 노파는 집을 가득 채운 떠들썩한 소리와 활기에 정신을 차릴 수 없었다. 모두 함께 아침을 먹고 나서 노파는 동물들에게 떠나달라고 말했다. 그러나 함께 편안한 밤을 보내고 아침 내내 서로 도와 집안일을 한 동물들은 노파와 헤어지기가 싫었다.

참새가 맨 먼저 말했다. "저는 당신을 위해 짹짹 노래하고 또 작은 알들도 낳아드릴 텐데, 꼭 떠나야 하나요?"

참새는 몸집이 아주 작아서 자리도 별로 차지하지 않는다는 것을 아는 노파는 머물러도 좋다고 말했다.

그러자 암탉이 말했다. "참새가 남는다면 저도 남게 해주세요. 저는 당신을 위해 꼬꼬 노래하고 큰 알들을 낳아드릴 텐데, 어째서 떠나야 하나요?"

작은 노파는 암탉에게 말했다. "너도 남아도 좋다."

참새와 암탉이 노파의 허락을 받는 것을 본 암소가 말했다. "저는 당신을 위해 음매 노래하고 지붕을 고쳐드릴 텐데, 꼭 떠나야 하나요?"

암소의 마음을 아프게 하고 싶지 않은 노파는 말했다. "네 자리가 있을지 모르겠다만 여하튼 머물러도 좋다."

이번엔 노파의 너그러운 대접에 감동했던 당나귀가 말했다. "저는 당신을 위해 흥흥 노래하고 이웃 사람들을 불러올 텐데, 떠나야만 하나요?"

또 고양이도 말했다. "저는 당신을 위해 야옹야옹 노래하고 생쥐도 잡을 텐데, 가야만 하나요?"

노파가 어쩔 줄을 모르고 풀이 죽어 있는데, 까마귀가 말했다. "저는 당신을 위해 까옥까옥 노래하고 모두를 깨워줄 텐데, 떠나야 하나요?"

마지막으로 개도 말했다. "저는 당신을 위해 멍멍 노래하고 도둑을 잡아드릴 텐데, 가야만 하나요?"

작은 노파는 자신의 손님들과 결코 헤어지고 싶지 않았다. 그녀는 그들을 다정한 눈길로 바라보며 말했다. "모두 내게서 떠나지 마라. 하지만 모두 함께 편하게 살 큰 집을 지을 수 있게 나를 돕겠다고 약속해야 한다."

작은 노파가 이렇게 결정하자 동물들은 너무나 기뻤다. 그들은 아침상을 깨끗이 치우고 노파가 큰 집을 지을 수 있게 돕겠다고 결심했다. 서로의 차이에도 불구하고 모두 함께 평화롭게 살고 싶었기 때문이다.

마피수니(초승달 이마)

마피수니는 잔학한 계모 비비와 못된 의붓자매 골라바툰과 함께 사는 마음씨 착하지만 외로운 소녀 마파리(달의 요정)의 이야기이다. 소녀는 새벽녘에서 어스름까지 계모와 그녀의 딸을 위해서 요리와 빨래와 청소를 하고 끝없이 이어지는 허드렛일을 해야만 했다. 소녀는 자기 처지에 절망했고 학대에 고통스러웠다.

어느 날 마파리가 더러운 옷들을 빨고 나서 나무 밑에서 잠들어 있을 때 원래 짓궂은 바람이 불어와 그것들을 가져가 옷 하나를 마력을 지닌 귀신이 사는 우물 속에 빠뜨렸다.

깨어나서 옷들이 없어진 걸 알게 된 마파리는 바람이 다니는 길을 따라가 우물에 이르렀다. 무서웠지만 용기를 내어 들어간 우물 속에서 그녀는 아주 아름다운 세계, 자신이 사는 세상과는 아주 다른 놀라운 세상을 만났다. 작은 집을 발견한 그녀는 옷을 찾기 위해 그 집 문을 두드렸다. 그러자 친절해 보이는 한 여자귀신이 문을 열어주었는데 마파리가 잃어버린 옷을 손에 들고 있었다. 여자귀신은 자신의 물음에 대답을 하면 옷을 돌려주겠다고 마파리에게 말했다.

그녀가 물었다. "나와 네 어머니 비비 가운데 누구의 집이 더 좋으냐?"

더럽고 어수선한 그녀의 집을 둘러보며 마파리가 대답했다. "비비의 집이 더 좋아요."

그러나 그녀의 얼굴에 나타난 슬픔을 보고 마파리는 덧붙여 말했다. "하지만 걱정하지 마세요. 제가 당신을 도와 깨끗하게 만들게요." 마파리는 그녀를 도와 먼지를 떨고 쓸고 닦아서 보기 좋게 만들고 나서 말했다. "이제 당신의 집이 비비의 집보다 훨씬 더 멋져요."

모든 게 깨끗하고 말쑥하게 정돈된 것을 보고 기운이 난 여자귀신은 또 물었다. "나와 비비 가운데 누가 더 아름다우냐?"

그녀의 더러운 얼굴과 뒤엉킨 머리와 구겨진 옷을 보며 마파리가 대답했다. "비비가 더 아름다워요. 하지만 당신도 아름다워지도록 제가 도울게요."

마파리는 그녀의 얼굴과 손을 씻기고 머리를 빗어주고 옷을 갈아입혀 단정하고 아름답게 만들고 나서 말했다. "이제 나는 당신이 비비보다 훨씬 더 멋지다고 생각해요."

마파리의 도움 덕택에 행복해진 여자귀신은 옷을 돌려주며 말했다. "너처럼 친절하고 도움이 되는 여자아이가 언제나 나와 함께 있었으면 하고 얼마나 바랐는지 모른다."

그리고 마파리에게 '소원의 꽃'이라고 하는 꽃 한 송이를 주면서, 간절한 소원이 있다면 그것을 꽃에다 속삭이기만 해도 이루어질 것이라고 설명해주었다. 또 자기 집 가까이에 흐르는 무지개 강에 대해 이야기하면서 그것이 쪽빛을 띨 때 강물로 얼굴을 씻고 가라고 일러주었다.

마파리는 여자 귀신에게 감사의 인사를 하고, 우물 밖으로 나오기에 앞서 쪽빛 강물에 얼굴을 씻었다. 그녀는 현기증과 함께 의식을 잃고 쓰러졌다. 얼마 뒤 깨어나보니 자신이 처음 잠들었던 나무 옆에 앉아 있었다. 마파리는 양동이로 집에 가져갈 물을 긷다가 물에 비친 자신의 모습을 보고 깜짝 놀랐다. 물속에서 무언가 번쩍이고 있었는데 바로 그녀의 이마에 작은 초승달이 새겨졌기 때문이었다.

집으로 오는 길에서 꽃, 나비, 새, 심지어는 산들바람도 스스럼없이 마파리를 큰 소리로 부르며 "안녕 마피수니" 하고 인사했다.

마파리가 집에 오자, 그녀의 모든 아름다움에 깜짝 놀란 비비와 그녀의 딸 골라바툰이 무슨 일이 있었는지 캐물었다. 마파리는 어쩔 수 없이 모든 일을 자세히 말해주었다.

마파리의 얘기를 듣고 나서 비비는 자기 딸도 똑같이 하게 했다. 옷들을 우물

속에 던져넣고 내려가서 여자귀신을 만나라고 시켰다. 골라바툰은 어머니가 시키는 대로 했다. 허락도 받지 않고 인사도 하지 않고 여자귀신의 작은 집에 들어간 그녀는 여자귀신의 똑같은 질문에 대해 자기 어머니의 집이 더 좋고 자기 어머니가 더 아름답다고 대답하면서 여자귀신을 헐뜯고 창피를 주었다. 심지어 여자귀신의 집처럼 더러운 집은 본 적이 없고 그녀의 얼굴처럼 추한 얼굴도 본 적이 없다고 말했다. 그래도 여자귀신은 옷들을 골라바툰에게 돌려주며 무지개 강이 흰 빛을 띨 때 강물로 얼굴을 씻으라고 일러주었다. 여자귀신은 골라바툰의 못된 성질과 말버릇을 고쳐주려고 했다.

강에 간 골라바툰은 강물이 희어졌을 때는 가만히 있다가 붉어지자 강물로 얼굴을 씻었다. 그 순간 그녀의 이마에서 흉측하고 커다란 붉은 두더지가 자라났다. 소스라치게 놀란 그녀는 비명을 지르며 집으로 달려가 어머니와 마파리에게 모든 것을 설명하고 비통하게 울었다. 그녀는 자기 이마의 두더지가 결코 작아지지 않으리라는 것을 알았다.

천성이 친절한 마파리는 그 누구라도 우는 것을 차마 볼 수가 없었지만 언제나 자신을 해친 의붓자매가 우는 것도 견딜 수가 없었다. 그래서 마파리는 여자귀신이 준 꽃을 주머니에서 꺼내놓고 골라바툰의 얼굴이 본래 모습으로 돌아가도록 빌었다. 비록 하나의 소원만을 이룰 수 있다는 것을 알고 있었지만 그녀는 자신을 위해 비는 대신 골라바툰을 위해 빌었다. 세상의 그 누구도 불행하지 않기를 바랐기 때문이다. 두더지는 사라지고 골라바툰의 이마는 본래 모습을 되찾았다. 방을 나서면서 마파리는 잔학한 계모와 의붓자매에게 복종하여 온갖 집안일을 어김없이 해야 하는 자신의 고된 생활이 다시 시작된다고 생각했다. 그러나 그렇지 않았다. '소원의 꽃'은 골라바툰의 이마에 자란 흉측하고 커다란 붉은 두더지를 없애면서 그녀와 그녀 어머니의 가슴속에 있는 불친절함과 잔인함도 없애버렸다. 마파리는 마음과 몸의 아름다움과 빛나는 이마를 간직하고 계모와 의붓자매와 함께 오래오래 행복하게 살았다.

'마파수니'는 공손함과 타인에 대한 존중심, 가족에 대한 연민, 용서와 열린 마음이 내적 아름다움의 표현이며 어린이들에게 전해줄 가치라고 이야기한다. 이란의 어린이들이 이 이야기를 영원히 기억할 가치가 있는 것도 이 때문이다.

홀로 남겨진 귀여운 앤타이

평화롭게 함께 사는 한 마리의 벼룩과 개미를 이야기한 '홀로 남겨진 귀여운 앤타이'는 세대를 걸쳐 전해오면서 고쳐지고 덧붙여진 이야기라고 할 수 있다.

어느 날 벼룩은 개미에게 빵을 구워주려고 했는데 그만 뜨거운 오븐 속에 떨어져 타 죽고 말았다. 비통한 개미는 서너 줌의 흙을 제 머리에 얹고 슬퍼했다. 요구르트가 담긴 그릇을 들고 지나가던 어린 소녀가 개미에게 어째서 마음을 가다듬지 못하고 그리 슬퍼하는지 물었다. 개미의 이야기를 듣고 나서 소녀는 요구르트를 자기 머리와 얼굴에 쏟아 붓고 개미를 위해 슬퍼했다. 삽으로 땅을 파고 있던 소녀의 아버지가 요구르트를 뒤집어쓴 딸을 보고 왜 슬퍼하는지 물었다. 소녀는 개미에게 무슨 일이 닥쳤는지 설명했다. 개미 이야기를 들은 소녀의 아버지는 삽자루를 어깨에 걸치고 슬퍼했다. 흘러가던 강이 이 모든 슬픔의 이유를 물었고, 소녀의 아버지는 개미의 불행을 설명하고 또 자신은 슬퍼하는 딸 때문에 삽을 어깨에 걸치고 슬퍼한다고 말했다. 소녀 아버지의 불행을 알게 된 강은 강물을 진흙투성이로 만들었다. 옆에 서 있는 나무가 왜 강물이 진흙투성이인지 물었고, 강은 벼룩의 죽음과 개미의 비탄, 소녀의 슬픔과 소녀 아버지의 아픈 마음, 자신의 붉은 물에 대해 이야기했다. 나무는 강이 가여워서 제 잎들을 떨어뜨렸다. 그리고……

이렇게 자연의 다른 것들이 더해지면서 이야기는 계속 이어진다. 마지막으로 당나귀가 등장하는데, 벼룩의 죽음에서 시작된 이 모든 소란을 알게 된 놈은 웃음을 터뜨렸다. 그러자 이야기에 나오는 인간들이 당나귀에게 말한다. "다른 존재의 아픔을 슬퍼하지 않는 것을 보니 네가 어째서 당나귀로 태어났는지 알겠다. 네가 당나귀가 수녀라면 결코 웃지 않았을 것이다."

나는 달리고 달렸다

이 이야기 또한 세대를 걸쳐 전해오면서 고쳐지고 덧붙여진 이야기인데 한 어린 소년 또는 소녀가 주인공으로 등장한다. 작은 산꼭대기에 올라간 아이는 그곳에서 두 귀부인을 만나서 한 부인한테서는 한 단지의 물을 다른 부인한테서는 빵 한 조각을 얻는다. 아이는 빵은 제가 먹고 물은 땅에게 주었다. 땅은 보답으로 풀을 아이에게 주었다. 아이는 풀을 작은 염소에게 주고 약간의 염소 똥을 받았다. 아이는 염소 똥을 땔감으로 쓰라고 빵 만드는 이에게 주고 보답으로 불을 받았다. 아이는 불을 금 장수에게 주고 가위 하나를 받았다. 아이는 가위를 재단사에게 주고 보답으로 망토를 받았다. 아이는 망토를 사제에게 주고 보답으로 대추야자 몇 개를 받았다. 아이는……

 이러한 이야기들은 요점이 분명하고 율동적이기 때문에 아이들이 쉽게 배워서 다른 아이에게 전해준다. 또 흔히 정해진 결말이 없기 때문에 아이들이 저 하고 싶은 대로 이야기를 끝맺을 수 있다. 그리고 사람의 삶은 자연 및 다른 사람과의 주고받음을 통해서 영위되고 모든 단계의 생명들은 서로 존중하고 동정해야 하며 세상 만물은 어떻게든 연관되어 있다는 관념을 전해준다.

_번역 송대원(자유번역가)

【부탄】
사슴 가족을 살려준 사냥꾼

타쿠르 S. 파우디엘 Thakur S. Powdyel 부탄 왕립대학교 교육 연구·개발센터 소장
자가르 도르지 Jagar Dorji 부탄 왕립대학교 sherabtse대학 학장

꿈과 현실이 하나가 되는 세계 | 민간설화는 실현되지 못한 제한된 자아를 넘어서 꿈과 현실이 하나가 되는 저 너머의 세계에 한순간이나마 들어가고자 하는 우리의 영원한 열망을 만족시키는 데 도움이 된다. 이 순간은 매우 중요하다. 그런 순간이 다시 찾아올 때까지 우리의 삶을 부추기고 지탱할 수 있는 에너지를 제공하기 때문이다.

설화는 상상에 불과한 꾸며낸 이야기의 구실을 훨씬 넘어서 삶의 중요한 방향을 제시하는 의미와 메시지를 품을 수 있다. 그것의 규범적인 힘은 한 사람의 생기를 회복시키고 공동체의 활력을 북돋우고 민족과 국가를 하나로 묶어줄 수 있다. 설화의 원천을 다시 찾고 확인하고 옹호하는 것은 야만화로 치닫는 이 세계에서 우리에게 큰 힘이 될 것이다.

설화는 먼 가능성의 영역에 속한다. 삶은 그렇듯 짧고 불완전하며 세상 역시 불완전하고 결함투성이다. 예술은 우리의 삶이 완성하지 못하는 것을 마무르고 세상이 실현시키지 못하는 것을 이루어준다. 설화는 삶에서 바라는 것을 이루고자 하는 우리의 욕구를 떠받쳐준다. 우리는 기꺼이 손을 놓고 의심을 뒤로 미루며 우리의 상상을 풀어놓는다. 그리고 아주 잠깐이나마 완벽하고 이상적이며 완전한 것의 모습을 본다. 한순간일 뿐이지만 우리는 삶보다 커지

고, 우리의 삶은 더 넓어지고 충만해진다.

더군다나 민속학자들은 우주를 분별과 목적을 지닌 통일체로 생각한다. 일시적인 잘못과 허점은 해소되고 작은 일탈은 용서되며 모순은 조정된다. 자연의 평형은 회복되고 그릇된 것은 응징을 올바른 것은 옹호를 받는다. 언제나 선이 승리한다. 진리가 제자리를 찾고 삶은 이치에 닿는다.

부탄의 설화

본질적으로 사려 깊고 내향적인 문화의 계승자인 부탄의 많은 종족들은 빈번한 신의 부름에 함께 응하여 즐기며 현실 너머를 보고 과거를 현재와 현재를 미래와 연결시킨다. 죽은 자와 산 자, 산 자와 태어나지 않은 자가 공동 유산인 천을 함께 짠다. 한 세대의 기억과 경험, 신화와 전설, 이야기와 가르침은 시간과 공간을 넘어 우리 모두가 공유할 수 있는 연결 고리를 제공한다.

엄청나게 풍부한 구술 자산의 상속자이자 보유자인 부탄 사람들은 위트와 유머, 재치 있는 웅대와 수사, 에두름과 상징적 표현, 재담과 토의에서 제 모습을 본다. 우리는 이런 유산을 물려받으며 미래를 머릿속에 그리고 세계관을 세운다. 우리 삶의 무대에는 종종 신화와 현대가 함께 모습을 드러낸다.

보통 부탄의 설화들은 인간과 동물과 초자연적인 존재가 사는 상상의 세계를 보여준다. 인간 세계에서는 왕족, 귀족, 신하, 사제, 장인과 농부가 계급체제 속에서 살아간다. 종종 동물과 정령의 세계는 인간 세계의 결함과 한계를 대비적으로 드러내 보이는 수단으로 간주될 수 있다.

설화들에서는 신뢰와 충성, 믿음, 사랑, 자비, 경건, 진실함 등 긍정적인 가치를 갖는 성질 및 특성이 옹호되며 탐욕과 야심, 배반, 증오, 비열함 따위의 부정적 요소는 악으로 간주되어 경멸을 받는다. 진리가 제자리를 찾아서 사악과 위선이 발가벗겨지고 정직과 무구가 보상을 받으면서 이야기는 반전된다. 진리가 승리한다.

어떤 등장인물들은 이름과 특성이 같은 의미를 갖는 서양의 옛 기적극이나 교훈극의 등장인물을 닮았지만, 다른 인물들은 시대와 기회가 바뀔 때마다 변화해왔다. 메메 하이레이 하이레이 같은 인물은 언제나 흥미를 자아낸다. 「추앙파 푸앙치」는 화합과 우정에 관한 전형적인 이야기이고 「타그 마아 류 진」은 자기 몸을 배고픈 사자에게 준 수도승의 이야기이다.

자기 정체를 숨기는 것, 사람을 잘못 보는 것, 결별, 재결합, 계부와 계모, 양자와 양녀, 동물 또는 유령인 친구, 생계를 꾸려나가기 위한 나날의 수고, 가난뱅이에서 부자로 하룻밤 사이의 변신, 운명의 역할 등이 특히 설화의 소재가 되었다. 망령과 설인, 괴물과 요정이 우리 설화의 세계에서 함께 살았다.

우리 문화의 다양한 층을 반영한다는 사실은 별개로 하더라도 부탄의 설화들은 가르침과 기쁨을 준다는 점에서 강력한 사회적 도구이다. 우리에게 이야기하고 또 우리를 넘어선 존재들에게 이야기한다. 진술하는가 하면 암시하고, 보여주는가 하면 상징화한다. 설화는 부탄의 자연과 정신과 이지와 문화의 어엿한 일부분이다.

수녀와 미고이

부탄의 주요 작가인 쿤장 초단의 「수녀와 미고이」(2003)의 주인공 수녀는 보다 고귀하고 숭고한 것을 찾기 위해 삶을 바치는 많은 정신주의자들의 예를 따른다. 그녀는 마음의 북극성을 따라가 육체적 금욕과 신의 증언에서 의미와 충족감을 찾는 수도자들의 삶을 살아간다.

일단 초기의 어려움이 극복되고 육신이 정신에 길들여지면, 완전한 평화와 조화로 정의되는 단계를 향해 마음이 달려간다. 수녀가 작은 오두막에 둥지를 틀고 묵상에 잠긴 뒤 세 번의 겨울이 지나갔다. 두려움이 사라졌다. 격리된 느낌과 고독, 울적함, 고통이 물러나고 환희의 고요와 평정이 찾아온다. 삶이 충만하고 경험이 풍부해져 배고픔과 목마름은 더 이상 아무런 의미를 갖지 못한다.

수녀의 작은 오두막의 평화는 쿵 부딪치고 발을 끄는 요란한 소리에 순식간에 깨진다. 수녀가 숨을 죽이고 소리에 귀를 기울이고 있을 때 지독한 냄새가

코를 찔렀다. 그리고 더 놀라운 일이 벌어진다. 갑자기 큰 그림자가 방에 드리워지고 밖에서 무언가가 힘껏 창문을 밀었다. 작은 방은 창문을 가려버린 이상한 짐승의 다리 때문에 어두워졌는데, 사람 다리인지 동물의 다리인지 분간키 어려웠다.

 검은 털로 뒤덮인 오른발이 커다란 대나무에 꿰뚫려 피를 흘리는 것을 보고 나서야 수녀는 어떻게 해야 할지를 알았다. 수녀는 그 이상한 짐승에게 도움이 필요하다고 생각했다. 그녀는 주머니칼을 꺼내서 안간힘을 다해 대나무를 빼냈다. 그리고 '축성한' 버터 모양의 치료약을 상처에 발라주었다. 이상한 짐승은 다리를 천천히 끌며 요란한 소리와 함께 어둠 속으로 사라졌다. 어떤 짐승이었을까? 아마도 미고이일 거라고 생각했다.

 미고이는 히말라야의 끔직한 설인으로 생각된다. 외진 고원에서 설인을 만났다거나 뒷모습이나 눈 위의 발자국을 보았다는 이야기는 많지만 여하튼 설인의 정체는 수수께끼로 남아 있다.

 발이 대나무에 꿰뚫린 불쌍한 짐승을 도와주는 것만이 수녀의 할 일은 아니었다. 그녀의 목적은 마음의 평정이었다. 하지만 놀라운 보은지심을 지닌 뜻밖의 손님이 왔다 간 다음 오두막의 평온은 완전히 깨졌다. 미고이는 온갖 고기를 갖고 수녀의 오두막을 끊임없이 찾아왔다. 사슴이나 멧돼지, 새 따위의 고깃덩이를 창문으로 밀어넣었다.

 미고이의 행동은 버나드 쇼의 희곡 「안드로클레스와 사자」에서 투기장에 넣어졌을 때 안드로클레스를 공격하지 않음으로써 잔인한 관중을 실망시켰지만 제 은혜를 갚은 사자의 이야기를 생각나게 한다.

 하지만 미고이의 은혜 갚음은 수녀의 명상에 필요한 고적과 고요에는 아무래도 어울리지 않았다. 게다가 고기를 가져오기 위해 미고이가 계속 동물을 죽인다면 그녀의 고귀한 목적은 헛일이 되고 말 것이다. 결국 그녀는 명상을 위한 고독과 평화를 찾아 다른 곳으로 옮겨가기로 결정한다.

 수녀는 비상한 상황에서도 모범적인 용기와 사랑을 보여주었다. 그녀는 미고이의 고통을 덜어주고 더 살 수 있게 해줬다. 그녀는 긍정적인 에너지와 호의를 베풀었고 미고이는 제 나름의 방식으로 마땅히 보답했다. 한 사람이 동정을 베풀어 누군가를 고통에서 구해준다면 세상은 그만큼 더 살기 좋은 곳이 될 것이다.

수녀의 첫째 목표는 평화이다. 평화는 개인, 가족, 집단, 사회, 국가, 국제사회 등 여러 차원에서 추구될 수 있다. 평화가 실제적이고 의미 있는 것이 되려면 안녕과 선에 대한 개인적 체험으로서 느껴져야만 한다. 평화와 조화에 대한 개인의 체험이 결국 가족의 평화와 조화가 되며 가족의 평화는 집단의 평화에 기여하고 다시 집단의 평화는 지역공동체와 사회의 평화를 가져온다. 그리고 평화로운 공동체 및 사회가 국가의 평화를 촉진한다. 세계는 국가들로 이루어진 가족이므로 국제 평화는 개개의 국가들이 평가하고 지켜내는 평화와 조화의 연장이다.

평화는 인류와 세계 발전의 근본 조건이다. '깨달은 이'가 된 싯다르타는 전념과 마음의 절대 평화를 통해 깨달음을 얻었다. 깨달은 이들과 현자들은 마음의 평화 속에서 궁극적이고 완전한 것을 본다. 평화 속에서 예술과 문학의 걸작들이 탄생하고 과학과 음악이 최고 수준에 이르고 철학과 형이상학이 더없이 심오해졌다. 문화와 문명의 절정과 위대한 이상의 토대는 평화이다.

흔히들 전쟁과 평화를 양립할 수 없는 상황으로서 직접 대립시킨다. 하지만 평화는 전쟁이 없는 상태 이상의 것을 의미한다. 이집트의 사다트 전 대통령은 말했다. "평화는 삶의 아름다움이다. 어린아이의 미소이고 어머니의 사랑이고 아버지의 기쁨이며 가족의 단란함이다. 또 인간의 진보이고 정당한 대의의 승리이고 진리의 빛나는 업적이다. 평화는 이것들 모두이고 또 그 이상이다."

수녀가 찾는 평화는 매우 특별하고 개인적인 것이다. 그것은 희생을 치르고 얻어진다. 그러나 어떠한 희생이라도 치를 만한 가치가 있다. 그것은 돈으로 살 수 없고 자연의 어떠한 힘도 깨뜨릴 수 없는 평화이다. 그녀는 전심으로 이런 평화를 추구했기 때문에 미고이가 계속 오두막을 찾아오자 새로운 곳으로 옮겨갈 결심을 한 것이다.

평화는 신의 선물 │ 부탄의 국민총행복 Gross National Happiness 운동은 개인과 가족, 지역공동체, 국가의 평화와 조화를 궁극의 목표로 삼는다. 자신과 사이좋은 시민, 서로 사이좋은 가족은 평화의 토대이다. 평화로운 국가는 성공한 국가이고 행복한 국가이다. 한 사람 한 사람이 중요하다. 수녀가 추구하는 평화가 중요한 것은 이 때문이다. 부탄의 한 속담은 이것을 잘 말해준다. "한 사람이 느끼는 행복감은 백 마리의 말로도 나를 수 없을 만큼 무겁다."

실제의 삶이 그렇듯이 설화도 우리가 인간이 아닌 존재들에게서 배울 수 있는 것을 많이 품고 있다. 그것이 사랑이나 감사하는 마음, 성실함, 충실함, 진실함이든 종종 그들은 우리가 닮을 가치가 있는 것들을 보여준다.

평화는 신의 선물이다. 또 우리가 우리 자신에게 주는 인간의 선물이기도 하다. 우리는 평화를 잃었을 때 비로소 그것의 가치를 깨닫는다. 평화는 우리 영혼의 절대적 외침으로서 우리를 인간 종으로 특징짓는 가치이다. 모든 문화와 나라에서, 세계 남단에서 북단까지 그리고 이 바다 끝에서 저 바다 끝까지 모든 곳에서 평화는 우리의 삶과 생존의 근본 조건이다. 이것이 우리와 우리 자식, 산 이는 물론 아직 태어나지 않은 이를 위해 평화의 가망을 만들고 키워갈 수 있는 모든 것을 해야만 하는 이유이다.

〈설화〉 사슴 사냥꾼

부다와 그녀의 어린 손자 상게이는 난로 앞에 다리를 꼬고 앉아 있었다. 상게이가 부다에게 물었다. "할머니, 할머니, 오늘은 어떤 이야기를 해주실 거예요?" 상게이는 할머니가 함께 있을 때마다 들려주곤 하는 이야기를 아주 좋아했다.

할머니가 작은 소리로 말했다. "쉬! 저녁밥이나 먹고 하자." 그리고 손자와 함께 가족 제단으로 가서 버터 램프와 향에 불을 붙이고 진문을 읊고 나서 아미타불 앞에 엎드렸다. 상게이는 성냥갑을 가져다 드리고 내내 할머니 곁을 지켰다.

참배가 끝나자 저녁식사가 차려졌다. 상게이 가족은 기장 가루로 만든 신선한 빵과 호박과 칠리로 만든 카레요리를 맛있게 먹었다. 상게이의 두 누이동생은 곧 잠이 들었다. 흐릿한 석유램프 불빛으로 겨우 밝혀진 방에는 그 아이들을 깨어 있게 할 만큼 흥미 있는 것은 없었다. 상게이의 아버지는 새로운 자동차도로를 만드는 일을 하러 서쪽 지방에 갔기 때문에 집에 없었다. 아버지가 어디서 일을 하고 있는지는 몰랐지만 상게이는 항상 아버지 생각을 했다. 하지만 이제 할머니 이야기에 빠져서 아버지는 잊고 잠들 것이다. 할머니는 이야기를 시작했다.

옛날, 옛날에 먼 산 속에 동굴 하나가 있었는데, 간혹 자기가 지은 시를 소리 내어 읊기는 했지만 언제나 말없이 앉아 있었던 외로운 한 남자가 그 속에서 살았단다. 거기에서는 끊임없이 노래하는 새들과 어슬렁거리는 야생동물들밖에 볼 수 없었지. 그 남자는 밀라 라에파라고 하는 수사였는데 동정심이 아주 많았어.

그 산 너머에 싱싱한 풀들로 가득 찬 아름다운 초원에서는 네 마리 사슴 가족이 식사를 하고 있었단다. 산에서 시작한 맑은 시냇물이 한가운데를 가로질러 흐르는 초원이었어. 사슴 부부에게는 귀엽고 작은 딸과 키 큰 아들이 있었지. 아들 사슴은 다리가 가늘고 길었지만 아주 튼튼하고 억셌고, 그의 가지 뿔은 그 어떤 사슴의 것보다 훌륭했어. 딸은 예쁘고 귀여웠으며 생기에 넘쳤단다.

초원은 사슴 가족의 집이었지. 산비탈을 따라 펼쳐진 초원은 울창한 푸른 소나무 숲에 둘러싸여서 여름에 풀을 뜯어 먹게 하기 위해 소들을 몰고 오는 몇몇 사람 말고는 사람을 구경할 수 없었어. 비가 올 때면 사슴 가족은 큰 나무 아래 모여 비를 피하며 되새김질을 했고, 맑은 날에는 넓은 초원에서 마음껏 풀을 뜯어 먹었지. 숲에 얼마든지 있는 과일로 배를 채운 새들은 만족해 목청껏 노래하고, 귀여운 딸 사슴은 이리저리 뛰어다니며 새들의 노래에 맞춰 춤추려고 애썼단다.

아빠 엄마 사슴에게 그곳은 천국이었어. 두 아이는 건강하고 활기찼으며 풀과 물이 풍부한 데다가 때맞춰 내리는 비 덕분에 풀은 푸르고 싱싱했지. 세상에 그곳보다 살기 좋은 데는 없을 것 같았어. 초원은 그들의 소중한 보금자리였단다.

상게이가 물었다. "밤에는 어디서 자요, 할머니?" 할머니 부다가 말했다. "글쎄, 사슴들은 우리처럼 잠잘 침대가 필요하지는 않아. 그냥 나무 아래 앉아서 밤새 되새김질을 해. 배가 고프면 풀을 뜯어 먹고 자고 싶으면 언제나 자." 상게이가 소리 지르듯 말했다. "우와! 나도 사슴이라면 좋겠다. 내 맘대로 놀고 싶으면 놀고 자고 싶으면 잘 수 있을 텐데." 할머니는 이야기를 계속했다.

 그런데 아빠 사슴이 보기에는 엄마 사슴한테 걱정거리가 있는 것 같았어. 아빠 사슴은 '아내에게 무슨 일이 있는 게 틀림없다'고 생각했지. 문제는 이런 거였어. 어느 날 밤 엄마 사슴이 꿈을 꾸는데, 독화살이 가득 든 화살통을 왼쪽 어깨에 메고 오른손에 큰 활을 든 사냥꾼 젬 도르예(부탄의 설화들에 나오는 전설적인 사냥꾼)가 사냥개들을 이끌고 나타난 거야. 사냥꾼은 아빠 사슴을 겨냥해 활시위를 당겼고 사냥개들은 맹렬히 달려가 아빠 사슴의 뒷다리를 물어 쓰러뜨렸어. 할퀴고 물어뜯긴 아빠 사슴의 큰 몸에서는 피가 솟아나왔고, 사냥꾼은 칼로 아빠 사슴의 배를 가르고 네 다리를 잘랐어. 그때 엄마 사슴은 꿈에서 깨어난 거야. 꿈이긴 했지만, 엄마 사슴은 자신들의 평화로운 삶이 곧 깨질지도 모른다는 생각을 하지 않을 수가 없었단다.
 엄마 사슴은 '그건 꿈일 뿐이야' 하고 몇 번이고 자신에게 말했지만 계속 생각이 나서 괴로웠어. 잠도 제대로 못자고 풀도 뜯어 먹을 수 없었단다. 그러던 어느 날 아빠 사슴이 엄마 사슴에게 물었어. "나의 사랑, 어째서 당신은 그렇게 괴로워하오? 무엇이 잘못되었나요?" 사실대로 말하면 남편도 걱정할 것이라고 생각한 엄마 사슴은 "아무것도 아니에요. 잘못된 건 없어요"라고 대답했단다.
 아빠 사슴이 다시 물었어. "그러면 어째서 당신은 그리 슬퍼 보이오? 망설이지 말고 내게 얘기하오. 내가 도와줄 수 있을 게요!" 할 수 없이 엄마 사슴은 "당신이 정 그러신다면" 하고 자신의 꿈에 대해서 남편에게 말해주었단다. 그러자 아빠 사슴은 화를 내기는커녕 그건 단지 악몽일 뿐이므로 걱정할 이유가 전혀 없다며 아내를 위로해주었어. "당신은 아이들에 대한 걱정이 너무 지나쳐요. 그래서 그런 악몽을 꾸는 게요. 나를 봐요! 나는 걱정하지 않으니까 나쁜 꿈도 꾸지 않잖아요."
 하지만 엄마 사슴은 어쩐지 걱정을 억누를 수 없어서 남편에게 말했단다. "아무래도 다른 초원으로 이사할 생각을 해봐야 할 것 같아요." 아빠 사슴은 말했지. "터무니없는 생각이오. 이렇게 아름다운 집을 어떻게 떠날 수가 있겠소? 어디서 이만큼 좋은 집을 찾을 수 있겠소?"
 엄마 사슴은 더 이상 남편을 조를 수가 없었고, 사슴 가족은 계속 그곳에 살았지. 사슴 부부는 어린 딸이 놀다가 너무 멀리 가지 않도록 지켜보곤 했어. 딸이 지쳐서 따뜻한 햇살 아래 잠들면 오빠 사슴까지 나서서 지켰단다. 오빠 사슴은 다 자랐기 때문에 장난꾸러기만은 아니었어. 메마른 긴 겨울을 나려면 부지런히 풀을 뜯어 먹어서 몸집을 불리고 더 튼튼해져야 한다는 것을 너무 잘 알고 있었지. 하지만 누이동생은 그걸 알기엔 너무 어렸단다. 아직 엄마 젖을 먹고 살았으니까 말이야.

그래도 이따금 엄마 사슴은 다른 초원으로 이사를 가자고 남편을 설득하려고 애썼어. 자신은 더 이상 이 집에서는 편안하다거나 안전하다는 느낌을 가질 수 없다고 설명했지. 그러나 아빠 사슴은 번번이 귀담아 듣지 않았단다.

손자 상게이가 참지 못하고 말했다. "할머니, 얘기가 너무 지루해요." 할머니는 "아니야, 이제부터 재밌을 거야" 하고 이야기를 이어나갔다.

화창한 어느 날 사슴 가족은 식사를 하기 위해 숲 속 잠자리에서 나왔어. 얼마 뒤 멀리 뛰어가던 딸 사슴이 갑자기 뒤돌아서 달려왔단다. 그런데 이번엔 장난으로 달리는 게 아니었어. 도와달라고 외치며 죽을힘을 다해 달려오는 거였단다. 검은 사냥개 두 마리에 쫓기고 있었던 거야.

가족들은 함께 도망하기 위해 어서 딸 사슴이 가까이 오기를 애타게 기다리며 바라볼 수밖에 없었지. 딸 사슴이 곧 사냥개들에게 잡힐 거라고 생각한 엄마 사슴은 용감하게 사냥개들과 맞섰단다. 불행하게도 딸 사슴은 덤불에 발이 걸려 넘어졌고 사냥개 한 마리에게 다리를 물려 고통의 비명을 질렀지. 훈련을 받은 개들은 딸 사슴을 죽이지는 않고 도망가지 못하게 지키며 제 주인을 기다렸어. 마침내 아빠 사슴이 거대한 뿔을 쳐들고 개들에게 덤벼들어 딸을 구해냈단다.

이런 일을 처음 당한 아들 사슴은 깜짝 놀라서 어쩔 줄을 몰라 했어. 하지만 곧 본능적으로 숲을 향해 달아났어. 엄마 사슴은 딸이 개들에게서 풀려나자마자 딸을 데리고 역시 숲으로 달아났지만, 아빠 사슴은 반대편으로 달아났단다. 사냥개들은 아빠 사슴을 쫓아 달렸지. 아빠 사슴은 산꼭대기까지 올라가서 반대쪽으로 내려갔어. 뒤쫓는 사냥개들의 짖는 소리를 들으며 힘을 다해 달렸단다.

아빠 사슴은 아주 지쳤고 아프기 시작한 다리의 힘도 빠졌단다. 숨으려고 해봤지만 좋은 곳을 찾을 수가 없었어. 그리 멀지 않은 곳에서 사냥꾼 젬 도르예가 오른손에는 화살을 왼손에는 활을 들고 아빠 사슴을 뒤쫓고 있었어. 사냥꾼은 앞을 잘 살펴보기 위해 높은 언덕의 꼭대기로 올라갔단다.

가엾은 아빠 사슴은 달리고 뒹굴고 고꾸라지면서 언덕들을 넘고 또 넘었어. 다리가 지쳐 곧 주저앉을 것 같았지. 벌어진 입에서는 혀가 튀어나오고 침이 흘러내렸고 눈이 감겨서 거의 볼 수가 없었어. 마침내 외마디 비명을 지르고 쓰러졌단다. 이제 그만 포기하고 싶었지만, 틀림없이 사냥꾼은 자신을 죽인 다음에 가족들을 뒤쫓을 것이라고 생각한 아빠 사슴은 기를 쓰고 일어나 달렸지만 다리가 말을 듣지 않았어. 결국 다시 쓰러졌단다. 그때 서서히 감기는 아빠 사슴의 눈에 다가오는 하얀 유령이 들어왔어.

아빠 사슴은 소리치고 싶었단다. "위대한 사냥꾼 젬 도르예여, 내 목숨이 여기 있소. 나는 데려가되 부디 내 가족은 내버려두기 바라오." 그러나 자신도 들을 수 없을 만큼 아빠 사슴의 목소리는 약했어. 유령은 곁에 앉아서 부드러운 손길로 땀에 흠뻑 젖은 아빠 사슴의 몸을 어루만졌단다. 그러자 아빠 사슴은 피로가 차츰 사라지고 마음이 평안해지는 것을 느끼며 다시 혼잣말을 했어. "나를 해치지 않으니 이 사람은 누구인가? 자기 개들이 와서 내 살을 뜯어 먹게 하여 화살 하나라도 아끼려는 것인가?"

그때 사냥개들이 왔어. 아빠 사슴은 두 눈을 꼭 감고 엄마 사슴이 말했듯이 개들이 자기 몸을 찢어서 피가 허공에 튀어오르게 할 거라고 생각하며 기다렸지. 그런데 역시 지친 사냥개들이 아빠 사슴을 보고 달려들다가 어떤 사람의 신호에 멈췄단다. 게다가 사냥개들은 아빠 사슴을 앞에 뉘여 놓고 어루만지는 하얀 유령 옆에 얌전히 엎드려 있었어. 그때 사냥꾼 젬 도르예가 나타났어.

그는 자신의 개들이 웬 초라한 남자 옆에 조용히 엎드려 있고 함께 있는 사슴은 조금도 두려워하지 않는 것을 보자 화가 치밀었지. 하얀 유령은 바로 밀라 라에파 수사였단다. 분노한 사냥꾼은 수사가 마술로 자신의 사냥개들을 쓸모없게 만들었다고 대들었어. 그는 "이 거지 같은 자야! 내 개들에게 어떤 마술을 부렸느냐? 너는 수고라고는 하지 않는 아무 짝에도 쓸모가 없는 게으름뱅이다. 이제 네가 나의 일을 다 망쳐놓았으니 나는 사슴 대신 너를 쏘아 죽이겠다"라고 소리치면서 활과 화살을 치켜들었단다.

그때 밀라 라에파 수사가 오른손을 들고 말했어. "젬 도르예, 나를 쏠 시간은 얼마든지 있으니 먼저 내 말을 들어보게." 그러자 사냥꾼이 놀라서 물었어. "나는 네가 누군지 모르는데 너는 어떻게 내 이름을 아느냐?" 수사가 대답했지. "당신 같은 사람을 누가 모르겠는가? 이 사슴도 당신이 누군지 안다. 당신을 만나면 자기 목숨이 위태롭다는 것도 이 사슴은 알고 있다. 그러니 친구여 내 말을 들어보게나. 당신은 사람이지만 이 동물보다도 정이 깊지 못하다. 이 사슴은 당신이 자기 가족을 죽이지 못하게 하기 위해 이 멀리까지 달려왔다. 다른 존재의 고통을 모른다면 인간으로 태어나는 것이 무슨 소용이 있겠는가!"

젬 도르예가 말했어. "물론 나는 사냥꾼으로 태어났다." 그러자 수사가 "그것이 바로 문제이오."라고 얘기했고, 사냥꾼은 화가 나서 "오늘의 문제는 내가 미친놈처럼 말하는 너와 이야기를 하고 있다는 것이다"라고 소리쳤단다. 수사가 말했어. "그건 어디에 문제가 있는지 모르기 때문에 하는 소리요. 고통을 받고 있는 자는 이 사슴과 그의 가족이지 당신이 아니오." 젬 도르예는 "나는 사냥꾼이다. 내가 어떻게 고통을 느낄 수 있는가"라고 묻고 나서 잠깐 생각하고 말했어. "이곳에는 먹을 것도 입을 것도 없는 걸 보니 너는 분명 춥고 배고플 것이다. 하지만 내가 너의 배고픔을 느낄 수는 없다!"

밀라 라에파 수사는 조용하지만 확신에 찬 목소리로 말했단다. "나는 추운 곳에 살지만 춥지도 아프지도 않소. 우리 인간이 아픈 것은 남을 해치고도 깨닫지 못할 때요. 또 배고픈 것은 항상 더 많은 것을 원하기 때문이오." 마음이 더 급해진 사냥꾼이 재빨리 말했어. "나는 아직도 네가 하는 이야기를 알아듣지 못하겠다." 수사가 말해주었어. "내 말을 제대로 들으려고 당신의 마음을 열어놓지 않는 한 내 말을 이해하지 못할 게요. 내가 지금까지 한 말들은 당신의 마음에 들어가지 못한 것이오."

사냥꾼은 그러고 싶지 않았지만 자기도 모르게 자리에 앉아서 말했단다. "나는 듣고 있소." 수사는 말했어. "좋아요. 우리는 전생에 매우 좋은 일, 그러니까 다른 존재에게 도움이 되는 일을 했기 때문에 인간으로 태어난 것이오. 태어난 이상 우리는 이 세상에서의 삶이 언제 끝날지 결코 알 수 없소. 그래서 이 짧은 삶을 남을 해치는 게 아니라 남을 도우면서 살아야만 하오. 우리는 우리 몸이 바늘에 조금이라도 찔리면 아픔을 느끼지만 다른 존재를 쏘아 죽이고도 그들의 고통은 생각하지 못하오. 우리는 다른 존재를 죽여서 그 살을 먹지요. 그러면 이것이 과연 좋은 삶인가요?"

사냥꾼은 지금까지 자신이 옳았는지 아니면 잘못했는지 알고 싶어 물었단다. "그렇다면 나는 무엇을 해야 하오? 사냥은 내 가족을 부양하는 수단이요." 수사는 대답했어. "다른 존재의 생명을 빼앗는 것은 좋은 삶이 아니오. 이승에서의 삶은 다른 존재를 도와 공덕을 쌓기 위한 것이오. 우리 주위의 모든 것이 평화롭게 살도록 해야 하오. 그래야 우리 자신이 평화로워질 것이오. 자신이 살아가기 위해 다른 존재를 사냥하여 죽이고 또 그것을 가장 사랑하는 것들로부터 빼앗는다면 어떻게 당신 자신의 평화와 행복을 요구할 수 있겠소? 우리가 다른 존재를 죽인다면 우리 역시 태어나 다른 존재에게 죽임을 당할 것이고, 다른 존재를 보살펴준다면 우리 역시 태어나 다른 존재의 보살핌을 받을 것이오. 삶은 주는 대로 받는 것이오. 당신이 좋은 것을 남에게 주면 남도 당신에게 좋은 것을 줄 것이오. 그러나 당신이 남을 괴롭힌다면 당신 역시 괴롭힘을 당할 것이오. 그러므로 젬 도르예, 당신을 해친 적이 없는 존재의 사랑하는 아버지인 이 사슴을 죽이지 말게. 당신이 오늘 그의 목숨을 살려준다면 그는 앞으로 당신의 목숨을 천 번은 살려줄 것이오. 그러나 이 사슴을 죽인다면 앞으로 그 대가를 치러야 할 것이오. 당신이 이 사슴이 되고 이 사슴이 당신을 사냥할 것이오. 당신은 가족을 부양하기 위해 사냥한다고 말하지만 이 사슴에게도 보살펴야 할 가족이 있소. 당신의 아이들과 아내가 집에서 당신을 기다리고 있듯이 이 사슴의 아이들과 아내도 집에서 그를 기다리고 있다오."

젬 도르예는 천천히 일어나 활과 화살을 집어들고 수사에게 말했어. "득도하신 분을 몰라뵈었습니다. 제가 감히 험한 말을 많이 지껄였습니다. 저처럼 무지한 자를 이해해주시리라고 믿습니다. 부디 용서해주십시오!" 그리고 수사 앞에 몇 번이고 엎드려 예를 드리며 간청했단다. "오늘부터 저는 사냥을 하지 않겠습니다. 제발 저의 스승이 되어주시길 바랍니다. 스승이신 당신의 명령을 따라 이 사슴을 죽이지 않을 것이며 앞으로 어떤 다른 동물도 죽이지 않을 것입니다. 제가 지금까지 죽인 모든 동물의 용서를 받고 싶습니다." 밀라 라에파 수사가 사냥꾼 양어깨에 두 손을 얹고 말했어. "나는 아주 기쁘오. 당신은 자신이 무슨 일을 하고 있는지 모른다는 것을 나는 알고 있었소. 이제 깨우쳤으니 당신의 나머지 삶은 선한 일들을 하며 살기 바라오. 나는 기꺼이 당신의 스승이 되어주겠소."

젬 도르예는 너무 기뻐서 다시 엎드려 예를 드리며 말했지. "당신은 진실로 부처이십니다." 그는 사냥꾼의 삶을 버렸어. 그리고 좋은 삶에 대해 많은 것을 배우고 몸과 마음과 말로 그것들을 실천하며 살았단다.

_번역 송대원(자유번역가)

내가 생각하는 EIU

비슷하지만 다른 다문화교육과 국제이해교육

© APCEIU

비슷하지만 다른
다문화교육과 국제이해교육

김현덕 거제대학 사회계열 교수

다문화교육과 국제이해교육

최근 우리나라에서는 외국인 이주노동자의 가정이 증가하고 국제결혼 비율이 높아지면서 21세기 교육의 주요 화두로 '다문화교육multicultural education'이 자주 언급되고 있다. 그동안 단일민족 국가를 유지하던 한국사회에서는 교육의 다양성에 대해 논의를 할 때 주로 사회계층 간의 차이를 보완하는 관점에서의 교육정책의 개발에 초점을 맞춰왔다. 그러다가 20세기 말에 접어들며 해외 노동자의 유입이 본격화되고 국제결혼 가정이 증가함에 따라 이들 자녀들의 교육문제를 포함해서 미래의 다문화사회에 대비한 교육으로 '문화교육'이라는 개념이 새롭게 등장하였다.

다문화교육이란 용어는 우리 사회의 변화에 따라 대두된 것으로서 아직 그 개념이 뚜렷이 정립되어 있지 않으며, 기존의 국제이해교육과 어떤 관계에 있는지, 그 구체적 내용에 무엇이 포함되어야 하는지에 대해 합의된 것이 없다. 사실 1990년대 문민정부가 시작되며 세계화가 강조되었으며 이것이 정부의 교육 개혁안에 반영되어 일선 학교현장에서는 '국제이해교육global education, international education, education for international understanding'이라는 이름으로 다문화이해교육이 함께 시행되어왔다.

그렇다면 현시점에서 특히 강조되고 있는 다문화교육은 국제이해교육의 한 분야로서 이해되어야 하는지, 아니면 국제이해교육과 차별되는 개념으로서 서로 고유한 영역이 따로 있는 것인지를 밝혀야 할 필요가 있다. 그것은 일선에서 이미 국제이해교육을 실시해온 교사들의 혼란을 감소시켜주고, 향후 우리 사회의 변화와 함께 세계적 변화에도 함께 대처해야 하는 현실에서 우리 교육이 어떤 방향을 설정해야 하는가에 영향을 미칠 수 있기 때문이다.

이에 이 글에서는 먼저 다문화교육과 국제이해교육의 발생 배경에서 어떤 차이가 있는지를 살펴봄으로써 두 개념의 차이를 살펴보고자 한다. 그 다음으로 다문화교육과 국제이해교육이 다문화사회인 미국에서 어떤 관계를 갖고 발전해왔으며, 현재의 추세는 어떤 방향을 지향하고 있는지 논의하고자 한다. 마지막으로 우리나라의 현실에 비추어 다문화교육과 국제이해교육은 어떤 관계를 정립하는 것이 바람직한지 한국의 국제이해교육과 다문화교육의 발생 배경, 발전 과정, 향후 과제를 중심으로 제안하고자 한다.

다문화교육과 국제이해교육의 발생 배경

다문화교육과 국제이해교육은 서로 다른 발생 배경을 갖고 있다. 우선 다문화교육은 원래 미국과 같은 다민족 국가들이 경험하고 있는 이민족 간의 갈등 해소와 공존을 위한 교육으로부터 시작되었다. 이러한 교육은 역사적 배경이 다양한 인종그룹으로 이루어진 유럽에서도 강조되고 있는 교육이다. 유럽에서는 이러한 교육을 평화교육이나 문화간 교육intercultural education이라는 용어로 사용하고 있다.

이러한 다인종 국가들은 소수의 다인종들이 자국으로 이주를 시작해오던 시기에는 우선 이들을 주류사회에 성공적으로 편입시키기 위한 주류화mainstreaming 또는 동화assimilation의 관점에서 교육정책을 수립하였다. 즉 소수 인종들이 한시라도 빨리 주류사회에 적응하여 살 수 있도록 이들 이주민들에게 자신의 전통문화를 버리고 주류문화를 받아들일 수 있도록 교육적인 지원을 하였다. 그러나 이렇게 다양한 문화와 언어를 주류문화에 편입시키려는 정책은 훗날 평등, 정의 및 다양성 인정이라는 민주주의 개념과 위배된다는 점에서 소수집단뿐 아니라 주류 집단 내에서 반론이 제기되면서 다문화교육이라는 새로운 개념이 등장하게 되었다.

다문화교육은 사회 구성원들이 인종적, 계층적, 민족적으로 다양화하면서 다양한 구성원의 다양한 욕구를 충족시키기 위한 교육을 목표로 발전되어왔다. 즉 다문화교육은 이들 다양한 집단 간의 차이점이나 공통점에 관심을 두기보다 이들의 개성과 독특성을 존중하는 교육을 실시하여 평등, 다양성 내의 통합, 정의를 중시하는 민주주의적인 교육의 실천뿐만 아니라 인종, 성, 사회계층 간의 차별을 없애려는 교육을 지향하여왔다.

따라서 다문화교육은 특히 사회 내 소수집단에 속하는 아동교육에 치중하면서, 소수집단이 자신의 고유문화를 지키고 기존 주류문화와 조화를 이루어 살아가도록 하는 교육정책의 일환이었다. 오스트레일리아, 캐나다, 뉴질랜드와 같은 다문화주의가 비교적 잘 실천되는 나라에서는 모든 다양한 문화가 대부분 수용되고 있을 뿐 아니라 자신의 언어와 문화, 종교 등을 향유하도록 적극적으로 독려하고 있다.

반면 국제이해교육의 발생 배경은 세계화와 관련이 깊다. 20세기 후반부터 급속히 발전한 정보통신과 교통은 세계를 하나의 생활단위로 묶어가면서 국가 간의 경계를 무너뜨리고 세계화를 가속화시켰다. 특히 민주주의와 시장경제체제의 전 세계적인 보편화는 자본, 기술, 상품, 서비스의 국경 없는 자유로운 이동을 초래하였으며, 세계 경제의 상호의존화를 가져왔다.

이러한 세계의 상호의존 관계가 깊어지면서 종전의 국가나 지역 단위로는 해결할 수 없는 지구촌 전체의 운명과 직결되는 인구, 자원, 빈곤, 인권 등의 문제들이 세계적인 문제로 주목받게 되었다. 즉, 세계화로 인해 세계의 한 지점에서 일어나는 사건이나 의사결정, 활동들이 멀리 떨어진 개인과 공동체들에게도 중대한 결과를 초래하게 된 것이다. 또한 과거에 비해 세계 여러 나라 사람, 자본, 상품 등의 잦은 이동으로 인해 문화 간 갈등이 증가하게 되어 문화 간 상호이해 및 다양한 시각의 차이에 대한 이해도 필요하게 되었다.

이같이 세계의 상호의존화가 증대되면서 세계이해global understanding 혹은 국제이해international understanding에 대한 필요성이 그 어느 때보다 강조되었다. 이러한 역사적인 배경 아래 20세기 중반 이후 세계 여러 나라들은 세계교육, 국제이해교육에 큰 관심을 갖게 되었으며, 1970년대 이후 세계교역이 증가하고, 상호교류가 지속적으로 증가하는 등 세계화가 가속화되면서 교육의 영역을 넓혀오고 있다.

이같이 국제이해교육과 다문화교육은 서로 다른 배경과 동기로부터 시작하였다. 국제이해교육의 배경은 세계화의 진행에서 찾는다면 다문화교육은 한 지역이나 국가의 다인종화 혹은 다문화화에서 찾을 수 있을 것이다. 즉, 국제이해교육은 국경을 초월하여 전 세계인이 하나의 공동체적 시각을 갖고 세계문제를 이해하고 해결해가는 방법을 찾는 교육이라면 다문화교육은 특정 지역의 공존하는 여러 문화권의 사람들이 서로 공존하는 가운데 조화롭게 살아가기 위한 교육이라고 하겠다.

국제이해교육과 다문화교육의 대립과 화합

이같이 서로 다른 배경에서 출발한 다문화교육과 국제이해교육은 그 목적과 내용에서도 차이를 보였다. 제임스 뱅크스James Banks는 다문화교육은 동일 국가 내에서의 다양성, 평등, 정의에 초점을 맞추고 있고, 국제이해교육은 세계적인 차원에서의 이들 주제들에 대해 초점을 맞추고 있다고 하였다. 또한 욱포코두Ukpokodu는 이 두 교육을 동일 개념으로 잘못 인식하고 있음을 지적하면서 다문화교육은 한 사회 내 다양성을 인정하는 다양한 관점의 증진을 중요하게 여기고 국제이해교육은 타 지역에 사는 사람이나 그들의 문화에 대한 이해 증진을 목적으로 한다고 지적하였다.

역사적으로 볼 때에도 미국의 다문화교육과 국제이해교육은 그 내용과 교육 주도세력에 있어 차이를 보이고 있다. 먼저 다문화교육은 아프리카계 미국인들이 주도가 되었으며, 특히 시민운동, 평등, 사회정의, 유색아동의 학업성취도 향상에 관심을 가진 몇몇 사람의 노력으로 시작되었다. 그 후 다양한 문화권에서 온 이민자의 수가 늘면서 이민자 자녀의 각기 다른 사회, 문화적 배경을 고려한 교육으로 발전하였다. 이러한 다문화교육에서는 다양성과 평등이 강조되었다. 반면, 국제이해교육은 제2차 세계대전 이후 외교정책, 지역연구, 교육의 국제적인 교류 등에 뿌리를 두고 있다. 이 교육은 미국 학생들이 새롭게 형성되고 있는 세계체제에 대한 이해와 세계 여러 나라 사람들과의 상호관련성을 이해하는 것을 돕기 위한 것으로 유럽계 미국인에 의해 실시되었다.

이같이 서로 다른 배경을 갖고 출발한 두 영역은 서로의 관점을 인정하지 않고 근 20년 동안 서로 반목하는 관계를 형성하여왔다. 상호 비판의 주요 내용을 보면 서로에 대해 국내문제를 도외시한다던가, 국내문제에만 너무 관심을 갖고 있다는 것이었다.

즉, 일부 다문화교육학자들은 국제이해교육이 미국학교와 지역사회에서의 다양성과 평등에 대해 교육할 수 있도록 교사들을 준비시키지 못했으며, 유색 아동의 교육의 질 향상을 위해서도 거의 노력을 하지 않았다고 비판하였다. 반면, 국제이해교육 학자들은 다문화교육이 미국의 소수민족 계층의 지위향상을 위한 노력에만 초점을 맞추어 교사들을 교육시키고 있다고 비판하였다. 또한 미국사회를 구성하고 있는 모든 문화에 대한 교육이나 미국 내의 다양성과 평등의 문제를 전 세계의 정치, 경제, 환경, 사회적 불평등 및 다양성과 연결시키지 못하고 너무 국내문제로만 한정하고 있다고 비판하였다. 이러한 반목은 재정적인 지원, 교사교육 프로그램에서의 교육과정 확보 그리고 사범대학 내에서의 지위확보를 위한 경쟁으로 계속 이어졌다.

이에 따라 다문화교육과 국제이해교육의 관계는 1990년대 중반 이후부터 미국 내 주요이슈가 되어왔다. 그런데 최근 서로 다른 목표를 지향하는 이 두 교육 영역 간에 새로운 관계를 모색하려는 시도가 일부 학자들에 의해 시도되고 있다. 이들 학자들이 발견한 가장 중요한 사실은 이 두 교육의 개념과 목표가 이론적으로는 서로 다른데도 불구하고 교육현장에서는 이러한 차별화가 명확히 이루어지지 않고 교육이 실시된다는 사실이다.

먼저, 이론적으로는 판이하게 다른 교육목적과 내용을 지향하고 있지만 교육현장에서는 이 두 교육이 모두 논쟁이 심한 사회적인 이슈를 다룬다는 사실과 비판적 사고를 고취시킨다는 공통점을 가졌다. 또 하나는 기본적인 교육목표의 차이가 있음에도 불구하고 실제 교육현장에서 이 두 교육이 혼용되어 실천되는 경우가 많았다는 것이었다. 즉 다문화교육을 실시하는 교사들은 국내적으로 매우 민감한 사항인 다인종 간의 다양성 존중 및 평등 문제를 다루는 것이 부담스러웠던 반면, 보다 멀리 떨어져 있는 아프리카 국가나 일본의 문화적 다양성 문제는 훨씬 다루기가 쉬웠던 것이다. 이러한 성향으로 다문화교육을 하는 교사들도 실제에 있어서는 국내의 인종차별주의, 불평등 문제보다 다른 나라의 문화이해나 정의를 다룸으로써 국제이해교육에 보다 근접하는 교육을 실시하였다.

이같이 이론적인 관점과 달리 교육현장에서 다문화교육과 국제이해교육이 통합된 관점에서 시행될 수 있었던 것은 국내문제가 다루기 힘든 주제였던 것 이외에도 현대사회의 급속한 변화에서 그 원인을 찾을 수 있다. 사실 최근까지는 다문화교육은 한 사회에 살고 있는 소수집단의 교육에만 관심을 가졌었다. 그런데 세계화가 급속히 진행되면서 지구상의 모든 국가가 생태환경, 핵무기, 인권, 자원부족 등의 세계적인 문제에 대처하여야만 하였고 이에 다문화교육도 세계적인 관점의 교육까지 포함하게 된 것이라고 볼 수 있다. 이런 맥락에서 일부 학자들은 'Global Multicultural Education'이라는 신조어를 사용하기도 한다.

오하이오주립대학의 메리필드Merryfield 교수는 그의 연구에서 최근 미국의 많은 교사교육 전문가들이 이 두 영역을 통합하여 가르치고 있다는 것을 발견하였다. 그는 77명의 교사교육 전문가들을 대상으로 설문조사를 한 결과 이 두 영역을 관련시켜 가르치는 이유에 대해 다음과 같은 답을 얻었다. 첫째, 지구상의 모든 인간들이 갖고 있는 문제점들은 비슷하며, 그 이유는 모든 인간들이 좀더 정의롭고 평등하고 평화로운 세상에서 살고자 하는 공통적인 욕구를 갖고 있기 때문이다. 둘째, 현 세계에서 문화다양성은 지역적인 특성일 뿐 아니라 전 지구적인 특성이 되었다. 셋째, 학생들은 다른 사람뿐 아니라 지구의 모든 것들의 상호관련성을 이해할 필요가 있다. 메리필드는 최근의 다른 연구에서도 국제이해교육과 다문화교육이 이론적인 측면에서뿐만 아니라 수

업현장에서 신중하게 통합될 필요성이 있음을 강조한 바 있다.

메리필드 이외에도 제임스 뱅크스, 크리스틴 슬리터Christine Sleeter, 크리스틴 베넷Christine Bennett 등과 같은 두 영역의 영향력 있는 일부 학자들은 1990년대 이후 상호간의 대화와 협력을 통해 두 영역의 공통적 내용을 교사교육에 통합하려는 공동 노력을 기울여왔다. 이에 따라 두 영역간의 반목은 점차 감소해왔으며, 최근 교사교육에서 이 두 영역이 추구하고 있는 지식, 기술, 태도의 교육을 통합하여 학생들에게 가르치고자 공동의 노력을 기울이고 있다. 그 노력의 결과로 미국 교사교육인증위원회The National Council for Accreditation of Teacher Education; NCATE는 1994년에 교사교육에 이 두 교육의 관점을 모두 포함시키라는 새로운 기준을 공표한 바 있다.

한편 이 두 영역간의 통합을 위해 오랫동안 노력해 온 미국교육·사범대학협회The American Association of Colleges for Teacher Education; AACTE는 최근 국제이해교육과 다문화교육을 통합한 교사교육 안내서를 출간한 바 있다. 이 안내서는 다문화교육과 국제이해교육이 서로 다른 배경에서 출발하기는 했지만, 어린 학생들이 향후 자신이 거주하는 지역사회와 세계에서 유능한 시민이 되기 위해서는 교사교육에서 이 두 영역이 모두 중요한 요소로 강조되어야 한다고 주장하는데, 이 두 영역이 추구하는 목표의 공통점으로 다음 6가지를 들고 있다.

첫째, 평등과 사회정의를 증진하려는 목적, 특히 구조적인 불평등과 억압에 대항하여 의사를 결정하고 행동할 수 있는 지식과 기술을 가르치는 목적.

둘째, 집단 간의 관계 증진, 문화 간 이해 능력 개발 그리고 문화 간 유대관계 형성을 위한 목적.

셋째, 스테레오타입, 편견, 차별을 감소시키는 목적.

넷째, 인간의 다양성과 인간의 유사성에 대한 지식 함양.

다섯째, 자신의 문화와 다른 문화에 대한 인식과 관련된 지식 함양.

여섯째, 다양한 관점으로(특히 소수집단의 관점으로) 세상을 이해하고, 사물이나 사건을 비판적으로 이해하는 기술의 습득.

다문화교육과 국제이해교육의 전문가들은 최근 두 교육의 상호협력과 상호

보완을 주장하면서 다음의 사항을 특히 강조하고 있다. 즉, 그동안 다문화교육은 국내에서의 다양성이나 차별문제에 관심을 두었고, 반면 국제이해교육은 세계적인 차원에서의 다양성과 차별문제에만 관심을 두었다. 이제는 다문화교육도 국내뿐 아니라 세계의 불평등과 차별에 대해서도 관심을 주지 않는다면 세계변화에 부응하지 못하는 교육이 될 것이고, 반면 국제이해교육은 국내문제에 관심을 두지 않으면 지적인 엘리트들의 공허한 주장으로 국내에서도 호응을 받기 어려울 것이다.

따라서 이들은 타 문화에 대한 교육을 시킬 때, 세계적인 차원에서의 타 문화 교육뿐 아니라 이들 지역사회에 내재하고 있는 서로 다른 문화의 존재와 이해에 대해서도 교육이 병행되어야 한다고 주장한다. 이들 학자들은 이 두 교육이 분명한 차이를 갖고 있지만 다양성의 존중, 인류 보편적 가치의 추구, 사람과 문화의 상호의존성 이해와 같은 공통적인 목적을 갖고 있음을 특히 강조하고 있다.

한국 다문화사회의 도래와 교육적 과제

교육의 문제는 사회의 변화현상과 밀접하게 관련을 맺고 있다. 때로는 이미 진행된 사회변화에 대처하려는 노력의 일환으로, 혹은 앞으로 일어날 수 있는 사회변화에 대비하기 위한 노력의 일환으로 교육적인 논의와 그에 대한 대안이 마련되곤 한다. 1990년대 중반 한국은 세계화에 주목하면서 이에 대한 교육적 대안으로 한동안 국제이해교육이 교육적 쟁점이 된 시기가 있었다. 그런데 최근에는 혼혈가정 및 이주노동자가정의 수가 급속히 증가하면서 이에 대한 교육적인 대안으로 다문화교육이 논의되기 시작하였다.

최근 한국사회는 국제결혼, 이주노동자의 유입으로 외국인 인구가 총인구의 1%를 넘으면서 오랫동안 계속되어온 단일민족국가에서 다문화사회로의 변화 과정을 겪고 있다. 특히 국제결혼이 전체 결혼의 13%를 차지할 정도로 크게 증가하면서 국제결혼가정 자녀교육문제는 이주노동자의 자녀 교육문제와 함께 사회적 문제로 대두되고 있다. 교육인적자원부에 따르면 2005년 현재 다문화 가정 출신의 취학 연령 아동과 청소년은 18,000명에 이르는 것으로 나타나고 있다. 이들 아동들은 학교에서 말씨, 피부색, 문화 등의 차이로 집단 따돌림, 학습결손, 학교부적응 등의 어려움을 겪고 있으며, 이로 인해 학교를 다니지 않는 경우도 증가하고 있다.

이러한 다문화 가정 자녀에 대한 편견을 없애고 다문화 가정에 대한 이해를 높이기 위해 다문화교육이 필요한 것이 현실이며, 향후 외국노동자가 더 많이 유입되고 이들과 함께 생활하며 일을 해야 하는 상황이 예견됨에 따라 다문화교육은 어떤 형태라도 우리 교육에 포함될 필요성이 증대되고 있다. 이런 배경에서 2007년 교육인적자원부는 다문화 이해교육의 요소가 추가·보완된 개정 교육과정을 고시하였으며, 이러한 요소들이 여러 교과의 개정 교과서에도 반영되고 있는 것으로 나타나고 있다.

그러나 학교교육에서 다문화이해교육을 논의하기 시작한 것은 이번이 처음이 아니며, 이미 1995년부터 문민정부의 교육개혁안에 국제이해교육이 포함되면서 국제이해교육의 한 분야로서 다문화이해교육을 실시할 수 있는 기틀을 마련하였다. 국제이해교육은 제7차 교육과정에 반영되었으며, 여러 학교들이 국제이해교육 시범학교로 지정되는 등 이미 일선 초·중등학교에서 국제이해교육의 일환으로 다문화이해교육이 실시되어 왔다.

다문화 이해는 2001년 유네스코 아태국제이해교육원이 제안한 국제이해교육과정에서도 세계화, 인권, 평화, 지속 가능한 발전과 함께 주요 영역으로 명시되어 있다. 그러나 최근 다문화가정 아동의 교육문제가 대두되면서 다문화교육이라는 이름이 새롭게 등장하게 되었고, 관련 학자들과 교사들은 이것이 기존의 국제이해교육과 무엇이 다른지에 대해 의문을 갖게 되었으며, 따라서 이 두 영역의 개념적 차이를 명확히 할 필요성이 생겨났다.

혹자는 시대적 변화에 따라 다문화교육이 국제이해교육을 대신하게 되었다고 주장하기도 하고, 또 다른 관점에서는 국제이해교육에서 이미 다문화이해교육을 실시해오고 있기 때문에 다문화교육이 국제이해교육에 포함되어야 한다고 주장하기도 한다. 이러한 상반된 주장은 자칫 편의에 따른 용어사용의 혼란을 가져올 수 있으며 교육목표와 교육내용, 교육정책 수립을 어렵게 할 수 있다.

그러나 이 두 교육 분야는 서로 유사한 측면을 다루고 있기는 하나, 관점의 차이가 분명히 존재하며, 사회적 변화에 따라 각자 고유한 영역을 구축하며 상호 보완적인 관계를 유지해나갈 필요가 있다. 이 두 교육 영역 간의 유사점과 차이점을 살펴보면 다음과 같다.

우선 다문화교육이 다문화에 대한 이해를 목표로 하고, 이를 통해 타 문화에 대한 편견을 불식하고 함께 조화로운 사회를 지향하는 취지의 교육이라면 국제이해교육의 타 문화 이해 교육과 유사하다. 다만 다문화교육이 국내에 거주하는 소수민족에 초점을 맞추고 있는 반면, 국제이해교육은 이들을 포함한 다른 나라의 문화이해도 함께 포함하고 있는 점이 다르다 할 수 있다.

둘째, 다문화교육이 국제이해교육과 근본적으로 다른 점은 다문화교육이 이해의 차원을 넘어 한 사회 내의 주류와 소수인종 간의 불평등 해소를 목표로 하고 있다는 것이다. 따라서 미국의 예에서 보는 바와 같이 다문화교육은 평등한 사회 지향을 위한 사회개혁으로, 이중언어교육과 소수민족에 대한 보상정책 등을 추구하게 된다.

셋째, 다문화교육이 한 국가의 차원에서 조화로운 삶을 추구하고 있는 반면, 국제이해교육은 세계시민으로서 세계인과 더불어 사는 삶을 강조한다. 따라서 다문화교육이 국내지향적 교육이라면, 국제이해교육은 국제지향적인 교육이라고 할 수 있다.

넷째, 다문화교육과 국제이해교육은 서로 상호 보완적인 관계에 있다. 즉 국내의 다문화적 갈등이 국제적인 관점에서 접근해야 할 필요성이 증대되고 있으며, 국제적인 다문화 이해도 국내의 다문화적 갈등 상황이 끊임없이 발생하고 있기 때문에 이를 기초로 접근해야 할 필요성이 늘어나고 있다.

이상의 논의에서 알 수 있듯이 다문화교육과 국제이해교육은 서로 구별되는 개념임을 알 수 있다. 따라서 국내의 다문화적 갈등 상황에 주목하는 다문화교육이 국제이해교육을 대체할 수 있다거나, 반대로 세계적인 시각을 강조하는 국제이해교육이 다문화교육을 대체할 수 있다고 하는 주장들은 그 논거가 빈약하다고 할 수 있다.

　이같이 이 두 교육 분야는 서로 고유한 영역을 갖고 있지만, 발전 과정에서 서로의 시각이 상호보완적인 관계를 유지할 가능성이 매우 높다. 그것은 국내문제의 국제화와 국제문제의 국내화가 환경, 인권, 경제 등 거의 모든 분야에서 끊임없이 일어나고 있기 때문이다. 미국의 예에서 보듯 두 교육 분야가 초기의 대립 양상을 극복하고 통합의 방안을 모색하는 것도 같은 맥락에서 이해될 수 있을 것이다.

　현재 한국에서의 다문화교육은 시작 단계에 있다. 아직 그 필요성만 인식되고 있을 뿐 개념의 정립과 함께, 교육 내용과 범위를 설정하지 못하고 있다. 그것이 바로 다문화교육을 다문화에 대한 이해 교육 또는 타 문화에 대한 이해 교육으로 단순화하거나, 반대로 다문화교육이 기존의 국제이해교육을 대체할 수 있다고 믿게 되는 결과를 낳고 있는 것이다.

　따라서 우리의 사회적 특성에 맞는 다문화교육은 어떤 것인지 외국의 사례를 탐구하고, 우리의 시각에서 이를 비판적으로 수용하며, 우리 사회에 맞는 다문화교육을 모색해나가야 할 것이다. 예를 들어 우리의 다문화교육이 사회적 주류계층을 대상으로 하고 소수민족의 문화를 이해시키는 데 주력할 것인지, 평등의 관점에서 교육의 주 대상을 소수민족으로 하고 이들의 권익을 보호하는 차원으로까지 발전시켜나갈 것인지 등을 결정해야 할 것이다. 이러한 것들은 현재 우리 사회가 필요로 하는 다문화교육이 무엇인가에 대한 논의와 함께 향후 전개될 사회적 변화를 예측한 것이어야 할 것이다.

사진으로 보는 EIU 세상
타이 북부 소수민족의 삶과 문화를 찾아서

글_**윤경희** 미디어다음 포토에세이 전문기자
사진_**이성만** 사진작가

미소와 불교의 나라, 타이
아름다운 사람들의 미소와 불교의 나라로 잘 알려진 타이. 그 안에 푸르고 울창한 원시림과 맑은 강물이 유유히 흐르는 산속에서 옹기종기 모여 사는 사람들이 있다. '높은 산에서 사는 사람'이란 뜻을 가진 고산족 高山族이 바로 그들이다. 이들은 여러 나라에서 자유를 찾아서 대대로 살았던 땅을 떠나 이곳으로 흘러들어온 소수민족들이다.

오늘도 변함없이 가난한 삶을 살면서도 밝은 미소를 잃지 않는 어머니의 주름진 얼굴, 자신들의 어려운 환경을 전혀 의식하지 않고 초롱초롱한 눈망울로 해맑은 웃음을 보여주는 아이들의 천진난만한 모습, 태어나고 살았던 땅을 떠나 낯선 곳에서 이방인으로 살아야 하는 슬픈 현실에서도 전통을 곧게 지켜가는 옹골찬 신념을 가진 사람들. 이렇게 지금 타이 북부에 가면 소수민족이라는 상처를 안고 사는 이들의 진실한 삶의 모습을 보다 아름다운 시선으로 바라보게 될 수 있을 것이다.

우리와는 사뭇 다른 환경에서 살아가는 소수민족들이지만, 진정으로 이들의 아픔을 함께 나눈다는 의미에서 결국 이들은 우리가 가까이서 관심과 사랑으로 보살펴야만 하는 이 시대를 함께 살아가는 이웃인 것이다. 어려움 속에서도 절망하지 않고 살아가는 이들의 모습 하나하나를 담은 사진을 함께 보며 잠시 따스한 시선으로 그들의 생활 속으로 조금 더 가까이 들어가보기로 한다.

사람의 발길이 드문 곳에 사는 소수민족
소수민족들이 주로 많이 살고 있는 타이 북부에 위치한 치앙마이는 현대와 과거가 동시에 공존하는 곳이다.

또한 타이 제2의 도시이며 북부 최대의 도시이기도 하다. 치앙마이는 지리적인 영향으로 해서 주변국의 국경 지대에서 열악한 환경에서 어렵게 살았던 소수민족들의 마지막 정착지 역할을 하고 있다. 타이는 다른 나라와는 달리 소수민족들을 보호하는 정책을 펴고 있어 많은 소수민족들이 이곳에 정착하기 위해 계속 흘러 들어오고 있는 실정이다.

타이 북부지역은 중부와 남부와는 지형적으로 많은 차이점이 있어 굴곡이 심하고 험난한 산악지대가 유난히 많이 존재한다. 사람의 발길이 아직 드문 까닭으로 오염되지 않은 맑은 강들 역시 이곳에는 많다. 이곳 치앙마이는 천혜의 자연이 자아내는 아름다움을 모두 간직하고 있다고 표현해도 결코 지나침이 없다. 이곳에는 또 하나의 자랑거리가 있다. 아주 오랜 옛날부터 코끼리가 많기로도 유명한 것이다. 그 어느 누구라도 감탄을 자아내게 만드는 풍경들과 엄청나게 큰 몸집을 자랑하며 노는 코끼리의 모습이 한데 어우러져 더욱 이국적이고 아름다운 마치 화사한 수채화를 펼쳐놓은 듯 신비로운 아름다움이 있어 더욱 인상에 남는 곳으로 손꼽히기도 한다.

치앙마이에는 현재 약 70만 명에 이르는 사람들이 여러 지역에서 흘러들어 와 같은 종족끼리 작은 마을을 이루고 모여 산다. 이들은 대다수가 중국과 미얀마, 티베트, 라오스 등지에서 살다가 적을 피해 최근 100~200년 사이에 타이로 들어왔다. 이들은 대부분 아직까지도 깊은 산속에서 전기를 비롯한 여러 현대 문명의 혜택을 스스로 거부하며 살아가고 있다. 또한 오랜 세월동안 지켜온 전통적인 생활방식을 이들은 계속 지켜나가기를 원하고 있다.

현재 치앙마이 북부지역의 소수민족들은 크게 9개 부족으로 나뉜다. 이곳은 마치 아담과 이브가 살았을 것 같은 숲을 연상케 하는 아담하고 나지막한 언덕이 있으며 계곡에는 각양각색의 물고기가 화려한 자태를 뽐내며 노니는데, 이들이 노니는 모습이 계곡 물속에 환하게 들여다보일 만큼 계곡물은 맑고 투명하다. 이런 깨끗한 계곡이 흐르는 이곳에 카렌족, 뗀족, 루아족, 카무족이 모여 마을을 만들어 살고 있으며, 이들은 중국의 티베트와 남부지역에서도 이동해 왔다고 한다.

몽족, 라후족, 아카족, 리수족, 미엔족 등은 고산족이라는 이름에 걸맞게 해발 1,000미터가 넘는 높고 험준한 산악지대에서 정글을 자유롭게 누비며 그들 나름의 생활방식을 고집하며 살고 있다. 그중에서도 우리에게 아직 잘 알려지지 않아 호기심을 불러일으키는 독특한 생활 모습을 가진 부족 중 대표적인 몇몇 부족의 생활상을 살짝 바라보자.

카렌족

카렌족은 타이 북부지역의 고산족 중에서도 가장 인구가 많은 부족으로 거의 고산족 인구의 절반을 차지한다. 카렌족을 만나보러 가려면 먼저 치앙마이 시내에서도 약 3시간 정도를 자동차를 타고 한참을 숲으로 들어가야만 한다. 원래 이들은 미얀마와 경계를 이루는 지역에서 살던 민족이었다. 그러나 카렌족은 오랜 세월 동안을 중국정부의 분쟁과 박해가 점점 심해지자 이를 피해 19세기 강을 건너 타이로 넘어와야만 했다.

카렌족은 다른 고산족들에 비해 비교적 야트막한 해발 500미터 정도의 고산지역에서 생활한다. 때때로 골짜기에서 생활하기도 한다. 이들은 그다지 자주 이동하지 않기 때문에 한 지역에서 거의 수백 년 동안 뿌리를 내리고 생활하는 것이 특징이다. 이들은 여러 종류의 가축을 기르며 자급자족하는 매우 독립심이 강한 고산족이다. 특히 코끼리를 잘 다루는 것으로 소문이 나 있기도 하다. 다른 소수민족들과는 다르게 양귀비 재배에 의존하지 않는다. 직접 코끼리를 기르고 어릴 때부터 엄격한 훈련을 시켜 얻어지는 수입으로 나름대로 소박한 생활을 꾸려 간다.

그들은 매우 온화하고 얌전한 성품을 지니기도 했다. 특히 여성들은 꽤나 순종적이고 수줍음이 많은 편이기도 하지만, 불의에 직면했을 때는 강하게 대항하는 자존심과 정의로움 역시 매우 강한 편이다. 이러한 기질은 중국의 유교적 사상에 영향을 받은 것으로 짐작해볼 수 있다. 또한 명절이나 제사를 철저하게 지키며 노인을 극진하게 보살피고 공경하는 예의 또한 바른 민족이다. 마을의 크고 작은 중요한 문제를 노인들이 모여 결정할 정도로 경로사상이 투철한 부족이기도 하다.

리수족

리수족은 크게 후아리수족과 헤리수족으로 나뉜다. 타이에 거주하는 리수족은 주로 후아리수족이다. 중국의 남부지방에서 거주하던 이들이 타이로 건너온 것은 약 80년 남짓 되었다. 타이 북부에 사는 소수민족 중에서 가장 여성들의 의상이 가장 화려한 민족으로도 유명하다. 유난히 청결을 중요하게 생각해 주로 강에서 가까운 곳에 살며 거의 매일 목욕과 빨래를 마치 놀이처럼 즐기면서 생활한다.

리수족은 새해 첫날을 가장 크고 의미 있는 명절로 생각한다. 그러므로 어려운 생활 속에서도 명절이 다가오면 옷과 음식을 풍성하게 준비하고 조상과 마을을 지키는 수호신에게 정성스럽게 제사를 지내는 일을 절대 게을리 하지 않는다. 이러한 의식은 중국의 문화에서 영향을 받았음을 보여주는 단적인 증거이기도 하다. 의식을 끝마치면 몇 날 며칠을 제일 화려한 옷으로 맵시 나게 치장하고 축제를 열어 신나게 즐긴다. 리수족은 이러한 명절 행사를 통해 공동체와 부족 간의 유대관계가 긴밀해진다고 여기기 때문에 매우 중요하게 생각한다.

리수족은 결혼할 때 신부에게 지참금을 후하게 준비하는 풍습이 있다. 엄격한 일부일처제를 고수하고 있으며 같은 씨족끼리는 결혼을 엄격하게 금지하는 의외로 보수적인 성향을 가지고 있다. 씨족문화는 이들의 전통적인 문화를 지키는 매우 중요한 요소이며 주로 남성을 중심으로 이러한 전통의 맥을 이어나가려고 노력하고 있다.

라후족

타이인들은 라후족을 흔히 '무써'라고 부르는데, 타이어로 '사냥꾼'이라는 뜻이다. 실제로 라후족이 한곳에 자리를 잡고 농사를 짓기 시작한 것은 그렇게 오래되지 않았다. 원래 이들은 사냥감을 따라 자유롭게 숲과 숲을 옮겨 다니며 사냥을 했던 부족이었기 때문이다. 그런 이유로 사냥에 재주가 많은 부족으로 잘 알려져 있다. 이들은 지금도 우기가 끝나면 남자들은 며칠 동안이고 정글을 마음껏 누비며 사냥을 즐기곤 한다.

라후족은 크게 라후나이족, 라후나족, 라후샐래족, 라후라바족, 라후푸족, 라후사이족 등 6개 부족으로 나뉜다. 라후족의 언어는 티베트버마어족에 속하며 그중에서도 라후나의 방언이 일반적인 표준어로 사용되고 있다.

현재 타이에는 치앙마이, 차앙라이, 매홍쏜 등지에 약 8만여 명의 라후족이 거주하고 있다. 라후족은 한곳에 오래 머물기도 하지만 환경이 마음에 들지 않으면 다시 자신에게 맞는 새로운 정착지를 찾아가기도 하는 비교적 자유로운 생활을 한다. 이들은 일반적으로 고상식高床式 주택에 사는데 침실과 거실을 따로 나누며 화장실은 별도로 만들지 않는다. 마루 밑에 돼지나 다른 여러 종류의 가축을 길러서 오물을 처리하게 한다.

야오족

이들은 한족의 핍박을 피해 남쪽으로 이동했다. 윈난성과 베트남, 미얀마를 거쳐 1920년부터 타이에 정착하기 시작했다. 이들은 2천 년 가까이 중국에서 살아왔기 때문에 지금도 여전히 한자를 사용하기를 고집하고 있다. 또한 평소의 생활 속에서도 도교의 사상이 두드러지게 나타나며 외형적인 면에서도 중국인의 모습과 매우 많이 닮은 것이 특징이다.

야오족 여자들은 매우 야무지고 섬세하다. 야오족 여자들은 결혼하기 전에 자수를 완벽하게 익혀야만 하는 큰 과제를 가지고 살아간다. 그 이유는 이렇다. 남자들이 신부감을 선택할 때 여자의 자수 솜씨를 제일 우선으로 살피고 평가해서 결정하기 때문이다. 그러므로 여자들은 아주 어렸을 적부터 자수 익히기에 온갖 정성을 모두 쏟는다.

아카족

이들이 처음 타이로 이주해 온 것은 19세기쯤으로 추정된다. 현재 타이에 정착한 아카족은 유로족과 로이미로족이 있다. 이들은 독특한 의상과 머리 장식으로 쉽게 구분할 수 있다. 유로족은 매우 화려한 원뿔형 모자를 쓰고 있고 겉옷의 소매는 다양하고 화려한 색상으로 장식하는 것을 즐긴다. 로이미로족은 여자의 머리 장식 뒤에 달린 금속판으로 쉽게 구분할 수 있다.

메콩강 유역의 매싸이를 중심으로 한 치앙라이의 해발 1,000미터 이상의 높은 산 정상의 경사진 곳에서 다닥다닥 달라붙듯이 촌락을 이루며 살고 있다. 타이 내 인구는 약 50,000명으로 추정하고 있으며 지금도 계속 미얀마를 통해서 타이로 넘어가고 있는 실정이다.

여자들의 의상은 처음 보는 사람들의 눈길을 끄는 호기심의 대상이 되기도 한다. 화려하게 반짝이는 은화나 은세공 장식, 갖가지 다양한 패턴의 단추 등을 주렁주렁 매달아서 만든 모자를 쓰고 가슴 밴드를 하고 짧은 치마를 입는다. 평소에도 모자를 쓰지만 밤에도 모자를 벗으면 악령이 머리 안으로 들어간다고 믿기 때문에 잠을 잘 때도 반드시 쓰고 자는

재미있는 습관이 있다.
　아카족 여성들은 기질이 온화하고 소박해서 게으름을 모르는 언제나 부지런한 일꾼이다. 담배나 야채, 과일을 재배해서 생계를 유지하고 모든 사물에는 정령이 있다고 믿는 정령신앙을 가지고 있다. 마을의 영혼, 산의 영혼은 물론 빛이나 바람에도 혼이 있다고 믿는다. 특히 혼령 중에서도 물의 영혼을 유난히 두려운 존재로 여겨 목욕하기를 무척이나 싫어한다.

몽족

몽족은 타이에서는 카렌족 그 다음으로 인구가 많은 고산족에 속한다. 타이에 거주하는 이들은 크게 블랙몽족, 화이트몽족, 블루몽족 이렇게 세 부류로 나뉜다. 화이트몽족과 블랙몽족은 생활방식이나 풍습이 매우 비슷하다. 화이트몽족 여자들은 분홍색 긴 허리띠를 두르고 헐렁한 남색이나 검은색 바지를 입는다. 아주 특별한 의식이 있는 날에는 흰색 주름치마를 입는다. 또 블루몽족 여자들은 특별한 의식이나 명절이면 주름이 많이 잡힌 화려한 남색 바이크 치마를 입고 정교하게 수놓은 흰색, 노란색, 빨간색 띠로 허리에 둘러 더욱 멋스럽게 치장을 한다.
　해발 고도 1,000~1,200미터의 아주 높은 지역에서 매일 부지런하게 화전을 일구며 생활한다. 주로 쌀과 옥수수, 야채 농사를 지어 번 돈으로 생계를 유지한다. 때로는 새로운 터전을 찾아 아주 먼 거리를 이동하는 습성이 있다.
　몽족은 엄격한 씨족사회를 이루며 일부다처제로 여자가 결혼을 하면 남자의 집으로 들어가 산다. 씨족의 개념도 매우 중요하게 생각해서 같은 씨족끼리는 절대 결혼을 허용하지 않는다. 또한 이들은 중국의 영향을 많이 받아 새해 첫날과 추수가 지난 후를 제일 중요한 명절로 여긴다. 몽족은 은을 아주 특별한 그들만의 부의 상징으로 여긴다. 그래서 평상시에도 은 세공품으로 화려하게 장식하는 것을 좋아한다. 그래서 이들은 은 세공 기술이 특별히 뛰어난 부족으로 특히 유명하다.

희망은 험난한 길이 있어 아름답다

지금까지 단편적이기는 하지만 타이에서 소외되고 가난한 삶을 살고 있는 다양한 여러 소수민족의 생활상을 살펴보았다. 이들이 살아가는 모습 속에서 언제나 밝은 웃음과 활기찬 얼굴로 살아가며 자신이 선택한 척박한 터전을 억척스럽게 가꿔나가는 이들 소수민족의 진실한 모습을 접할 수 있었다. 어떤 이들은 아주 쉽게 "고단한 삶을 사는 이들을 지켜보면 왠지 애잔한 연민의 정이 느껴진다"고 말한다. 하지만 이런 연민의 정보다는 좀 더 이들을 실질적으로 도와줄 수 있는 길을 찾아야 할 것이다.

그 이유는 아직도 이들 소수민족은 불법체류자로 또는 극빈자로 분류되어 법적으로 정식 타이인으로 인정받지 못하고 있기 때문이다. 또한 이동권의 제한과 마을마다 정부가 세워준 초등학교가 유일한 교육기관이기 때문에 많은 젊은이들이 고등교육을 받을 수 없어 이들 소수민족은 최소한의 문화적 혜택마저 누리지 못하고 있다. 현재 타이 정부는 이러한 여러 가지 문제를 해결하기 위해 타이 왕실을 중심으로 소수민족을 위한 복지대책을 다방면으로 모색하는 등 많은 노력을 기울이고 있는 것으로 알려지고 있다.

아직까지도 타이의 소수민족들이 열악한 환경에 살고 있다는 것은 결코 부정할 수 없는 사실이다. 그러나 우리와 동시대를 함께 호흡하며 살아가야만 하는 사람들. 가난과 소외로 인해 하나로 동화되지 못하는 소수민족이 직면한 문제들을 한마음이 되어 고민하며 같은 길을 함께 걷는 날이 하루빨리 와주기를 소망해본다.

그들 또한 꿈꾸며 희망하는 미래가 분명 있을 것이다. 그들이 꿈꾸는 미래는 지금의 모습처럼 옛날의 생활 모습 그대로 멈춰진 삶, 소외되고 가난한 삶이 결코 아닐 것이다. 언젠가는 풍요로운 삶을 영위하고 싶은 소망을 마음 한 모퉁이에 소중하게 품고 있음을 그들의 표정에서 엿볼 수 있었다. 저기 저 아이들의 밝은 표정을 보라. 그 어디에도 절망의 그늘은 보이지 않는다. 그렇다. 어떠한 고난과 시련이 다가오더라도 희망을 버리지 않고 마음 한 귀퉁이에 간직하고 노력한다면 언젠가는 그들에게도 신비롭게 피어나는 희망의 꽃을 만나는 기쁨의 날이 오리라는 것을 믿는다. 희망이란 그것을 이뤄가는 험난한 길이 있어 더욱 아름다운 것이리라.

EIU가 만난 사람

스탑크랙다운 STOP Crackdown

그들의 이름 '스탑크랙다운STOP Crackdown'은 우리에게 낯설다. 음악 밴드로서 스탑크랙다운도 낯선 존재지만, 스탑크랙다운이 뜻하는 '단속 중지'란 말 역시 낯설긴 마찬가지다. 그러나 그들의 노래는 낯설지 않다. 1984년에 출간된 시집 『노동의 새벽』에 실린 박노해 시인의 '손무덤'을 스탑크랙다운이 2007년에 다시 노래한다.

© APCEIU

EIU가 만난 사람

평화를 노래하는 스탑크랙다운

© APCEIU

기계 사이에 끼여 아직 팔딱거리는 손을
기름먹은 장갑 속에서 꺼내어
선진 조국의 종로 거리를 나는 ET가 되어
얼마간 미친놈처럼 해매이다
일당 4,800원짜리 노동자로 돌아와 연장노동 도장을 찍는다.

인터뷰·정리
윤주영 유네스코 아시아 · 태평양 국제이해교육원 프로그램 어시스턴트

'손무덤'은 과거의 유물이 아닌 이주노동자의 삶 속에 살아 숨쉬는 선명한 현재다. 우리가 몰랐다기보다는 애써 외면하고 있었던 은폐된 현실이다. 스탑크랙다운은 우리가 외면한 이 칼날처럼 차가운 현실을 노래한다. 2003년 11월 15일 미등록 이주노동자 강제추방반대와 전면 합법화를 위한 농성장에서 처음 결성된 이후, 활발한 공연활동을 통해 이주노동자의 인권 상황을 알려왔다. 이주노동자 강제추방 '단속 중지'라는 그룹명은 스탑크랙다운 탄생의 산파가 핍박과 고통이었음을 알려준다.

몇 번의 변화를 거쳐 현재 스탑크랙다운에는 미누Minod(보컬), 소모뚜Soe Moe Thu(기타), 소띠하Soe Thi Ha(베이스), 해리Harry(키보드), 송명훈(드럼) 등 다섯 멤버가 참여하고 있다. 미누는 네팔, 소모뚜와 소띠하는 미얀마, 해리는 인도네시아에서 온 이주노동자이고, 가장 늦게 합류한 송명훈은 대학원 진학을 앞둔 한국인이다. 이주노동자들의 인권과 존엄성을 지키기 위해 한국 사회의 폭력에 대해 노래하지만 사실 그들이 진정 전하고 싶은 것은 사랑과 평화의 메시지다. 실제로 스탑크랙다운 멤버들을 만나고보니 모두 하나같이 소박한 마음과 타인에 대한 헌신 그리고 진지하고 성실한 삶의 태

스탑크랙다운(왼쪽부터 소띠하, 송명훈, 미누, 해리, 소모뚜) ⓒ APCEIU

도를 지닌 사람들이었다.

서로 다른 국적과 배경 및 개성을 가지고 있지만 차이를 통해 갈등이나 차별이 아닌 다양성을 창출하는 스탑크랙다운. 그들은 음악에서 화음을 만들듯 일상에서도 평화를 만들어간다. 서로 다른 모국어를 지녔지만 한국어를 통해 하나로 소통하고, 서로 다른 개성을 가졌지만 사랑과 평화의 이상 속에 하나로 결합한다. '틀림'이 아닌 '다름'이라고 이야기하는 그들의 음악은 한국 사회의 현재를 노래하고, '차이'를 '다양성'으로 빛나게 하고 있는 그들의 삶은 한국 사회가 나아가야 할 미래를 제시한다. 한국 사회의 폭력과 평화, 한국 사회의 현재와 미래를 동시에 노래하는 스탑크랙다운과의 인터뷰를 통해 평화의 모습과 평화의 참뜻을 살펴보았다.

한국도 우리 같은 줄 알았어요

이야기는 어떻게 낯선 한국 땅에 오게 되었는지에 대한 사연에서부터 시작되었다. 한국에 오기 전 가지고 있었던 한국에 대한 인상은 '환상'에 불과했다는 고백들이 쏟아졌다.

소띠하 | 사람들이 돈을 모았다는 이야기를 듣고 한국에 갔지만, 처음 미얀마에서 생각했던 것과는 완전히 달랐어요. 어렵고 위험하고 월급도 못 받고……. 돈은 벌지만 사람이 너무 낮은 삶을 살아요.

"너무 낮은 삶을 살아요"라고 말할 때 아기 아빠인 소띠하의 표정은 괴롭게 일그러졌다. 한국에서 겪었던 고통스러운 경험을 단지 '낮은 삶'이라고 말하는 것은 부족하다는 듯, 한국말이 능숙하지 못한 것이 못내 안타깝다는 표정이었다.

해리 | 책과 텔레비전을 통해 한국에 대해 알았어요. 책에서 본 한국은 깨끗한 나라, 하얀 나라, 문제없는 나라, 고요한 아침의 나라였어요. 하지만 한

국에 와보니까 공장은 아주 더러웠고, 한국 사람은 우리한테 가난한 나라에서 온 사람, 교육도 못 받은 사람이라는 편견을 가지고 있었어요.

인도네시아에서 읽었던 "고요한 아침의 나라 한국"이라는 책 제목을 아직도 기억하고 있는 해리는 처음 한국에 와서 겪은 경험 때문에 아직도 어의가 없다는 표정이었다. 그만큼 책과 현실은 서로 달랐다. 환상이 아름다울수록 현실은 더 잔인한 법. 그 잔인한 현실에 대한 해리의 경험은 여전히 현재진행형이다.

미누 | 같은 한국 사람끼리도 차별이 많지만 외부인에게 하는 차별과는 달라요. 그래도 한국인끼리는 설득력이 있는데 외국인에게는 어떻게 해도 된다는 식이에요. 가난한 나라에서 왔기 때문에, 돈도 못 벌고 못 배운 사람들이니까, 행동도 그렇게 해도 된다는 식인 거죠.
　처음에는 한국도 우리와 같을 거라고 생각했던 거죠. 그곳 사람들도 우리처럼 생각이 넓을 거라고. 그런데 와보니까 그게 아니었어요. 한국은 1988년 이후에나 일반인들도 외부로 갈 수 있게 되서, 외부에 대해서 전혀 몰랐던 것 같아요. 네팔은 외국인 관광객도 많고, 외부와 접촉이 많아서 외국인이 신기하지 않아요. 여러 민족이 있으니까 같은 네팔 사람이라는 생각은 있지만, 외모로 사람을 구별하지도 않아요. 하지만 한국은 '우리는 한국 사람이다, 같은 민족이다'라는 생각이 강해요. 그러면서 남의 문화를 굉장히 무시하죠.

한국과 같은 외국인 차별 문제가 모국에서는 없느냐는 질문을 다른 멤버들에게도 던져보았다. "미얀마에서는 문제가 없었어요. 미얀마 나라 자체가 사람 레벨을 똑같이 봐요"라고 답하는 소띠하. 해리 또한 "인도네시아는 여러 민족이 모여 있어서 차별이 심하지 않아요. 언어도 서로 달라요"라고 말한다. 경제적으로 선진국 대열에 합류했다지만, 타문화에 대한 존중이라는 의식적 측면에서는 후진국인 한국. 가난한 나라 사람들을 열등하다고 생각하지만 그런 생각이 정작 얼마나 열등한 것인가를 알지 못하는 한국인. 네팔에서도, 미얀마에서도, 인도네시아에서도 일어나지 않아 예상할 수 없었던 차별을 선진국이라 스스로 자처하는 한국에서 겪어야만 했던 스탑크랙다운 멤버들에게 한없이 미안한 마음이 들었다.

소띠하 | 미얀마는 군사독재정권이라 젊은 사람들이 꿈을 꿀 수가 없어요. 인권활동을 하면 확 잡아가버려요. 학생운동을 조금 했었어요. 그래서 사람들이 힘들게 사는 게 눈에 보였어요. 한국 스님이 미얀마에 있었는데 한국으로 가지 않겠냐고 하셨어요. 그때 당시에 운 좋게 비행기 값만 지불하고 한국에 올 수 있었어요. 저는 운이 좋았어요. 공장 사람들이 다 가족이었고, 저도 식구처럼 대해줬어요. 일이 너무 힘든 거 빼곤 다 좋았어요.

경이로울 정도로 낙천적인 성격의 소유자인 소모뚜는 다른 멤버들과는 조금 다른 이야기를 들려주었다. 돈을 벌기 위해, 하고 싶은 일을 위해 한국에 왔다는 다른 멤버들과는 달리 소모뚜는 미얀마 군사독재정권의 탄압을 피해 한국에 왔다고 한다. 더구나 그는 한국 스님의 도움으로 많은 돈을 들이지 않고 한국에 올 수 있었고, 좋은 공장주를 만나 일할 수 있었다고. 처음 한국에 왔을 때 자살하고 싶을 만큼 힘들었지만 한국에 오기 위해 지불한 막대한 돈 때문에 미얀마로 되돌아갈 수도 없었다는 소띠하의 경험만 놓고 비교해봐도 소모뚜는 매우 운이 좋았던 경우다.

소띠하 | 가끔씩 미얀마에서 왔다고 하면, 돈 많이 벌었느냐는 말을 듣기는 하죠. 그래도 외국인이라고 월급 안 주고 그런 일은 없었어요. 한국 사람들과 똑같이 월급을 받을 수 없다는 건 이해해요. 하지만 저는 운이 좋았어요. 다른 친구들에게는 슬픈 이야기가 많아요.

스탑크랙다운의 한국인 멤버인 송명훈은 노래패 활동을 하다가 알게 된 선배의 추천으로 2006년 8월부터 스탑크랙다운에 참여했다. 그는 밴드 활동을 하면서 자기도 모르게 가지고 있었던 이주노동자에 대한 편견이 사라지게 되었다고 털어놓았다.

송명훈 | 대학 다닐 때 노래패 활동을 했는데 그때 당시에는 이주노동자를 접하지 못했어요. 그래서 처음 밴드에 들어오기 전에는 편견을 약간 가지고 있었습니다. 저 역시 한국인이니까 한국인들이 이주노동자에게 가지는 기본적 편견에서 완전히 자유롭지는 않았어요.

그런데 여기 와서 그것이 아니라는 걸 느꼈어요. 정말 하나같이 개인적 능력들이 뛰어나요. 정말 웬만한 한국 사람들보다 위면 위였지, 아래에 놓일 만한 사람들이 아니에요. 소모뚜가 평소 말하는 것처럼 경제적 차이를 가지고 인격이나 행복지수를 판단할 수는 없어요. 어떤 나라가 못살더라도 그 나라 사람들이 잘사는 나라 사람보다 행복할 수 있죠.

멤버들을 통해 배운 그는 비로소 우물 안 개구리에서 벗어나 세계에 맞는 눈높이를 갖게 되었다. 더불어 세계화 시대에 반드시 필요한 열린 마음도 함께 갖추게 되었다. 그것은 스탑크랙다운에 합류하면서 얻은 예상 밖의 큰 소득이었다.

송명훈 | 피부색깔, 문화 등이 다르다보니 처음엔 서먹했지만, 이제는 다른 나라 국적 가진 사람들을 봐도 어색하지 않아요. 길거리 가다 어떤 외국인을 만나도 친근한 마음이 생겨요.

차라리 한국말을 몰랐다면

우선 한국에 대한 이야기를 계속 이어갔다. 소띠하는 처음 한국에 와서 말이 통하지 않아 힘들었던 이야기를 했다.

소띠하 | 만날 욕먹고 눈물까지 흘리며 힘들었어요.

미누 | 말을 몰랐으면 비꼬는 거 이해 못했을 텐데 이해하니까 더 힘들어요. 가끔은 말을 왜 배웠나 하는 생각도 들어요. '너는 한계가 있다' 는 말을 농담이 아니라 심각하게 말해요. 하나만 가르치면 하나만 아는 사람이라고 인식하고 있는 거예요.

한국의 자문화중심주의에 대한 비판이 이어졌다.

미누 | 한국에서는 손으로 밥 먹는 걸 더럽다고만 생각해요. 그래서 네팔 가면 숟가락 가져가라고 말하고. 이해가 안 돼요. 그 나라의 문화인데. 시골에서 못 배우는 애들은 손 안 씻고 먹는 사람도 있겠지만, 다들 깨끗이 손을 씻어요. 누가 더러운 손으로 밥을 먹겠어요. 한국은 문화에 대한 이해가 부족해요.
사람들이 네팔을 TV에서 보고 나서 '네팔 사람들은 저렇게 못사는데 너희들은 출세했다. 숟가락으로 밥도 먹고.' 이런 식으로 말해요. 이러면 말도 못하고 얼마나 가슴이 아프겠어요.
우리가 하는 활동이 바로 그거에요. 사람은 다 똑같다고 말하는 거. 누구나 찌르면 아프다는 말, 못살고 없다고 해서 낮게 보면 안 된다는 말. 인간은 다 똑같다는 그 말을 하려는 거예요.

자기만 귀한 줄 아는 한국인들에게 소모뚜도 애정 어린 충고를 해주었다.

소모뚜 | 보는 눈이 넓어져야 해요. 시골에 할아버지가 계세요. 농사만 지어도 세상 돌아가는 거 다 알아요. 일하면서 라디오를 만날 켜놓아요. 그래서 세상에 무슨 일이 일어나는지 다 알아요. 그렇게 시야를 넓혀야 해요. 돈의 노예가 되지 말고 시야를 넓히면 네팔 사람이든, 미얀마 사람이든지 신기하지 않을 거예요.

반대로 한국 문화 중에 이상하다고 생각하는 부분은 없는지 물어보았다.

미누 | 찌개 다 같이 떠먹는 거 더러웠어요. 공장에 일하는 다른 노동자가 먹은 게 숟가락에 다 묻어 있는데, 그걸로 떠먹어요. 처음에는 너무 더럽다고 생각했어요. 그래도 그게 문화니까 생각했어요. 더러워서 못한다고 하지 않았어요. 여기는 이렇게 먹는구나 생각했죠. 문화는 고유한 거니까.

인간은 똑같지만 고유한 문화는 서로 다르다는 것을 잘 아는 미누는 인격 차별은 거부했지만 문화 차이는 자연스럽게 받아들였다. 소모뚜도 비슷한 경험을 이야기해주었다.

소모뚜 | 내 나라에서는 이런 거 하면 싫은데 이 나라에서는 자연스러운 일인 게 많아요. 저희는 허리 위에는 좋지만 허리 밑은 안 좋다고 생각해요. 그래서 베게 발로 건드리면 싫어하고, 수건으로 엉덩이 닦고 발 닦으면 기분 나빠요. 나를 무시한다는 생각이 들고, 자존심이 상하죠. 하지만 한국인들에게는 자연스러운 행동이에요. 이런 걸로 트러블이 생기지만 여기는 이렇게 사는구나 이해하고 넘어가요.

한국 문화 중에 좋은 것은 없는지 물어보았다. 미누는 좋은 한국 문화로 '예의 바른 것'을 꼽으면서 아쉬울 때가 많다는 말을 덧붙였다.

미누 | 한국인들끼리는 진짜 예의가 바른데 외부인에게는 예의 바르지 않아요. 다른 사람들에게까지 그 좋은 문화가 번지면 얼마나 좋아요.
식당에 가면 젊은 사람한테도 반말하지 않아요. 그런데 이주노동자한테는 반말로 말해요. '뭐 드시겠습니까'라고 말하지 않아요. 사람 생김새에 따라 행동이 달라져요. 특히 작업복을 입고 가거나, 얼굴이 까만 방글라데시 친구랑 가면 물도 안 갔다 줘요. 셀프가 아닌데도.

소모뚜 | 외국인 관광버스 기사가 손님들에게 반말로 말해요. '빨리 내려봐.' 이러는 거예요. 제가 그런 건 못 참아요. 그래서 '아저씨가 우리에게

그렇게 말할 자격이 있어요.' 이러면서 따졌어요. 그랬더니 '씨발, 짜증나.' 이렇게 말하는 거예요. 외국인 때문에 먹고 사는 사람이 이런다는 게 정말 이해가 안 가요.

송명훈 | 이게 정말 말이 안되는 게 이주노동자 초대해서 벌인 행사에서 발생한 일이라는 점이에요.

미누 | 이주노동자한테 반말만 하니까, 이주노동자들이 반말밖에 못 배워요. 나이가 자기보다 많은데도 '야, 이리 와' 이런 식으로 말해요. 내 문화를 내가 사랑한다면 남들도 사랑하도록 해야 하는데 한국인들은 그러질 못해요.

 미누의 씁쓸한 말은 자꾸만 나를 뒤돌아보게 했다.

욕심이 적을수록 평화는 커진다.

평화라는 화두를 꺼내보았다. 스탑크랙다운 멤버들이 가진 평화에 관한 생각이 궁금했다. 언제 어떻게 평화를 느끼는지에 대해 물어보았다. 멤버들이 평화를 느끼는 방식은 그들의 개성만큼이나 서로 달랐다.
 이주노동자를 위한 자원봉사자로 일하던 한국인 아내를 만나 2003년에 결혼한 후 사랑스러운 두 아이의 아빠가 된 소띠하는 "아무리 힘들어도 아이들을 보면 행복해져요"라고 이야기한다. 결혼하기 전보다 결혼을 하고 난 현재가 더 평화롭고 행복하다는 소띠하에게 평화는 가정을 의미했다. 해리 역시 가족과 함께 할 때 평화를 느낀다고 했다. 하지만 소띠하와는 달리 가족이 인도네시아에 있는 해리는 화상채팅을 통해 가족을 만난다. "일주일에 두 번 엄마와 화상채팅을 할 때" 그는 가장 큰 평화를 느낀다고 말한다. 송명훈은 음악에서 평화를 찾는다. "힘들 때는 연주를 많이 해요. 음악에서 평화를 발견하는 것 같아요. 연습하면 침착해지고 집중하게 되죠." 스물 아홉이라는 적지 않은 나이에 부모님의 반대를 무릅쓰고 음악으로 진로를 바꾼 그에게 음악은 평화로운 안식처나 다름없다. 반면 독실한 불교 신자인 소모뚜는 종교에 관심이 많다. 소모뚜는 "종교 관련 책을 읽을 때 평화로워요"라고 말하며 미소 짓는다.

다른 멤버들과는 달리 미누는 평화를 느끼는 것 자체에 대해 회의적인 반응을 보였다.

미누 | 사람으로서는 말할 수 없어요. 말뿐이에요. 싸움이 없는 것이 평화인데, 싸움이 없을 수는 없어요. 평화는 한마디로 아름답고 꿈만 같은 것이에요. 인간세계에서는 찾아볼 수가 없죠. 다가갈 수는 있지만 완전히 가질 수는 없어요. 모든 것이 힘들어요. 인생 자체가 힘들죠.

편견과의 싸움, 내 자신과의 싸움 등 어느 순간에도 싸움이 멈추지 않는다는 말이었는데, 그는 어딘지 모르게 지친 기색이었다. 인생을 힘들고, 폭력적으로 느껴지도록 만드는 것은 무엇이냐고 질문을 던지자, 바로 핵심을 찔렀다.

미누 | 모든 것이 돈 때문이에요. 세상에 돈이 없으면 폭력도 없어요."

소모뚜 역시 미누의 말에 공감했다.

소모뚜 | 욕심 때문에 문제가 일어나요. 한국만 봐도 옛날에는 냉장고도 없고 티브이도 없이 그냥 잘 살았어요. 그런데 개발되고 발전되면서 남들이 냉장고 가지면 나도 가져야 된다, 새로운 모델이 나오면 그걸 가져야 된다는 생각을 갖게 됐어요. 욕심이 끊임없이 생기는 거죠. 그걸 채워줄 수 있는 건 돈 뿐이에요.

태어나서 죽을 때까지 어떻게 살아야 하는지 배워서 헷갈리지 않아요. 돈은 벌지 못할 수도 있고, 운이 나빠서 없어질 수도 있고, 정부가 가지고 갈 수도 있어요. 돈은 항상 나에게 붙어 있는 것이 아니에요.

소금 없이 요리할 수는 없지만, 소금을 밥으로 먹을 수는 없어요. 돈은 소금처럼 삶을 살아가는 데 필요한 존재일 뿐이지, 우리의 주인은 아니에요.

그렇다면 어떻게 평화를 이루어갈 수 있을지에 대해 물어보았다. 미누는 의식의 중요성을 강조했다.

미누 | 앞으로는 의식이 중요해요. 어떤 대단한 사람이 머리가 좋아서, 그 사람의 행동이 달라져서 세상이 바뀔 수 있는 게 아니에요. 돈이 없다고 다른 사람을 무시하지 않고, 사람은 모두 똑같이 위대한 사람이라고 모두가 의식하는 게 필요해요.

소모뚜 | 나를 버리고 남을 나처럼 사랑하면 세상이 평화로워져요.

정답이지만 가장 실천하기 어려운 답이기도 했다. 어떻게 하면 사람이 욕심을 버릴 수 있을까 다시 물어보았다.

소모뚜 | 욕심을 욕심으로 아는 인식이 필요해요. 사람들이 그걸 보지 못해요. 내가 팬티를 입지 않았다는 걸 다른 사람이 다 안다 해도 정작 내가 모르면 팬티를 벗고 돌아다니게 되요. 알면 창피해서 다른 옷이라도 입고 다닐 텐데. 욕심이 세상을 더럽히고 있다는 것을 우리 스스로가 알면 부끄러워서 욕심내질 못해요. 보이지 않기 때문에, 모르기 때문에 사람들이 욕심내고 싸우는 거예요.

한국보다 상대적으로 욕심이 적은 상태인데도 정치적으로 평화롭지 못한 미얀마의 상황에 대해서도 질문을 던져보았다.

소모뚜 | 팬티도 입지 않은 독재자들이 부끄러운 줄도 모르고 욕심을 내고 있어요. 한편 그걸 싫어하는 미얀마 사람들이 존재하죠. 대부분 국민들은 민주화 그런 거 필요 없고, 다만 우리를 괴롭히지만 말라고 해요. 미얀마 사람들은 먹고살 수만 있으면 충분하지, 이거 갖고 싶다, 저거 갖고 싶다 생각 안 해요. 현재는 내 능력으로 버는 돈도 정부가 마음대로 못 쓰게 해요. 그래서 우리를 편하게 살게 내버려두라고 말하는 거예요.

평화를 이루기 위해 물리적 투쟁이 필요하지 않느냐고 묻자, 무거운 표정으로 "미얀마에서는 5명 이상 모이면 잡아가고, 시위를 벌인다 해도 5분 만에 잡아가요"라고 말했다. 사소한 잘못도 이런저런 법에 걸려 금방 20년형이 넘어버린다고 한다. 군사독재정권 시절의 한국 이야기를 듣는 것 같았다. 소모뚜는 "지도자들이 욕심을 스스로 깨닫지 못하고 있어 피를 볼 수밖에 없는 상황"이라고 말했다. 하지만 곧 민주화운동의 지도자인 아웅산 수지 여사가 최대한 피를 보지 않기 위해 평화적 협상을 벌이고 있다는 희망적인 이야기를 덧붙였다.

소모뚜 | 너희에게도 먹고살 수 있는 기회를 주겠다, 다만 지금 하고 있는 짓 그만둬라, 국민들과 함께 평화롭게 살 수 있는 방법 열어보자, 이게 아웅산 수지 여사가 하는 말이에요. 그런데 군부 독재자들은 민주화 운동하는 사람들을 적으로만 봐요. 못 믿는 거죠. 서로가 믿고 협상하면서 가면 언젠가 미얀마도 될 텐데, 지금은 못 믿어서 안 돼요.

요즘 시대 더 어려워요. 예전에는 많이 가지려고 노력하지 않았어요. 어두워도 촛불 하나 켜고 평온하게 살았어요. 예전과 지금 비교하면 지금은 완전히 평화가 없어지는 상황이에요. 옛날에는 핵무기가 없었잖아요. 지금은 핵무기 열 몇 개만 모이면 지구가 펑 터져요.

금방이라도 지구가 펑 터질 것만 같은 기분이 들어서였을까. 욕망을 질타하고 미래를 염려하는 소모뚜의 이야기가 자꾸만 귓가에 맴돌았다.

멈출 수 없는 Stop Crakdown

"엄마가 왜 한국에 있냐고, 인도네시아로 돌아오라고 말할 때 가장 힘들어요"라고 말하는 해리. 그래서 물었다. "왜 돌아가지 않아요?" 돌아온 해리의 답은 지금까지 나왔던 그 어떤 이야기보다 나를 더 부끄럽게 했다.

해리 | 지금 이주노동자들 나와 똑같은 문제 겪고 있어요. 그 사람들 어떻게 하든 한국 사회에서 잘살게 도와주고 싶어요. 선배로서 도와주고 싶어요. 개인적으로는 그냥 가버리면 되는 데 그럴 수가 없어요.

미누는 그것을 "활동의 중독성"이라고 말했다. 그리고 소모뚜는 그것을 사랑이라고 정의했다. "나처럼 힘들지 마라, 내가 도와주겠다, 이렇게 남을 돕고 싶은 마음 그것이 바로 사랑이에요." 그리고 그것은 스탑크랙다운 멤버들이 노래하는 이유이기도 했다.
"가족들하고는 행복해도, 다른 외국인들을 보면 힘들어요"라고 말하는 소띠하. 그는 "음악도 좋아하지만 음악 때문에 사람들 도와주니까 더 기뻐요"라고 수줍게 말한다. 단순한 사랑 이야기가 아닌 평화, 인생을 노래하기 때문에 그들의 음악은 남다른 의미가 있다고 덧붙이면서. 미누 역시 사람들을 돕는 기쁨 때문에 밴드활동을 한다.

미누 | 가난한 사람, 이주민은 모두 다 소수자고 다 똑같이 힘들어요. 이들의 대변자로 내가 할 수 있는 일이 노래뿐이에요. 돈은 없지만 노래는 할 수 있어요. 돈을 벌고 싶었다면 다른 이주노동자처럼 돈만 벌면 되죠. 돈이 없을 때 후회할 수도 있겠지만 현재로서는 노래할 수 있는 자체가 의미 있는 일이에요.

소모뚜도 마찬가지다. 그는 음악활동을 하는 이유를 이렇게 설명했다.

소모뚜 | 일만 하면 도망치고 싶어요. 일주일 내내 엄청나게 힘들어도 음악을 하면 풀어져요. 음악이 좋아요. 힘이 되는 친구에요. 나뿐만 아니라 다른 사람에게도 도움이 되요. 그게 좋기 때문에 일주일 내내 일하고 너무 힘들어서 쉬고 싶은데도 새벽까지 일하고 그 무거운 기타랑 앰프를 들고 버스타고 연습하러 가요.

한국인인 송명훈 역시 음악 활동을 하는 이유는 다르지 않다.

송명훈 | 목표는 사람들이 가진 이주노동자에 대한은 편견을 없애는 거예요. 저희가 노래를 만들고 음반 만들고 활동하는 건 이주노동자들의 권리를 되찾기 위해서는 우선 한국 사람들의 편견이 없어져야 하기 때문이에요. 편견이 사라져야 법과 제도상의 변화가 가능해요. 한국 사람이기 때문에 더욱더 사명감을 갖고 ,한국 사람들에게 이런 생각이 더 널리 전파될 수 있게끔 음악 활동을 통해 돕고 싶어요.

그리고 이번에 만들어지는 2집 앨범 '자유Freedom' 가 그 노력의 결실이라고 설명했다. 공장에서 이주노동자로 일하면서 이주노동자 인권을 위한 밴드활동을 하고 있는 스탑크랙다운은 소위 말하는 투잡족이지만, 그들이 두 가지 일을 하는 이유는 다른 투잡족들과는 정반대였다. 돈을 더 벌기 위한 욕심 때문이 아니라 오히려 돈에 대한 욕심을 마음에서 내려놓았기 때문에 그들은 두 가지 일을 함께 할 수 있었다. 그리고 그들은 돈에 대한 욕심을 내려놓은 자리에 인간의 존엄성과 사랑 그리고 평화를 대신 올려놓았다. 그들이 섬기는 것은 보통 한국 사람들이 섬기는 것과는 달랐다. 그들은 돈 대신 인간의 존엄을, 약육강식의 법칙 대신 평화를, 자신만 승리하려는 이기심 대신 사랑을 섬겼다.

처음 한국에 왔을 때는 자살하고 싶을 만큼 힘들었지만, 지금은 한국에서 화목한 가정을 꾸리며 살고 있는 착한 두 아이의 아빠 소띠하. 늙어서 후회하지 않기 위해 부모님의 반대를 무릅쓰고 스물 아홉이라는 적지 않은 나이에 음악으로 전공을 바꾸어 대학원 진학을 준비 중인 송명훈. 어떤 상황에서도 긍정적이고, 가치 있게, 열심히 살아야겠다는 마음밖에 없다는 낙천주의자 소모뚜. 인도네시아에서 농사를 지으며 환경운동을 했듯, 한국에서도 공장에서 일하며 지속적으로 이주노동자를 위한 다큐멘터리를 만들고 노래를 불러온 해리. 이주노동자를 위한 인권 활동에 헌신하면서 가정생활이 낯선 추억이 되어버렸다고 말할 만큼 고독에 익숙해져버린 미누.

그들의 가슴속에서 본 것은 한국 사회로부터 짓밟히며 얻은 아픔이었지만, 역설적이게도 그들의 삶과 노래에서 본 것은 한국 사회의 빛나는 미래였다. 그들이 없었다면, 그들이 노래하지 않았다면 한국 사회의 미래는 한국 사회의 현재처럼 그저 부끄럽고 암담하게만 느껴졌을 것이다. 하지만 한국 사회의 관용과 다양성을 키우기 위해 헌신하는 그들이 있기에 앞으로 펼쳐질 한국 사회의 모습을 오늘보다 더 밝은 모습으로 그려볼 수 있었다.

국제이해교육 교실을 찾아서

어! 선생님이 바뀌었어요

신임교사의 좌충우돌 국제이해교육 체험

| 코너에 실린 김갑성 선생님과 김원호 선생님의 글은 유네스코 아시아·태평양 국제이해교육원과 한겨레신문사가 공동 주최하고 교육인적자원부가 후원한 2007년 '국제이해교육 체험수기 공모전'에서 각각 Learning to Live Together상과 Learning to Know상을 수상한 글이다. Learning to Do상(2편)과 Learning to Be상(3편)을 수상한 글은 다음 호에 게재할 예정이다.

어! 선생님이 바뀌었어요

김갑성 경기 부천 오정초등학교 교사

국제이해교육에 관한 체험을 쓰려고 생각을 가다듬으려니, 10년 전부터 어제까지의 일들이 주마등처럼 차근차근 떠오르면서 가슴 벅찬 감동으로 다가온다.

나는 무더위가 한창인 1997년 8월 부에노스아이레스의 한국학교에 파견됐다. 32시간 비행 끝에 아르헨티나의 관문인 에세이사 공항에 도착하니 그곳은 깊은 겨울이었다.

그리고 2001년까지 4년 동안, 유럽 출신의 백인 이민자 사회인 아르헨티나에 머물면서 받은 문화충격은 참 컸고, 이는 귀국해서 한국의 국제이해교육에 관심을 쏟게 된 결정적 요인이 됐다.

백인이 95%인 아르헨티나 사회에서 살아가야 하는 황색인 어린이들, 우리 한국 아이들이 겪는 어려움은 그대로 나의 피부에 와 닿았다.

현지에서 태어난 2세·3세나 어릴 때 한국을 떠나온 1.5세대 아이들이, 한국 가정생활과 아르헨티나 백인 사회생활에서 겪는 문화 충돌과 자신이 처한 제3의 문화 처지, 즉 다문화 충돌에서 오는 정신적 혼란은 비교할 수 없을 만큼 큰 차이로 나타났다.

두 문화 사이의 갈등을 온몸으로 겪으며 자라는 아이들의 시련은, 그것을 이

겨내느냐 아니냐에 따라 극명한 차이를 보인다.

다문화 충돌의 문제점

다문화 충돌에서 외부로 드러나는 가장 큰 어려움은 언어다. 언어는 생존에 관한 문제라고 할 수 있다. 현지어를 못하면 살아가기 힘들다는 건 말할 필요가 없는 일이다. 현재 한국의 다문화 가정에서 겪는 일차적 문제가 언어인 것처럼, 아르헨티나 이민 생활에서 1.5세대와 2세대 아이들은 어린 나이에 경찰서는 물론 각종 관공서와 주택 계약 등의 상거래에서도 말을 전혀 못하는 부모를 대신해 어른 역할을 해야 하는 경우도 적지 않다. 그 자신도 완벽하지 못한 어눌한 상태로…….

다문화 충돌의 내부 문제는 정체성이다. 체계적 공부 기회가 없는 이민 1세와는 달리, 학교를 통해 현지어인 스페인어를 능숙하게 구사하게 된 이후 세대들은, 현지어를 몰라 당했던 설움을 곱씹으며 열심히 공부해서 사업가, 변호사, 의사, 예술가로 성공하는 경우도 많다. 그러나 이들이 현지의 성공한 주류 사회와 어울릴 때 또 다른 문제가 나타난다.

오직 현지 공부에 집중해 온 이들이, "당신은 한국인인데 한국말은 잘하느냐", "한국과 한국문화는 어떠냐" 등의 평범하고 당연한 질문을 받을 때이다.

늘 아르헨티나 백인들만 보고 지내, 자신조차 백인인 것으로 간간이 느껴온 자신이 한국인이며, 한국말을 잘 못하고, 한글과 한국문화를 모른다는 데서 부끄러움과 정체성 혼란, 회의를 느끼게 된다. 이 과정을 지나고야 뒤늦게 한국말을 배우려고 애쓰며, 한국 문화를 찾는 모습을 적잖이 보았다.

현지 사회에서 전문가로서 일을 하고 부를 이룰지라도, 자기 출생의 바탕을 잘 배우지 않으면 늘 마음의 부담으로 힘들어했다.

아르헨티나 한국학교는 아르헨티나 정규 교육 과정을 빠짐없이 가르치고 한국 교육도 하고 있지만, 이런 상황을 인식한 나는 우리 아이들에게 우리 문화를 가르치는 데 더욱더 열의를 가졌다. 전교생 120명이 스페인어로 바이올린을 배우지만, 〈아리랑〉이나 〈도라지〉 등의 한국 음악도 연주하게 했다. 추석 등의 한국 명절에는 선생과 학생, 학부모가 함께 한복을 입고 윷놀이도 하고 동요대회, 백일장 등을 열어 아이들이 우리 문화를 배우게 했다.

이 시도는 학부모는 물론, 특히 아이들의 조부모들로부터 큰 호응을 얻었다. 한국을 한 번도 직접 본 일이 없는 아이들이 이런 행사를 통해 자신의 긍정적이며 올바른 정체성 형성에 큰 영향을 받았으리라 생각한다.

파키스탄에서 온 마흠이와 메리

부천 옥산초등학교에서 근무하던 2003년 5월경, 부천외국인 노동자의 집에서 일하는 분이 파키스탄인 자매를 데려와 우리 학교에 입학을 시키고 싶다고 했다. 미등록 노동자에 대한 문제가 한창 사회적으로 시끄러웠던 때인데, 아이들 부모가 미등록 노동자여서 아무런 공식 서류가 없었다. 그분은 교육부에서 막 발표한 '출입국사실증명서 또는 외국인등록사실증명서 제출만으로도 초등학교 입학이 가능하다'는 지침 서류 한 장을 가져왔을 뿐이다.

교장선생님은 "아직 시행령이 내려오지 않았다"며 난색을 표했지만 그분은 아이들이 학교에서 공부할 수 있게 하려고 간청에 간청을 거듭했다. 간청에 지친 교장선생님이 잠시 머리 식히러 밖으로 나왔을 때 나는, "교장 선생님, 제가 아이들 한글 지도를 책임지고 하겠습니다. 이 아이들을 받아들이면 좋겠습니다" 하며 간곡하게 건의해 마흠이와 메리 자매는 입학할 수 있었다. 언니 마흠이는 4학년 나이이고 메리는 2학년 나이인데, 둘 다 2학년 같은 반에 있게 하였다.

한국에 온 지 3년이 됐다는 이 아이들은 우리말을 곧잘 했지만 한글은 전혀 몰랐다. 동네 친구들이 매일 아침 학교에 갈 때마다 부러운 눈으로 쳐다보기만 했던 마흠이와 메리는 그토록 고대하던 학교를 다니게 되어 기뻐하면서 열심히 공부했다. 나는 교장 선생님과 약속한 대로 매일 한 시간 이상 시간을 내어 열심히 한글을 가르쳤다. 자기 이름을 한글로 쓸 수 있게 되었을 때 얼마나 좋아하던지…….

한글 공부에 지치고 힘들어 할 땐 가끔씩 간단한 산수 문제를 풀게 해주면 아주 좋아했다. 아이들은 어려서부터 늘 대하던 벵갈 문자와는 다른 한글을 보고, "왜 한글은 동그라미와 네모가 많아요" 하며 고개를 갸우뚱거리던 모습이 생각난다.

그런데 자기주장이 분명한 이 자매는 반의 다른 아이들과 차츰 마찰이 생기기 시작했다. 한국 아이들은, "선생님, 쟤들은 음식 다 안 먹고 버려요", "선생님, 쟤들은 냄새나요", "이상한 옷 입고 와요" 하면서 파키스탄인 자매가 별나고 자기들과는 다르다고 했다. 한국 아이들과 이 자매가 다투었을 때 까닭을 물으면, 으레 이런 음식 문제나 냄새, 의복 등이 다르다는 것으로 따돌림 당했다며 울었고 점차 위축되는 것이 보였다.

그런 일이 있을 때마다, 아이들 한 명 한 명에게는 타이르고 이해시켰지만, 학교 전체 분위기가 달라지지 않으면 마홈이와 메리는 계속 상처받게 될 상황이었다. 전교 재량학습 시간을 통해 다문화이해의 기회를 만들었다. 마홈이와 메리가 파키스탄의 예쁜 전통의상을 입고 와서 전교생에게 파키스탄어로 간단한 인사말을 가르치게 했다.

평소 가끔 있었던 것처럼 자기네 나라말로 놀리는 게 아니라 진지하게 자기 말을 따라 하니까, 쑥스러워 하던 표정이 차츰 밝아지며 큰 소리로 말했다. 인사말과 함께 인사할 때의 동작도 가르쳤다. 한국 아이들에게는 파키스탄의 전통 의상의 아름다움 등에 대해 발표하는 시간도 가졌다.

그리고 사람마다, 인종마다 조금씩 다른 냄새가 날 수 있다고 얘기하고, 메리더러 한국인에게는 어떤 냄새가 나느냐고 물었다. 메리가 머뭇거리다가 "마늘 냄새가 나서 싫어요" 하자 아이들은 믿기지 않는다는 듯이 서로 쿵쿵거리며 냄새를 맡아보기도 했다.

재량학습 시간이 끝날 무렵, 파키스탄 사람들은 자기들이 믿는 이슬람교 교리에 따라 돼지고기는 먹지 않는다는 것을 말하면서, 이 자매가 식당에서 음식을 가리는 것 등의 문제를 이해하고 서로 도와주도록 부탁했다.

아이들은 아이들 사이에서 있을 만한 내용으로 다투기는 했지만 차츰 서로 따뜻하게 다가섰다.

돈네밧, 고맙습니다

한번은 부천외국인 노동자의 집의 도움으로 한국어를 잘하는 네팔 사람을 교실로 초대했다. 한국이 어려웠던 시절, 미국 등 외국으로 나가 일한 사람들의 교육 수준이 평균 이상이었던 것처럼, 한국에서 단순노동하는 이주노동자들은 고등교육을 받은 사람이 많다. 또 자기가 살던 곳을 떠나 먼 나라로 나갈 생각을 하고 이를 행동으로 옮길 정도면 대단히 개방적인 사고를 가졌고 진취적인 사람이라고 할 수 있다.

부천 춘의동의 철판 공장에서 프레스공으로 일하는 바하두르 씨에게 우리 학교에 와서 네팔 문화를 소개해달라고 부탁했다. 네팔의 수도 카투만두의 트리뷰반 대학을 나온 바하두르 씨는 네팔의 전통의상과 사진들, 우리의 쌀과는 조금 다른 그들의 주식인 쌀, 화장품(헤라연지) 등을 가져와서 아주 재미있는 수업을 할 수 있었다. 내가 네팔 전통의상을 입자 아이들이 예쁘다고 환호하기도 했다.

이날 아이들이 배운 "돈네밧"은 "고맙습니다"라는 뜻의 네팔 말인데 아이들은 학년 말이 되도록 기억하고 있었다.

내게는 외국에 살 때와 여행하며 모은 소품, 국제회의에서 외국 손님들이 준 선물, 한복과 바꾼 여러 나라 전통의상까지 이백 여 점의 외국 물건이 있다.

어느 날 이것을 아이들의 국제이해교육을 위해 보여줘야겠다고 생각했다. 물건 하나하나에 번호를 붙이고, 카드에 번호와 물건 이름, 국적, 간단한 설명을 써넣고 비닐 코팅해서 지금 다니는 오정 초등학교 개교 70주년 기념 잔치 때 전시했다.

도움을 주신 학부모들에게 먼저 물건에 대한 설명을 드리고, 각 코너마다 안내를 부탁했다. 학부모 도우미는 기쁜 마음으로 아이들에게 설명해주셨고, 아이들은 수십 개 국가의 갖가지 물건과 특이한 전통의상을 보면서, '남과 다른 나와, 나와 같은 남'을 느끼며 좋아했다. 그리고 자기들도 '이런 나라는 꼭 가봐야겠다' 며, 세계로 향하는 꿈을 키우는 모습을 보여줘 보람을 느꼈다.

외국 선생님들과의 교류

2004년 7월 이천 유네스코 문화원에서 유네스코 아시아·태평양 국제이해교육원에서 주최한 아태지역 교원연수에 참가했었다. 그때 외국 선생님들이 입고 온 전통의상들을 보고 저 옷들을 얻어서 다른 문화를 소개할 때 쓰면 참 좋겠다는 생각을 하고 그 옷을 손에 넣을 궁리를 짜냈다.

그들이 아름답다고 감탄해 마지않는 우리 한복을 드리면, 그 옷을 선물받을 수 있을 듯해서 학부모들의 도움을 청했다. 결혼 때 입고 지금은 오직 장롱 속만 지키고 있는 옷, 크기가 맞지 않거나 유행이 지나서 안 입는 옷들을 모을 수 있었다. 그 화려한 옷들을 외국 선생님들에게 선물하니 그 선생님들은 '한국문화를 알릴 때 쓸 수 있겠다' 며 굉장히 기뻐했고, 자기 나라의 전통의상이나 그 나라의 독특한 전통 생활물품으로 답례했다.

이렇게 모인 물품이 작은 이동박물관이 되었고, 올해도 나주와 진도의 결혼이민가족지원센터 등에 대여해 국제이해교육의 작은 보탬이 되고 있다.

약 한 달간 이어진 이 아태교원연수에서 주말이 되면 형편이 넉넉한 오스트레일리아 등지의 선생님들은 서울 같은 도시로 구경을 나갔는데, 네팔이나, 몽골, 캄보디아 등에서 오신 선생님들은 비용 때문에 이천의 산골짜기에서 휴일을 보내야 했다. 나는 그것이 안타까워 25인승 버스를 오빠에게서 지원받아 선생님들을 모시고 강화도로 여행을 했다. 강화도에서 전등사를 구경하고, 배를 타고 석모도로 갈 때, 몽골처럼 바다가 없는 나라 선생님들은 정말 좋아했다. 석모도의 한 식당에서 모두가 방바닥에 앉아 식사를 했다. 교원연수기간 동안 문화원에서는 늘 식탁에서 먹었기에, 처음으로 바닥에서 한국식으로 음식을 먹는 것에 조금 힘들어하는 분도 있었지만 즐거워하고, 모두들 좋아했다.

선생님들은 그 다음 주 내내 강화도 간 이야기를 했고, 경제 사정이 좋은 나라의 선생님들도 아쉬워하면서 이번 주말에도 또 떠나자고 했다. 그 다음 주에도 버스를 대절해 이천 도자기 박물관, 용인 한국민속촌 등을 다녀왔다.

이때 만난 오스트레일리아, 캄보디아, 이란, 몽골, 태국 등등의 여러 나라 선생님들이 우리 집에 묵으셨는데, 지금도 교류하고 있다.

외국노래 배워오기

6학년 음악을 맡던 지난 여름방학 때는 숙제로 '외국노래 배워오기'를 내주었다. 영어 노래를 제외했고, 인터넷으로도 안 되니 반드시 외국 사람에게서 배워야 한다고 했다. 아이들은 아는 외국인도 없고, 외국에 나갈 수도 없다며 기막혀 했다. 물론 어렵겠지만 불가능하지는 않다고 말하고, 노래를 배우게 된 과정을 보고서로 쓰게 했다. 내심 어떻게 될까 궁금했는데, 55명 정도가 숙제를 해왔다. 그중 하나를 소개한다.

처음엔 이런 황당한 숙제를 내주신 선생님이 원망스러웠다. 어떻게 해야 하나 하고 고민하다가 엄마와 함께 동대문시장에 갔다. 길에서 지나가는 사람들을 바라보고 있으려니 어떤 일본 사람이 한국 사람과 서서 이야기하고 있었다. 부끄러웠지만 용기를 내어 인사하고 사정을 말씀드린 뒤, 간단한 일본 노래를 불러달라고 부탁했다. 그 일본 사람은 신기해하며 노래를 가르쳐주셨다. 그런데 그 일본 사람이 부른 노래는 내가 아는 노래와 비슷했다. 어머님은 그분께 감사하다고 차를 대접했고 그 일본 사람은 나를 칭찬해주셨다. 어려웠지만, 하고보니 참 재미있는 숙제였다. 이 숙제를 내주신 선생님이 너무 멋있다.

이 아이가 배워온 일본노래를 불렀다. "무~슨테 히라이떼 테오 웃데 무쏜테~ 마따 히라이테 테오~ 웃데 소노 테오~ 우에니~"
이 노래를 듣자 아이들은 서로 쳐다보더니 "어 한국 동요 '주먹 쥐고 손을 펴서, 손뼉 치고' 인데……" 하였다. 나도 여태까지 한국동요인 줄 철석같이 믿고 있던 터라 이상해서 여기저기 알아보았더니 이 곡은 프랑스의 루소가 작곡한 어느 오페레타에서 나온 곡이라 한다. 문화는 이렇게 한 곳에서 다른 곳으로 흘러가면 꽃을 피운다는 걸 새롭게 알게 됐다.
아버지의 사업장 직원인 이스라엘 사람에게서 '샬롬' 노래를 배워온 아이도 있었다. 그 아이 역시 노래를 배운 것은 물론이지만 그보다는 이스라엘에 대한 다른 것을 더 많이 배웠다면서, 외국인과 직접 만나 이야기를 나눈 것이야말로 아주 큰 경험이라 했다.

엄마 친구의 식당에서 일하는 연변 사람에게 중국노래를 배워 온 아이, 전에 살던 동네를 찾아가 필리핀 사람에게 배워온 아이, 외국인노동자센터로 직접 찾아간 아이…….

이 숙제의 파급효과는 아이들이 외국인을 찾아갔다는 것, 외국 노동자가 한국 아이들과 이야기하고 노래와 문화를 가르치고 배우는 기회를 가지며 서로 조금이나마 이해하게 된 것이다. 또한 그 부모도 자식 때문이지만 외국인에게 부탁하는 처지가 되어보았다는 것, 짧은 시간이지만 서로 돕는 관계를 만들어 냈다. 아이들도 외국인을 막연히 두려워하거나 무시하지 않게 되는 계기가 됐다.

나는 숙제를 해온 아이들에게 방학 동안 몽골에 가서 사온, 몽골 전통 주택인 게르 모형을 한 채씩 주고, 모든 아이들에게 몽골에서 배워온 쉽고 재미있는 동요를 가르쳐주었다.

우리도 한국을 사랑해요

외국인 노동자가 많은 부천에서는 지난해 가을 시청 광장에서 '우리도 부천을 사랑해요' 라는 주제로, 열세 나라가 참여한 이주노동자 잔치가 열렸다. 나는 아이들에게 행사에 참여한 내용을 보고서로 쓰고 그 행사에 온 일곱 나라 사람을 만나서 이름을 써오라는 숙제를 주었다.

아이들은 주최 측에서 나눠준 참가국 소개 책자를 들고 각 나라 전시장을 돌아다녔다. 마치 여권에 도장을 받듯이 각 나라의 국기가 새겨진 도장을 그 책에 받았고 베트남, 일본 음식도 먹고, 미얀마의 소싸움과 러시아의 전통 무용 등 많은 구경거리를 재미있게 보았다.

무엇보다도 아이들은 숙제를 하기위해 "헬로우, 익스큐즈 미, 플리이즈 왓츠 유어 네임, 땡큐" 등의 말을 직접 외국인에게 했다. 능숙한 한국어로 되돌아오는 대답을 듣기도 했고, 자원통역봉사자를 통해서 그들의 이름을 아주 즐겁고 신나게 적어왔다.

전시장에 있던 이주노동자들은 자기들이 준비한 행사를 보러와준 것만도 고마운데, '자기의 이름'을 물어보고 또 공책에 적어가는 아이들에게서 어떤 걸 느낄까? 아이들은 훌륭한 민간외교를 하고 국제이해 활동을 하는 것이다.

　몽골 전시장에 가서는 숙제를 도와준 감사의 표시와, 몽골을 안다는 자랑으로 학교에서 배운 몽골노래를 불렀다고 했다. 타국에서 어렵게 사는 몽골 사람들이, 이역만리 한국 땅에서, 한국 아이들의 입을 통해서 자기 나라 노래를 듣는 그 느낌이 어떠했을까?

　올해 2월에는 일본의 수도 동경에 사는 니시무라 미치코 선생님이 우리 집에 오셨다. 작년에 이어 두 번째 방문인데, 우리 집에서 하루를 보냈다. 미치코 선생님은 다음 날 한복을 입고 오정초등학교에 와서 각 교실을 순회하며 아이들에게 일본을 소개했다. 이 자리에는, 전에 미치코 선생님이 내게 준 일본 전통의상인 기모노를 우리 학교 선생님께 입혀드려서 같이 다니도록 했다.

　아이들은 "어! 선생님이 바뀌었어요" 하고 눈을 동그랗게 떴다. "애들아, 가까운 나라끼리 서로 사이좋게 지내면 좋겠지? 그러기 위해서 선생님들께서 먼저 전통의상을 바꿔 입으시는 본을 보이신 거야."

　아이들은 환호성을 지르며 "일본 어린이들은 어떤 것을 얼마나 배우나요" 등등 일본에 대한 질문을 하며 이웃 나라에 대한 진지한 관심을 보이기 시작했다.

　지난해에 나는 미치코 선생님이 계시는 초등학교에 가서, 그 학교의 유치원과 초등학생들에게 하루 동안 한국을 소개했다. 일본의 학생과 교사들은 김밥을 만드는 방법을 배우며 즐거워했고, 한국에 대한 여러 가지 궁금증에 대한 질문에 답하며 서로 가까워졌다.

　'한국 선생님께서 우리 학교를 방문하실 테니 그때 한국에 대해 알고 싶은 것이 있으면 질문하자' 라는 미치코 선생님의 안내가 있기 전까지는 일본 아이들은 한국에 대해 궁금한 것조차 없을 정도로 관심도가 낮았으나, 내가 다녀간 후 아이들은 지속적으로 한국에 대해 알고 싶어하고 그 학교에 다니는 한국아이들에게 호의를 보이고 있다는 선생님의 후일담을 듣고는 그날 하루 정말 힘들었던 피로가 뿌듯함으로 바뀌었다.

선생님, 사진 같이 찍자요

어제 오후(2007년 5월 11일) 통일원에서 강의를 마치고 계단으로 내려오자 자기들끼리 사진을 찍던 새터민 아이들이 조심스러우면서도 환한 웃음을 띠며 사진을 같이 찍자고 내 팔을 끈다. 오랜 영양결핍으로 몸이 허약해 보이는 아이도 몇몇 눈에 띄었다.

'새터민 아이들과 남한 아이들 간에 이해를 돕고자 다문화 쪽 강사님을 모셔달라'는 통일원의 부탁으로 급히 달려갔는데, 강의가 끝나자 아이들은 내 주변으로 몰려들고 선생님들께선 아이들이 이렇게 기뻐하는 경우를 못 봤다며 덩달아 좋아하셨다.

이 아이들을 만나기 전날 나는 무슨 얘기를 어떻게 풀어가나 하는 걱정에 잠을 이루지 못했다. 결국 사람과 사물에 대한 내 고정관념과 편견이 깨어지던 순간부터 말하기로 했다.

부에노스아이레스에서 고국이 그리워 밤하늘의 달을 쳐다보았을 때, 내가 그동안 배웠던 달의 차고 이지러지는 순서와는 정반대였다. 삭망에서 그믐달, 하현달, 보름달, 상현달, 그리고 초생달로 모양이 변하고 다시 삭망으로 되풀이되는 과정을 지켜보며 내가 배웠던 지식만이 진리라는 것에 의문을 갖기 시작했다.

아르헨티나에서는 찻잎과 뜨거운 물을 잔에 넣은 뒤 빨대로 빨아 마시는데, 한 사람이 마신 뒤, 그 다음 사람에게는 물만 부어 권하는데, 그냥 그 빨대로 마신다. 그렇게 서너 사람이 같은 빨대로 먹는다.

'마떼'라는 이름의 이 음료를 내게 권했을 때 나는 선뜻 받아들이지 못했다. 그러나 우리는 된장찌개나 김치찌개를 먹을 때, 여러 사람의 숟가락이 들락날락하면서도 전혀 더럽다고 느끼지 않는다. 이는 결국 문화의 차이를 내가 받아들이지 못했던 것이다.

이렇게 이야기를 풀어가며 다른 문화를 이해하고 받아들이는 자세에 대해 이야기했다. 나중에 아이들은 감상문에서 새터민 아이들이 다른 생각과 행동을 하는데, 서로 문화와 보고 배운 바가 달라서 그럴 것이라는 참으로 고마운 말을 해주었다. 새터민 아이들도 자기들이 알던 것과는 참으로 다른 남한 사회에 적응해갈 실마리를 얻은 듯 활짝 웃으며 내게 다가오는 모습에서 한 가닥 희망을 보았다.

이제 한국이 국제사회의 진정한 일원이 되려면 우리 안의 다문화사회를 조화롭게 이루어내야 한다. 그 한가운데 국제이해교육이 있음을 생각하면 어깨가 무거워짐을 느낀다. 자라나는 아이들에게 앞날에 대한 희망을 안겨줄 때 그 교육이 진정한 몫을 한다고 할 것이다.

이제 오는 9월에는 부천시와 자매결연시인 일본의 카와사키시의 선생님들과 공무원들이 부천을 방문한다. 그때 우리 학교에 와서 공동수업을 하자는 제안을 받았는데 이 준비를 지금부터 또 차근차근 잘해야겠다.

신임교사의 좌충우돌
국제이해교육 체험

김원호 대구 원화여자고등학교 교사

국제이해교육과의 만남

교사생활을 시작하면서 내가 근무하는 학교가 마침 2005년부터 2년간 대구광역시교육청 국제이해교육 시범학교로 지정되어 학교에서 국제이해교육을 담당할 5명의 교사를 선정했었고, 나는 영어교사라는 명분으로 국제이해교육 연구팀의 일원이 되었다. 사실, 처음 팀에 합류하게 되었을 때 '국제이해'라는 말만큼 거창하면서도 모호하고 막연한 말이 없다고 생각했었다. 그리고 2년여의 시간이 지났다. 어느새 나는 학교 내에서 국제이해교육을 담당하는 교사로 자리잡게 되었고 시범학교기간이 끝났음에도 불구하고 우리학교는 여전히 국제이해교육 관련 업무를 계속 진행시키고 있다.

처음 연구팀에 합류하게 되었을 때, 이제 막 교사생활을 시작한 가장 어린 막내였기에 내 생각이나 주장을 쉽게 펼치고 추진할 수 있는 형편이 아니었다. 처음 국제이해교육 팀에서 내가 맡은 일은 국제이해에 관련된 다양한 자료를 찾고 수집하여 정리하는 것이었다. 자료를 찾고 수집하면서 국제이해교육에 대한 이해가 높아지기는커녕, 과연 이런 거창한 구호를 어떻게 실천할 것이며, 교실수업에는 어떻게 적용하고 일반화할 것인가에 대한 강한 의구심이 들었다. 이런 생각은 비단 나만의 생각이 아니었다. 몇 번의 회의 끝에 우리는 이론과 관념 속에 머무르는 탁상공론으로 끝낼 게 아니라 직접 외국인을 만나보고 경험하고 깨닫는 것이 더욱 중요하다는 결론을 내리고, 결국 '지역 외국인과 함께하는 체험활동 중심의 국제이해교육'으로 방향을 잡았다.

이 글은 국제이해교육을 진행하면서 겪었던 보람 있었던 일들과 그 못지않은 시행착오에 대한 정직한 대면이기도 하면서 국제이해교육과 더불어 시작한 내 교사생활에 대한 그동안의 정리이자 반성이기도 하다. 그렇기 때문에 국제이해교육을 하면서 겪었던 성공과 실패와 그에 대한 내 솔직한 생각을 중심으로 글을 써내려가고자 한다.

국제이해교육 관련 활동

우리는 대구지역에서 교류가 가능한 여러 기관 및 단체를 알아보았다. 그 결과, 지속적인 교류가 가능한 곳은 대구 외국인 근로자 선교센터와 중앙도서관의 아메리칸 코너, 대구 미국인학교, 본교와 자매학교인 일본의 히지야마 고등학교, 유네스코 CCAP(Cross Cultural Awareness Programme) 활동 등이었다. 외국인과의 체험 활동 및 봉사 활동을 위주로 한 다양한 프로그램 개발이 우선이었고, 이후에는 위의 활동을 기반으로 한 교실 적용 수업을 통하여 일반화 및 보급화에 노력하기로 하였다.

우리와 가장 먼저 교류를 시작한 곳은 대구 외국인 근로자 선교센터였다. 원래는 목사님이 운영하는 자그마한 교회에서 시작되었지만, 지금 교회라기보다는 주로 동남아시아 외국인들이 대구, 경북지역 직장에서 겪는 임금체불 및 비자문제, 인권문제 등에 대해 상담하고 법적인 문제를 해결하기 위해 노력하는 단체였다. 나를 비롯한 인솔 교사들과 동아리 학생 30여 명이 거의 매주 그곳을 방문하여 음식 만들기 및 청소 등을 도왔으며, 외국인을 대상으로 한글 교육을 실시했다. 처음에 낯설어하고 어색해했던 것은 우리들이나 그곳에 오는 외국인근로자들이나 마찬가지였지만, 만나는 횟수가 잦아지면서 차츰 반갑게 인사도 하고 서로의 안부도 주고받는 사이가 되어갔다.

계속되는 만남 속에서 2005년과 2006년 추석에 우리는 대구 외국인 근로자

선교센터와 함께 명절이 되어도 귀향하지 못하는 근로자들을 위로하는 행사를 주최하였는데, 그것이 바로 '제1회 베트남 축제'와 '제2회 중국축제'였다. 본교의 강당에서 실시한 행사는 1천 명 가까운 대구, 경북지역 내 베트남, 중국 사람들뿐만 아니라 여러 나라의 외국인 근로자들이 참가하여 그들의 문화를 즐기고 누리며 타향에서의 설움을 달랠 수 있는 좋은 기회가 되었다. 본교의 학생들과 교사들 또한 축제를 함께 준비하면서 외국인 근로자들과 좀더 가까워지는 계기를 마련했으며, 무엇보다도 축제를 통한 중국과 베트남의 문화체험을 통해 단지 학생들과 노동자의 신분이 아니라 진정한 동료이자 친구의 자격으로 어우러질 수 있는 귀한 경험을 쌓을 수 있었다.

음식으로 만나는 세계

개인적으로 가장 보람 있었다고 생각하는 활동은 2005년 10월에 본교에서 열린 외국인 근로자와 함께하는 '음식축제'였다. 다양한 나라의 음식을 같이 요리하며 맛보기도 하고 판매도 하면서 외국인 친구들과 학생들은 진정한 상호이해를 경험할 수 있었다. 없는 시간을 쪼개가며 자기 나라의 음식을 선보이겠다는 외국인 친구들의 열성과 학생들의 호기심이 자연스럽게 녹아들어 정말 열띤 축제를 벌였다. 그 음식을 저렴한 가격에 판매하여 일반인들도 맛볼 수 있도록 했고, 거기서 얻은 수익금을 선교센터에 기부하는, 여러모로 의미 있고 성공적인 행사였다. 행사도 행사였지만, 이 행사의 진정한 가치는 함께 축제를 준비하는 과정에서 드러났다. 나는 터키의 '케밥'을 담당하였는데, '무라트'라는 터키 친구와 수시로 연락을 주고받고 같이 장을 보기도 했다. 그러면서 무라트가 한국에 와서 겪었던 첫 직장에서 겪었던 임금 체불, 비자가 만료되어 박봉을 받아가며 몰래 일해야 했던 서러움 등의 고생한 이야기를 들으며 저렇게 선량한 청년을 힘겹게 만드는 업체사장들과 우리나라에 화가 났고 괜히 내가 부끄럽고 미안해지지 않을 수가 없었다. 심지어 내가 직접 지인들을 통해 일자리를 알아보곤 했지만, 신분이 불안정한 외국인 근로자를 선뜻 고용하려는 업체가 쉽게 찾아지지 않는 것을 보며 답답한 한국의 현실을 몸소 체험하기도 했다. 그런 힘든 와중에도 학생들을 위해 좀더 값싸고 맛있는 케밥을 팔아야 한다면서 몸소 이리저리 뛰어다니는 무라트의 모습을 보며 가슴 뭉클한 감동을 느꼈다.

언어교육의 어려움

사실 우리가 가장 야심차게 시도했던 것은 한글교육이었다. 여러 자료를 통해서 외국인근로자가 받는 차별이 상당부분 의사소통에 기인한다고 여겨졌기 때문이었다. 그래서 학생들로 하여금 외국인 근로자들을 대상으로 1주일에 1시간 정도 기본적인 한글교육 및 한국어 회화를 가르치도록 했다. 하지만 결론부터 이야기한다면 한글교육은 제대로 이루어지지 못했다. 서점에 있는 외국인을 대상으로 한 한국어교재는 대부분 우리나라에 유학온 고급 독자들을 대상으로 한 문법교과서 등이었기에, 외국인 근로자를 위한 실용적인 책으로는 적절하지 못했다. 그래서 우리는 초등학교 바른생활 교과서를 교재로 사용하였다. 학생들은 늘 배우는 위치에만 있다가 누구를 가르친다는 것에 흥미를 느껴서 그런지, 열의를 가지고 열심히 가르쳤다. 하지만 일반계 인문계 고등학교가 가지는 제한된 현실 속에서 따로 시간을 할애해 한글을 가르치기에는 시간이 절대적으로 부족했고, 외국인 근로자 역시 일요일에 일하는 사람들이 많았기에 정기적으로 참석하지 못하는 경우가 잦아 일관성을 가지고 실시하기에는 여러 가지로 힘든 점이 많았다.

다양한 교류 활동

다음으로 본교와 활발한 교류를 가진 곳은 대구미국인학교였다. 대구 미국인학교는 대구에 있는 미군부대 내에 위치하고 있고 군인 및 군무원의 자녀들이 다니는 학교였다. 그곳에서도 마침 지역문화와 융합하고자 하는 여러 시도들이 있었고, 당시 국제이해교육 활동을 하는 우리와 연락이 닿아 본격적으로 교류할 수 있었다. 미국인학교와는 수업교류와 문화 활동 교류가 주를 이루었는데, 2006년 5월 15일에 먼저 본교의 학생 20여 명이 미국인학교에 참관차 방문하였고 5월 25일에는 미국인학교 학생 30여 명이 본교에 참관차 방문하여 한글 퀴즈대회, 원어민 수업과 밴드공연을 실시함으로써 상호교류의 기틀을 마련할 수 있었다. 그해 10월에 열린 체육대회 때는 미국인학교 응원단이 본교를 방문하여 공연을 선보이고 본교 학생들과 함께 단체줄넘기를 하며 친교 및 우의를 다지는 귀중한 시간을 가졌다. 또한 미국인학교의 지리교사와 체육교사가 본교에서 교환수업을 실시함으로써 교사와 학생들이 미국식 교육방식의 단면을 살펴보는 기회를 가지기도 했다.

미국과 관련된 또 다른 활동으로는 미국대사관과의 교류였다. 직접적인 교류라기보다는 대구 중앙도서관에 위치한 아메리칸 코너와의 교류를 통해서였다. 미국대사관 관할의 대구 아메리칸 코너는 미국 전반에 대한 각종 자료를 전시하고 대여해주는 곳이었다. 그곳에서 분기별로 주최하는 행사에 본교 학생들이 주로 참여하였는데 유학박람회, 미국의 홀리데이 설명회 등 알차고 유익한 행사들이 많았다. 그중에서도 가장 기억될 만한 행사는 버시바우 주미대사 부부의 본교 방문이었다. 아메리칸 코너와의 꾸준한 교류를 통해 친분을 쌓았던 대사관에서 버시바우 대사 부부가 대구를 방문한 기념으로 본교를 방문해도 좋은지 연락을 해왔고 우리는 흔쾌히 대사 부부의 초청강연회를 준비하였다. 미국을 대표하는 저명한 사람과의 만남은 학생들에게, 더 크게는 본교로서도 굉장히 의미 있는 만남이었다. '미국과 한국의 교육문제와 여성문제'에 대한 버시바우 대사 부부의 초청강연이 이루어졌고, 강연 후에는 30분 가량 '학창시절 좋아했던 과목과 싫어했던 과목은 무엇이었는지', '외교관이 되기 위해 갖추어야 할 요건은 무엇인지' 등과 같은 다양한 질문과 응답의 시간을 가지고 또한 본교의 사물놀이반의 공연 후 대사께서 장구와 북을 치면서 즉흥연주도 했다.

게다가 본교는 유네스코 지정 2006년 CCAP 활동학교로 지정받아 좀더 다채롭고 풍성한 다른 나라의 문화를 엿볼 수 있는 기회를 가질 수 있었다. 그것의 일환으로 스웨덴(4월 29일), 러시아(5월 26일), 이태리(10월 27일), 네덜란드(11월 18일) 등 평소에 자주 접하지 못하는 다양한 나라의 원어민과의 만남을 통해 각 나라의 사회, 문화, 자연을 재미있게 배우며 이해하였고, 이러한 과정을 통해 좀더 균형잡힌 국제이해교육을 실천할 수 있었다. 또한 2002년부터 본교교와 일본 히로시마의 히지야마 여자고등학교는 자매학교 결연을 맺고 매년 40여 명의 교사와 학생들 간의 상호방문을 실시해오고 있다. 본교 학생과 일본 학생들은 다양한 문화체험과 홈스테이, 교류행사 등을 통해 서로를 이해하고 알아감으로써 진정한 국제이해교육의 결실을 만들어나가고 있다.

위와 같은 다양한 활동을 통한 우리의 최종적인 관심사는 위의 체험활동을 교실수업에 어떻게 적용하느냐의 문제였고, 그 결과가 2006년 6월 16일에 있었던 운영보고회였다. 1주일에 1시간 있는 재량활동시간을 통해 온전한 국제이해를 교육시킨다는 것은 무리였기에, 교사와 학생들이 주로 활용한 시간은 휴일과 홈페이지를 통해서였다. 휴일에는 계획했던 체험활동을 실시하고 이를 홈페이지에 보고서 형식으로 올리면, 재량활동 시간에 이를 발표하고 토론하는 수업이 이루어졌다. 즉, 온라인과 오프라인에서의 동시 활동을 통해 학생들로 하여금 보다 다양하고 신속하며 지속적인 국제이해교육 활동을 펼치도록 한 것이다. 또한 인권반(외국인 노동자 문제), 골레오반(월드컵 축구), 관용반(혼혈아 문제), UN반(음식문화), 피죤반(CCAP) 등 각 반의 특징에 맞는 주제를 심화학습하고 학습한 자료를 다시 홈페이지에 실어 공유하는 방식을 취하며 지속적인 피드백 활동을 유지하였다. 운영보고회 때는 이러한 학습의 결과로 학생들이 그동안 느끼고 생각한 것을 다양한 형태의 공연으로 표현하였는데. 처음에는 막막해하던 학생들도 외국인 친구와의 잦은 만남과 다양한 활동을 통해 친숙해지며, 서로의 사정을 알아가고, 또한 스스로 여러 자료를 찾아내면서 결국에는 본인들 스스로도 놀랄 정도의 모습을 보여주었다. 외국인 근로자의 인권문제를 개그코너 형식으로 꾸며 재치 있게 풍자하기도 하고, 광고 형식을 빌려 인상적인 메시지를 전달하기도 하며, 뉴스 형식을 빌려 실감나게 전하기도 했다. 이 모든 것이 교사의 지시나 요구가 아닌 학생들의 가슴과 머리에서 비롯되었다는 점에서 교사나 학생 모두 스스로 감격스러워하고 만족스러워했으며 과정 그 자체가 너무나 소중한 자산이었다. 운영보고회 때는 외국인 친구들이 직접 학교를 방문하여 같이 공연을 하기도 했는데, 자신들의 실상을 너무도 정확히 알고 전하는 것을 놀라워하던 표정이 지금도 생생하다.

국제이해교육에 대한 단상

2년여의 시범학교 기간 동안 펼친 위의 활동은 대한민국의 인문계 고등학교에서 실시한 활동으로는 결코 적지 않은 것이었다. 그렇기 때문에 정말 보람 있고 흐뭇했던 활동도 있었지만, 주위의 무관심으로 인해 힘들었던 활동도 적지 않았던 것이 사실이다.

무엇보다도 아쉬웠던 것은 대한민국 인문계고등학교의 제한된 현실이었다. 입시라는 현실 앞에서, 학생뿐만 아니라 학부모들은 왜 위와 같은 활동에 학생들의 시간이 빼앗겨야 되는지를 쉽게 이해하지 못했고, 주위 사람들 또한 단지 '남에게 보여주기' 위한 활동이라는 선입견을 가지고 우리가 추진하는 활동에 대하여 못마땅해할 때는 공고히 구축되어 있는 대한민국 입시의 경직성을 다시 한번 절감할 수 있었다.

또 하나 아쉬웠던 점이 있다면 완전히 해소되지 못한 학생들의 이분법적 의식이다. 가령 미국인학교나 일본자매학교와의 교류에서는 과도할 정도의 적극적인 모습을 보였던 학생들이 동남아 계통의 외국인 근로자와 함께하는 활동에서는 다소 심드렁하고 수동적인 모습을 보여줄 때가 특히 그러했다. 이는 학생이나 교사 할 것 없이 우리 속에 내면화되어 있는 서구중심주의 및 추수주의追隨主義를 반성하고 이를 극복하기 위해 끊임없이 노력해야 한다는 것을 알 수 있었다.

그럼에도 불구하고, 우리가 정말 놓치지 말아야 할 소중한 깨달음을 얻은 것도 사실이다. 먼저 '체험 활동'의 중요성이다. 경직된 교실수업보다는 직접적인 만남을 통한 교류가 학생들의 관심과 흥미를 유발하고, 배움이 한정된 공간보다 '놀이'를 통해서도 '학습'이 이루어질 수 있다는 것을 직접 배울 수 있었다. 흔히 말하는 정보화시대나 사이버세계에서, 즉 이론과 학설만 난무한 세상에서, '만남을 통한 소통'의 가치는 더욱 소중한 것이 아닐까? '국제이해교육' 역시 교실과 이론 속에서만 갇혀 있는 교육이 아니라 직접적인 체험과 만남 속에서 진정한 교류와 이해의 싹을 피울 수 있으리라는 것을 다양한 활동과 경험을 통해 확신하게 되었다.

마지막으로, 국제이해교육 활동을 통해 얻은 가장 중요한 깨달음은 바로 이것이 지니고 있는 무한한 가치와 잠재력이다. 교사란 가르치는 사람이 아니라 보여주는 사람이며, 교탁위에서 정답만 먹기 좋게 던져주는 사람이 아니라 그 정답에 이르는 과정에 같이 동참하여야 하는 사람이다. 자신이 직접 나서지도 않으면서 학생들에게 요구만 한다면 교육의 진정성은 뿌리내리기가 힘들 것이다. 이러한 의미에서 국제이해교육 만큼 교사와 학생이 동참하기에 좋은 활동도 없으며, 세계화Globalization를 넘어선 세방화Glocalization 시대의 교육으로서도 계속 발전되어야 하리라 여겨진다.